互联网+掘金时代

私域流量

用户沉淀+商业变现+风险规避

李东升 杨唯真 著

清华大学出版社
北京

内 容 简 介

本书立足为读者提供实战性知识角度，将用10个章节的内容，系统化讲述打造私域流量运营的必要性、如何选择最合适自身现状的私域流量池平台、如何打造最能吸引私域流量关注的账号人设、适合开展私域流量变现的产品选择技巧、让更多目标人群成为忠实私域流量的增长策略、私域流量的留存与促活方法、电商等诸多方式的私域流量变现路径、私域流量全运营环节的数据分析与优化、私域流量运营风险清单与相应规避方法、线上线下大规模掘金私域流量案例剖析等知识点。

本书可作为高校市场营销专业的教材使用，也适合所有从事营销工作的职场人士阅读。通过阅读本书，读者将熟练掌握私域流量运营及变现技能，对工作能力提升及职场升迁均大有裨益。

本书封面贴有清华大学出版社防伪标签，无标签者不得销售。
版权所有，侵权必究。举报：010-62782989，beiqinquan@tup.tsinghua.edu.cn。

图书在版编目(CIP)数据

私域流量：用户沉淀+商业变现+风险规避 / 李东升，杨唯真著. -- 北京：清华大学出版社，2021.6
（互联网+掘金时代）
ISBN 978-7-302-56026-5

Ⅰ.①私… Ⅱ.①李… ②杨… Ⅲ.①网络营销 Ⅳ.①F713.365.2

中国版本图书馆CIP数据核字(2020)第127065号

责任编辑：陈立静
装帧设计：华文智赢设计部
责任校对：周剑云
责任印制：刘海龙

出版发行：清华大学出版社
网　　址：http://www.tup.com.cn，http://www.wqbook.com
地　　址：北京清华大学学研大厦A座　　邮　编：100084
社 总 机：010-62770175　　邮　购：010-62786544
投稿与读者服务：010-62776969，c-service@tup.tsinghua.edu.cn
质量反馈：010-62772015，zhiliang@tup.tsinghua.edu.cn

印 装 者：大厂回族自治县彩虹印刷有限公司
经　　销：全国新华书店
开　　本：170mm×240mm　　印　张：16.5　　字　数：264千字
版　　次：2021年6月第1版　　印　次：2021年6月第1次印刷
定　　价：59.80元

产品编号：069875-01

PREFACE 前言

近几年,涌现出许许多多"新"的营销概念。为什么要给这个"新"打上双引号呢?其实这个所谓的"新"营销概念在很久之前就已经出现了,只不过现在生意越来越难做,有些人把这些早就存在的营销概念换了一个说法,换汤不换药,但正好符合这个时代的痛点,因而在网络当中十分火爆,成为"新"的营销概念。

"私域"这个概念在2019年十分火热,从年初开始一直热度不减。许多营销公众号把"私域"描绘得十分神奇,但实际上,"私域"底层逻辑只是从先前的流量运营转变成为用户运营罢了。

随着时代的变化,付费流量的价格水涨船高,导致成本居高不下。早先,品牌仅仅通过流量运营的方式就可以坐享其成,但是现在这种生意模式已经越来越行不通了。因此,品牌方想出了一个新的办法,那就是建立私域流量池,在私域流量池当中,品牌与用户的关系发生转变,两者之间可以是会员,可以是粉丝甚至好友,品牌方无须花钱就能随时与用户进行接触,最终使得生意如滔滔江水般涌来。

这个想法十分美好,但在现实当中,我们不得不考虑一个问题:品牌通过什么样的方式才能获取如此巨大的私域流量呢?聪明的朋友可能已经想到了,我们可以通过抖音、淘宝、知乎、小红书以及百度等一系列平台,在这些平台上建立"据点",从中获取私域流量。要知道,这些平台的用户数量可是亿万级别的,能够带来怎样的收益无须多说。但是,通过什么方式才能够成功获取到私域流量呢?

在不同的平台当中,各个品牌可谓是"八仙过海,各显神通"。本书主要内容就是向大家分享一些方法,帮助大家在电商平台建立起自己的"据点",从而获取私域流量。

编 者

第1章 营销趋势：为何说做私域流量要趁早　　001

1.1 概念透视：私域流量与公域流量间的区别　　002

1.2 诞生逻辑：巨头存量残酷厮杀缝隙下的个体机会　　004

1.3 独特优势：私域流量的4大突出营销优势　　006

1.4 营收利器：你用几百人的微信个人号赚到钱了吗　　009

1.5 营销启示：强关系链客户群是如今商业世界的
稀缺品　　012

1.6 案例 | 私域流量运营为何常被曲解为微商　　016

第2章 承载平台：如何选择最合适的私域流量池平台　　019

2.1 常见平台：当前私域流量运营最集中的6个平台　　020

2.2 优劣分析：承载私域流量的4大电商平台
优劣势分析　　024

2.3 主体差异：微信4大私域流量主体差异　　028

2.4 流量池思维：评价有效私域流量池的4大标准　　033

2.5 业务流程：拆解一线员工视角下的私域流量池
运营关键点　　035

2.6 案例 | 抖音与快手，哪个更适合成为你的
私域流量池　　037

CONTENTS 目 录

第3章　塑造人设：成为自带忠粉的KOL、KOC　041

3.1　基本原则：塑造可吸引私域流量人设的
　　　4个基本原则　042

3.2　形象定位：具体人设形象提升辨识度的实战技巧　044

3.3　经营人设：人设经营素材从制作到分发的
　　　8条"军规"　047

3.4　场景营造：持续营造更贴合粉丝对人设想象的
　　　私域场景　051

3.5　全员营销：全员营销是私域流量取得效果的
　　　着力点　054

3.6　案例 | 完美日记在专供私域流量产品
　　　设计上的心思　058

第4章　产品选择：私域流量也不是做什么都能做成　067

4.1　消费特征：私域流量人群的4大消费特征　068

4.2　高客单价：高性价比者生，纯低价者亡　070

4.3　高复购率：无复购率的私域流量只会徒增
　　　商家成本　073

4.4　强话题性：产品话题互动 = 使用价值 + 情感价值　080

4.5　合作运营：即便是"三低产品"
　　　也可以挖掘私域商机　083

4.6　案例 | 豆柴是如何做到高复购率、高客单和高转
　　　介绍率三个"行业第一"的　087

第 5 章 用户增长：让更多目标人群成为忠实私域流量 093

- 5.1 先期准备：用户需求详细分析与冷启动方案制定 094
- 5.2 落脚点选择：吸引私域流量最常见的 3 大营销落脚点 101
- 5.3 推广激励：怎样以激励措施吸引更多潜在用户加入 103
- 5.4 工具利用：如何利用各类 SCRM 工具实现忠粉导入私域效果 108
- 5.5 有效裂变：实现个人号及社群私域流量裂变的有效方法 114
- 5.6 案例 | 某本地公众号裂变增长 10W+ 粉丝案例分析 119
- 5.7 案例 | 餐饮商圈门店精准积累私域粉丝案例分析 122

第 6 章 用户维护：针对私域流量的留存与促活 129

- 6.1 分组管理：分组标准与群组管理规则的制定方法 130
- 6.2 热情互动：面向不同群组的差异化问候内容、问候频率 132
- 6.3 综合维护：从自媒体到社群、个人号的层层递进式维护 134
- 6.4 活动促活：设计高效运营活动的 8 条标准 141
- 6.5 品牌化：积累到一定程度后 4 类品牌化营销手段不可少 142
- 6.6 案例 | 酒店行业私域流量留存、激活案例剖析 145

CONTENTS 目录

第7章 流量变现：以销售方式转化私域流量购买力 149

- 7.1 私域电商：私域电商概念的兴起与当前发展状况 150
- 7.2 付费会员：打造类似 Costco 的付费会员制模式 155
- 7.3 内容电商：最佳的成本不透明商品售卖场景 161
- 7.4 直播电商：短视频 + 直播电商最适合满足冲动性消费 167
- 7.5 社群拼团：在私域流量人群中开展拼团的主要玩法 171
- 7.6 案例 | "花姐食养"基于私域流量的品牌发展过程 175

第8章 数据思维：私域流量全运营环节的数据分析与优化 181

- 8.1 数据评价：优质私域流量运营数据指标应满足的维度 182
- 8.2 核心意识：一切数据指标均向 CAC 与 CLV 贴近 188
- 8.3 关键指标：量化分析私域流量表现的 4 个关键指标 194
- 8.4 转化模型：私域流量 AARRR 转化模型中的 K 因子 197
- 8.5 数据优化：以提升 ROI 为目标的各运营环节数据优化技巧 200
- 8.6 案例 | 教培行业私域流量 ROI 优化分析 203

第9章 风险规避：私域流量运营风险清单与相应规避方法　211

9.1 养号风险：注册过多账号带来的账号产权风险　212

9.2 封号风险：因触碰微信平台红线管理规则而触发的风险　214

9.3 交易风险：目前尚无服务信任保护机制的私域电商　216

9.4 老化风险：如何保持引流自媒体活跃状态避免老化　220

9.5 案例 | 私域流量运营企业如何将员工离职损失降到最低　224

第10章 终极案例：线上线下大规模掘金私域流量案例剖析　229

10.1 淘系私域：淘系私域流量的3大主要载体　230

10.2 流量沉淀：淘宝系内沉淀私域流量的人货场逻辑与方法　234

10.3 私域运营：淘系私域流量运营的4种技巧　237

10.4 案例 | 美妆品牌阿芙打通淘系私域和微信私域案例分析　241

10.5 门店私域：基于私域流量视角的门店精细化运营策略　247

10.6 案例 | 美甲品牌 Lily Nails 如何通过私域流量提升门店利润　252

10.7 未来展望：私域流量模式未来数年的3大发展趋势　255

第 1 章
营销趋势：为何说做私域流量要趁早

互联网流量红利正在逐步消失，电商获客成本随之迅速攀升，进而导致商家利润被摊薄。在这一背景下，通过盘活巨头残酷厮杀后的存量与新增流量，将原本支付货款完毕则等于交易交流结束的用户，在私域流量当中进行精细化运营，成为当下新红利。然而，市场规模是有限的，随着私域流量的火爆，当大家都开始玩起来后，后入局者的收益必然不会那么可观。

1.1 概念透视：私域流量与公域流量间的区别

2019年，互联网尤其是电商行业中的热词不得不提"私域流量"，在此之前，不妨先了解一下我国互联网的流量争夺史。从1996年开始，截至2019年，我国互联网的流量战争更新迭代，已经经历了4个阶段，具体情况如表1-1所示。

表1-1　互联网流量战的4个阶段

第一阶段	1996年至2001年	我国互联网尚处于萌芽阶段，最早一批精英掀起飓风革命，当今时代为众人所熟知的互联网巨头在当时都只是无名小卒，不知道"流量"为何物，在激烈的竞争当中不断挣扎，以期能够找到可以盈利的临界点
第二阶段	2001年至2009年	1997年，我国网民数量仅为63万；2001年，这一数字迅速上涨到2250万，互联网行业重新沸腾起来，在这一阶段当中，百度、搜狗等搜索引擎已经崛起，并且抓住"获取有效信息"这一市场痛点，展开了轰轰烈烈的互联网流量争夺战
第三阶段	2005年至2010年	与第二阶段部分重叠，QQ、校内网等许多互联网企业加入战争，虽然大家依然不知道互联网的下一波浪潮发生在什么时候，但与之前不一样的是，众人都看到了流量的重要性
第四阶段	2010年至2019年	随着智能手机的大众化，越来越多用户从PC端转移到移动端，精明的创业者将此看作瓜分新流量的入口；虽然2013年至2016年我国网民数量仅仅增加了1亿人，增速远远低于此前阶段，但是大多数当今的头部App都是在此时诞生，包括微博、微信、淘宝、今日头条等，流量争夺战愈发激烈

私域流量的诞生与互联网流量的争夺战不无关系，甚至可以说互联网流量的争夺战为其奠定了基础：一方面，我国互联网红利逐渐消失，让相关从业人员对流量的观念有了新的认知，与之前的粗暴抢夺流量的方式相比，对流量进行精细化运营成为新宠；另一方面，随着微信这一超级社交平台的发展，社交零售模式成为全新的流量增长引擎，是当今时代的重要发展方式，许多传统电商、线下零售纷纷转变为社交零售，以期能够获得更多的市场增量。

与互联网的流量战争的粗暴争夺阶段有所不同，私域流量的着重点在于运营客户关系。也就是说，商家不仅关心流量的增长，更加在意具备强复购能力的客户的价值,并且通过社交平台来实现无缝链接,将其价值进行充分挖掘。

"私域"的形式多种多样,具体包括个人微信号、微信群、小程序以及自主App等,私域流量因此基本被认定为是商家与品牌能够自身持有、具有自主权并且可以免费多次利用,进而实现长期经营的流量。私域流量的诞生,标志着商家从流量收割的经营思维已经随着时代的变化、市场的需求等因素转变为用户经营的经营思维,商家与品牌更加重视与客户的长期关系,并且关注和分析用户的真实需求,而非只将其看作增长数据。

"私域"概念的出现是与"公域"一词相对而言的,商家、品牌在许多电商平台当中触达用户,并且完成相关交易,比如淘宝、京东、亚马逊等,整个过程当中所获取的流量实质上是属于平台的而非商家或品牌本身,这些平台的流量即属于"公域"范畴。在"公域"范畴内,商家需要花费推广费进行搜索优化,参与平台活动或自行进行满减等活动来吸引客户、促成交易。在平台初期,公域流量的成本并不高,也正因如此而吸引了许多商家、品牌的入驻。然而,随着平台的不断成长,商家的流量成本也会逐步提升。中泰证券研究所的测算报告指出,以阿里、京东为代表的传统电商的获客成本正在逐步提升,在2018年以后,获客成本达到300元/人以上。此外,通过电商平台交易,无论如何平台都会收取一定的"过路费",而商家会觉得为部分已经具有一定忠诚度的熟客再交这部分费用,对他们而言并不划算。从以上的介绍不难看出,私域流量与公域流量之间的区别主要体现在以下方面,如表1-2所示。

表1-2 私域流量与公域流量间的区别

私域流量	公域流量
单一个体或者垂直领域的流量	公众平台的流量
更稳定,可触达性较高	大部分是一次性的流量,稳定性不强
更加精准、转化率更高	推广范围广,精准度不强
免费	大部分付费

事实上,从当前我国互联网的发展状态可以看出,流量增长红利正在逐步消失,除了进入平台较早并具备一定规模的头部商家,中小卖家在平台上的发展逐步陷入瓶颈。艾媒数据指出,我国互联网网民的同比增长率从2016年的12.2%到2017年骤降到8.2%,2018年略微提升到8.5%,2019年再降到7.5%。就这一趋势进行分

析，未来的网民增速也会持续放缓，互联网的流量红利已经基本消失。在此情形下，对于商家，依靠平台的流量分发带来收益的模式越来越难以为继。

其实在2019年"私域"这个词大火之前，不少商家就已经通过将交易过的客户拉群等方式，进一步建立与客户的直接联系，争取经营长期客户关系。因此在流量红利消失的情况下，自行掌握渠道和流量便愈发为商家所重视。

1.2 诞生逻辑：巨头存量残酷厮杀缝隙下的个体机会

2019年，"私域流量"成为互联网领域的热词，甚至能和"5G"相提并论，互联网巨头纷纷制定了与其相关的措施。

2019年6月25日，天猫宣布"旗舰店2.0升级计划"，着重表示在运营上，帮助商家全面实现从"货"到"人"的转变，摒弃以往的单节点模式，逐渐朝着多维度、多产品的运营方向发展。这一计划强调了用户为王的运营理念，如果再结合市场趋势以及近段时间所推出的一系列策略，不难看出这一计划是针对私域流量而布局的。

2019年7月2日，微信严打外挂违规号，相关报道称，短短半小时内有3000万个账号被封，严格规范了微信平台上运营私域流量的账号。

2019年7月23日，快手举办了首届光合创作者大会，高级副总裁马宏彬宣布了"光合计划"。"光合计划"是指在计划宣布后的未来一年里，快手为了帮助优质创作者实现更快速的成长，决定拿出价值100亿元的流量，进而让10万个优质创作者能够从中获益。马宏彬表示："快手的私域流量尤其值得创作者重视，巨大的流量和沉淀的社交关系，为创作者打通了多种变现路径。"

天猫、微信、快手属于各自领域平台当中的佼佼者，不约而同地布局私域流量，有的低调进行，有的严格规范，不难看出各大平台对于私域流量的重视程度。

那么，如此备受关注的私域流量的背后到底意味着什么？

事实上，想要对私域流量进行准确的解释还真不太容易实现，毕竟它并没有一个准确的定义。新榜运营总监张恒认为，私域流量主要具备3大特点，如图1-1所示。

图1-1　私域流量的3大特点

根据上述特点，我们可以将其简单理解为"回头客"。精细化运营用户是私域流量的底层逻辑，也就是说，相比于以往的粗放式管理用户，接下来的流量竞争中，各大平台更注重对用户的全生命周期进行更为全面的管理，包括用户留存、转化、复购、分享等。

事实上，判断流量属于私域还是公域，最重要的标准在于流量的所有权归谁：归个人所有，那就是私域流量；归平台所有，那就是公域流量。以这一标准进行分析，可以说私域流量从用户接触互联网开始就已经存在于各大平台当中，微信、微博、抖音等都是承载用户流量的工具。只要流量掌握在个人手中，统统归属于私域流量，比如早期的微博"大V"、现在的抖音红人等，都是通过平台来吸引大量用户，将流量沉淀下来后才能实现商业变现。

所以，私域流量绝非新事物，它只是在一轮又一轮的互联网巨头流量存量厮杀的缝隙下而越来越受到重视的个体机会，基于这大背景，直到2019年才得以爆发。

私域流量蹿红的背后原因正是由于互联网流量红利逐步消失，获客成本迅速上涨。当增量红利犹存的时候，商家只要参与到主流电商平台当中，都可以获得分配市场"蛋糕"的机会。然而，当市场增速减缓，竞争对手却有增无减时，抢夺流量的形势则变得严峻起来。如果商家营销的速度跟不上流量成本的上涨趋势，商家则面临亏损的困境。以京东为例，根据测算，京东2018年的获客成本高达1503元，与2016年的142元相比翻了10倍。相比之下，阿里的情况也不容乐观，虽然与2016年的142元相比，2018年的390元的获客成本有所降低，但是这一数字在2015年仅为166元。由此可见，当下获取流量的成本越来越高。

正是由于流量成本的逐步升高，才有越来越多的人想要入局私域流量。以当下的拼多多、云集等平台为例，它们都是依托于微信用户而逐渐发展起来的社交电商，可以说是运营"私域流量"的典型代表，因为它们能够将无数个私域流量汇聚在一起，并且将其转移到自身平台当中。相关数据显示，截至2018年第四季度，拼多多移动客户端平均MAU（monthly active users，月活跃用户）高达2.7亿，云集的买家数量也达到2320万。

私域流量的风口已经打开，目前正在迅速延伸至各个领域，不仅阿里、腾讯、快手对其进行了战略布局，还有许多依托于微信平台的创业商家也在快速进行战略调整，不少知名投资机构也在纷纷布局，包括红杉资本中国基金、金沙江创投、源码资本等，私域流量的发展未来可期。

1.3 独特优势：私域流量的4大突出营销优势

"得流量者得天下。"这几乎是所有互联网创业者的共鸣。虽然这句话略显浮夸，但不得不承认的是，没有流量在互联网领域当中是行不通的。然而，即便得到了流量，也是"来得快去得也快"。现如今大家更倾向于"精准"打法，如此才能更好地维护用户，实现转化与变现。私域流量正是"精准"打法的一种，在营销过程中具备以下4大优势，如图1-2所示。

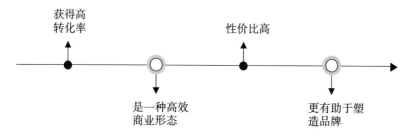

图1-2 私域流量的4大突出营销优势

第一，获得高转化率

假设自己是某品牌的运营者，在抖音、微博等平台当中的粉丝数量庞大，这些粉丝与自己之间的联系受限于平台当中，虽然能够拿下一定的成交量，但是无法实现真正的消费转化。如果将这些粉丝导入私域流量当中，商家与粉丝之间的交互便变得高效起来。以微信个人号当中的私域流量为例，商家在微信个人号当中的触达率尤其高，只要商家遵循微信平台规则，好好养号，几乎可以不受限制地向用户输出产品价值。另外，在微信朋友圈当中，商家可以根据自己的意愿来发布产品内容，对用户进行持续经营，并且最后获得的反馈效果要比在平台当中及时且有效。

第二，是一种高效商业形态

以往的电商模式往往都是走B2C（Business-to-Consumer，企业对客户）路线，以微商为例，商家与用户之间的成交需要建立在信任的基础上，只有信任了"代理"这个人，这个人才具备通过自身人格为不知名产品背书的资格，这种形式的效率其实是非常高的。

商业最初开始出现的时候，商客之间的交易也是基于信任而实现的，只是随着商业的发展，生产与传播规模化后，效率开始不足，因此才需要打造品牌来建立信任。发展至今，商品变得丰富起来，于是大家只能通过精挑细选来购买产品，人格又重新成为建立信任的重要考量因素。事实上，私域流量正是抓住了这样的机会，重新构建并且建立起信任的逻辑。

事实上，当今成交率较高的代表模式包括自媒体、内容电商和网红电商等，这些模式基本上都是通过内容打造IP，逐步建立起与用户之间的信任，最后实现成交。也正是由于信任，这些商业模式的成交率要比淘宝高。除此之外，近些年来兴起的社区团购也是同样的原理，大家都是建立在对团长的信任上铺量去做。与此同时，在互联网市场下沉的过程中，也一样是基于信任才能逐步实现目标：三线及其以下的城镇人群如何才能知道相关信息呢？重要渠道不就是当地的KOL（Key Opinion Leader，关键意见领袖）吗？

私域流量的发展核心在于对用户进行精细化运营，这样才能了解用户的所需所求，进一步赢得用户的信任，这种商业形态相对而言更为高效。

第三，性价比高

商家在公域流量池当中想要获得曝光，投放广告是必不可少的一个步骤，但是很多平台的广告费用都比较高，这些年来还一涨再涨，尤其是当下热门的平台，比如微博热搜，这就导致商家的利润率被摊薄。但是，在私域流量当中，主动权都掌握在自己手中，无论怎么宣传，都可以有效地曝光自己的产品。比如，商家与用户做朋友，建立信任的基础上来进行推广更为有效，而且这种方式还可以获得用户的真实体验，用户也愿意将商家的产品或服务介绍给身边的亲朋好友，再一次实现免费推广；或者直接将其当成普通消费者，也可以直接推送广告，但花费的费用额度无限接近于"0"。这样一来，商家的宣传与推广成本能够有效降低，可以将这笔资金用在维护客户关系等其他对于提高成交率更能产生作用的方面。

私域流量具备非常明显的长尾价值，可以直接与用户建立联系，而且推广价格接近为"0"，因此营销成本非常低，性价比不言而喻。

第四，更有助于塑造品牌

2013年前后，小米手机只要传出发售的消息，微信社群、朋友圈等就会出现大量求F码的用户，甚至有人调侃说："抢小米手机比抢春运火车票还难！"这就是品牌的力量。

品牌可以说是用户构建关于商家认知的一种方式，一旦树立成为品牌，对于营销的影响非常大，并且能够直接转化为忠诚度。而品牌的树立不仅仅要求产品的优质，还与商家的服务、用户的产品体验等息息相关，因此，品牌必然是能够让用户感到有温度且可信赖的。

在私域流量当中，商家能够为用户进行更为深度的服务。商家可以根据用户需求，制定与之相对应的服务甚至是产品，根据不同的用户群体提供多样化服务，进而满足用户所有的合理需求。除此之外，在获得优质服务的情况下，用户也会通过口碑传播来宣传产品或服务，增加其他用户对于品牌的认知，不断叠加形成影响，在这种情况下，品牌形象得以很好地塑造起来。这也正是小米迅速崛起，且获得大量用户形成无数个"米粉部落"的重要原因。

私域流量并不新鲜，但是需要用正确的方式来坚持，才能有效挖掘其背后的巨大价值，充分发挥其优势并获得收益。

1.4 营收利器：你用几百人的微信个人号赚到钱了吗

有人说，在互联网时代，只要提供的产品与服务是合规的，那么在微信上赚钱可以说是轻而易举。这个通过微信联结社交的时代，可以说是最容易赚钱的时代。然而，有的人微信号好友几百个，有的甚至几千个，却一直没有赚到钱。究其原因，无外乎以下3个。

第一，"不想"在微信上赚钱

想要解决问题，首先需要意识到问题的存在，只有这样才能采取下一步措施来解决问题。然而，有许多在微信上创业的商家并没有意识到自己"赚不到钱"的问题。主要是因为这些商家能够从微信当中获得一定的收入，但是不知道收入与其账号价值远远不成正比。

举个例子，某微信公众号的订阅用户高达50万，运营一年下来，发现营业收入也有50万元。由于团队小，成本不高，因此每年获得的纯利润还有15万元。该公众号运营者认为这已经是赚到钱了，感到满意了，然而根本没有意识到这一公众号本身所蕴含的价值。

在微信运营当中，无论是公众号还是个人号，有一个"万能公式"：在用户是精准且真实的前提下，每一位用户平均贡献的价值应该是50元/年。也就是说，上述公众号拥有50万粉丝，每年的营业收入应该是2500万元才属于正常范围，其间差距一目了然。

第二，"不敢"在微信上赚钱

有的商家也想通过微信个人号赚钱，因此不断引流增加用户，与用户建立联系，朋友圈宣发的内容也很精准且有趣，因此沉淀下来的用户数量并不少。尤其是有的商家赶上了微信早期红利，好几个微信个人号都加满了人。

然而，他们却"不敢"赚钱。究其原因，是怕如果赚钱，用户就会纷纷转头离开，甚至还会得罪亲朋好友，导致关系破裂。但如果稍微细心的人就可以注意到，微信号当中是有"我的地址"这一栏目的，如图1-3所示。从这个角度看，微信个人号本身就是为了商业而诞生的产物，如果不将其进行好好利用，是否属于资源浪费呢？更何况，人与人之间获取信息更希望是从身边的人着手，这种渠道获取的信息更具真实性。因此，亲朋好友也希望能够从你这里知道一些优质的产品来做参考。如果你发现了优质的产品却藏着掖着，没有告诉信任自己的人，会被认为是"不够朋友"。

图1-3 微信"我的地址"内容设置

然而，还是有许多商家无法突破这个障碍，总是想着努力维护用户关系，沉淀用户，在介绍产品时畏畏缩缩。事实上，越是不敢赚钱，就越赚不到钱。缺乏资金的支持，你做出来的内容质量其实是会在一定程度上受到影响的，越来越不如以往，这样一来，用户也会随之流失。用户一旦流失，你更害怕由于赚钱而损害与用户之间微妙的平衡关系，进而陷入恶性循环当中。

第三，"不会"在微信上赚钱

"引流的方式是什么？"大多数商家都承认曾经疯狂使用过各种软件来加粉，更为严重的是，加了之后不吭不响，从来不主动找对方聊一聊，只是在朋友圈当中疯狂刷屏，甚至不断群发广告给好友。对方一看是这种情况，屏蔽朋友圈是常规操作，索性拉黑的也不少。

上述做法靠的是概率：没有描绘用户画像，不管用户是做什么的、消费能力如何、所需所求是什么，只要是用户就可以，自始至终一直向用户输出，就一定会有人埋单。这种做法是典型的PC互联网时代时的引流方式，只要引流，就有机会成交。然而发展至今，这种做法在微信这一需要倾注情感的社交平台中已经不适合了。

微信当中的社交关系是天然的建立在信任基础上的，是半封闭的状态，虽然商家可以通过各种各样的软件成为用户的好友，但是如果得不到用户的信任，成交的可能性很小，要是还一直暴力刷屏，用户就会立刻屏蔽甚至是删除好友，之前引流所付出的成本便白费了。可以明显看出，引流→成交的做法已经完全失去了意义。

针对上述3个在微信个人号中赚不到钱的原因，可以转变思路，运用私域流量的理念对账号进行经营，或许能够帮助商家赚到钱。

第一，推动商家完善自我，与用户共同成长

也许还有商家没有意识到自己账号的价值，但是在私域流量当中，商家与用户之间已经具备的联系却能引导用户一而再、再而三地复购，并且推介给自己的好友，这种情况下，商家也能逐渐意识到自己的优势，进而更好地提升自我，与用户共同成长。

第二，勇于将优质产品介绍给好友

举个例子，小A作为一个经验丰富的宝妈，便是赶在微信红利期发展起来的，每周靠着优质内容的输出来吸引用户，最后沉淀下来的用户非常多，但她一直不敢赚钱，理由在于"怕掉粉"。后来一位粉丝主动问她，有没有好的与育儿相关的产品介绍给粉丝？小A才如梦初醒，发现身边的人其实不仅仅是希望得到优质的内容，同样也渴望着优质的产品。于是小A开始卖货，半年不到便实现了收支平衡。小A还是感到有些不放心，便进行了数据统计，结果发现这半年来的掉粉率与卖货之前相差不大。而且由于小A介绍的产品确实优质，许多亲朋好友纷纷鼓励其介绍更多的产品。

常常有人认为私域流量=微商，需要明确的是，私域流量主张的是以用户为核心的精细化运营，是必须基于优质产品才能实现的目标，而微商却无法保证产品的质量。在具备优质产品的保障下，商家有什么理由不获得用户的欢迎呢？

第三，将"流量思维"转变为"核心用户思维"

在微信生态系统当中，"核心用户思维"才是实现高转化率进而变现的有效方式。我们可以先假设自己是母鸡的饲养者，想要让其源源不断地贡献鸡蛋（资金），饲养者便需要精心喂养母鸡，母鸡受到照顾后生蛋，鸡蛋还可以继续裂变为小鸡，实现良性循环。同样的道理，商家的"喂养"方式就是与用户交朋友，建立情感并且获得信任，用户自然而然能够为商家带来利益，而这一切都是私域流量所主张的核心理念，也是在私域流量当中可以实现的。

1.5 营销启示：强关系链客户群是如今商业世界的稀缺品

经常在一些鸡汤文学当中看到这样一句话："你的圈子，决定你的未来！"这句话当中所提到的"圈子"，指的正是强关系圈，强关系圈又可以借用"六度空间理论"来解释。"六度空间理论"是指两个陌生人之间所间隔的关系层不会超过六层，也就是说，最多隔着六个人，你就能认识一个陌生人。而在这六层当中，里三层的人属于即便与自己隔层，相互不认识，但还是能够在一定程度上影响到对方的行为与决策的，这便是强关系圈。

将强关系圈套入社交电商当中，便成为强社交模式电商。强社交模式电商对于社交关系链十分看重，具体来说就是借助于微信等社交平台当中所具备的强关系链的关系，最后形成裂变传播的方式。在这种电商模式下，商家能够利用不同层级的用户的强关系链，进而将产品或服务传达到更多用户面前。由此可见，强社交模式的核心在于维护强关系链。

然而，强关系链客户群确是当今时代进行商业营销的稀缺品，原因在于许多商家只想着转化，却没有好好经营自身与用户之间的关系。针对于此，将用户导入私域流量当中，用心维护自身与其关系，已经成为商家解决问题并且进行营销的新思路。商家想要打造强关系链客户群，首先需要明确种子用户，再进一步发挥圈层经济。

第一,明确种子好友

构建强关系链客户群,需要循环渐进,也就是先将第一层种子好友带到客户群中,再通过其逐步影响第二层、第三层的好友,最后将里三层打造为强关系链客户群。通常来说,种子好友都满足3个条件,如图1-4所示。

需要明确的是,对种子好友进行定位,并且想方设法获得,是打造强关系链的关键环节。通常来说,原本的客户,自己的同学、朋友、亲戚等都属于现有的强关系链人群,这是一种获取方式;另一种是通过其他渠道获取的优质人群,获取渠道包括4方面,如图1-5所示。

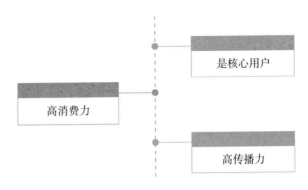

图1-4 种子好友所满足的3个条件

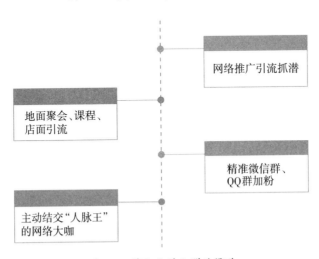

图1-5 获取优质人群的渠道

那么,种子用户的数量应该加多少才合适?我们的意见是:如果加的是马云、马化腾等巨头,一个就够了。也就是说,种子用户的核心在于"精"而不是

"多",一般来说100~500个属于常规范围。

需要注意的是,认识"人脉王"非常重要,尤其是各大平台当中的KOL,即便认识的数量仅有一两个,但是能够拉动的关系链却远远不止于此。有的商家入局较晚,却能迅速获得一大批私域流量,其中部分原因正是创作优质内容并且进行分享,与此同时结交各个领域当中的"人脉王",培养深度关系,久而久之,这些人也会不断为其推荐人脉。结交的方式多种多样,其中最为迅速的方式就是"被成交",也就是成为"人脉王"的优质客户或付费会员。

第二,发挥圈层经济

完成第一步后,接下来要将种子好友围在一起,形成一个圈层,进而发挥圈层经济。无论商家的经营级别如何,都需要明确自己不是一个人在战斗,需要充分挖掘身边人的力量。

随着大数据技术的发展,精准营销能够帮助商家与用户建立精神沟通纽带,进而帮助商家获得更大的收益,已经成为各大商家信手拈来的营销手段之一。精准营销的方式有多种,其中之一是通过划分群体来进行,即圈层经济。随着微信在全国范围内的普及,圈层经济也越来越被重视。

圈层经济是指企业在进行项目营销时,以不同依据将目标受众分为不同圈层,比如图1-6所示的圈层,并且与相应的圈层进行互动形成信息传递,最后在同一圈层内形成口碑效应,进行精准化营销的经济效应。

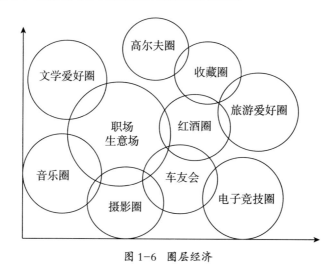

图 1-6 圈层经济

近些年，用户圈层化已经成为一种发展趋势。用户根据兴趣、爱好、品位等作为标签，并以此来形成自己的圈子。在圈层中，由于具备相近审美趣味，用户感兴趣的话题会在圈层中快速传递，同时信息损耗程度相对较低。因此，圈层经济成为商家营销的重要手段之一。

圈层经济在微信中显示得尤为明显，各大兴趣群、同学群、兼职群等不同属性的圈层社群在微信中大量存在，圈层经济的崛起无疑是微信商家能够获益的大好机会。圈层经济经营较为简单，中小企业商家也可以根据以下3点内容来快速执行。

（1）放弃中心化传播思维

传统的中心化传播思维显得有些"贪婪"，通常是一开始就打算全民覆盖来实现传播，然而由于缺乏针对性以及圈层与圈层之间的隔阂，很有可能出现无法撬动任何一个圈层的局面。因此，企业需要放弃中心化传播思维，从传播战略上就以立足某一个固定圈层开始，在这一圈层中传播透彻，才有可能穿透这一圈层，实现跨圈层传播，获得更多的传播转化。

对此，企业可以在确立圈层传播方案时，首先确定方案需要落脚的圈层用户，并且不断做减法来排除那些执行力不强、实现程度不大的方案，避免浪费人力、物力，给更好的方案引进更好的传播途径。

（2）精准洞察，让用户愿意为自己说话

互联网时代，商家获取流量的成本越来越昂贵。但是拉米拉的用户中，40%以上是通过口碑推荐而获得，而网易考拉的用户也有50%以上是源于口碑推荐而获得。二者之所以能够实现低成本又有效的引流，关键在于抓住了圈层化营销的关键，即精准洞察用户的需求。只有这样，商家才有可能撬动圈层，让圈层传播变得更为快速。另外，商家需要认真对待每一位用户，用户在满足需求的基础上，自然而然也愿意为服务质量优秀的商家说话。

（3）内容精准，激发用户情绪

用户情绪具备极强的传染性，这是许多传播方式无法企及的，能够有效驱动社交传播。不少商家在圈层传播设计中，以激发用户情绪作为切入点，进而驱动用户形成自传播，比如通过文字来激发年轻用户内心深处孤独的情绪等。

做到这一点的前提是商家的传播内容要足够精准，确保内容是圈层用户所感兴趣的，为信息的高效传播做好铺垫。因此，商家可以借助一定的工具来分析用户的年龄、爱好、行业等属性，进而根据不同属性发送相应的内容。比如，针对年轻用户，既可以发布激情向上的内容，也可以发布温暖治愈的内容，这些都是他们所感兴趣的。

圈层经济其实就是将原本分散的朋友群体进行组织，使其相互之间产生交集，呈现出网状结构。通过圈层经济，不仅使商家的人脉得到拓展，种子用户以及其他朋友的人脉圈也在扩大，进而使强关系链的作用得到更好的发挥。

1.6 案例 | 私域流量运营为何常被曲解为微商

2018年年末，在各大搜索引擎当中查找"私域流量"一词，能够搜索到的信息寥若辰星。2019年年中，关于"私域流量"的报道、论述、活动等信息几乎每天都在更新。不仅如此，大家对于私域流量的关注度越来越高，讨论也在持续升温。在许多行业沙龙当中，私域流量被提及的次数遥遥领先。

如前文所述，私域流量这一概念并不是凭空出现的，是一直存在于各大平台当中但都被忽略的概念。直到2017年，有一些勇于尝试的电商开始尝试实践私域流量；2018年下半年开始，私域流量被提及的次数较之以往明显增加；2019年，自媒体新榜发布一年一度的白皮书，在其《2019内容创业年度报告》当中明确指出："'私域流量'将成为2019营销关键词。"

私域流量之所以备受重视，其背后原因是由于移动互联网用户红利逐渐消失，流量成本不断攀升。因此，每一位商家都需要想方设法降低获客成本，进而提升利润率，而私域流量则是能够解决问题的有效方式之一。然而，在对私域流量进行探讨与运用的过程中，发现有不少用户甚至是同行，都对私域流量存在一些误解，比如被认为是解决商家经营困境的灵丹妙药，而不是仅仅能提升营业额的小戏法。总的来说，大众对私域流量的误解主要包括以下5个方面，如图1-7所示。

认为私域流量就是微商的这一点，是被误解得最为严重的一点。之所以这样,与第一个误解有关,认为私域流量只是在微信个人号当中卖货,因此就是微商行为。除此之外,有的商家自身也对私域流量存在误解,在朋友圈当中疯狂刷屏卖货,导致大众也同样产生这样的误解。私域流量背后的逻辑是将新人实现商业化,如果过度利用这份信任,与微商"割韭菜"的行为无异,这种情况下,大家也难免会产生误解。

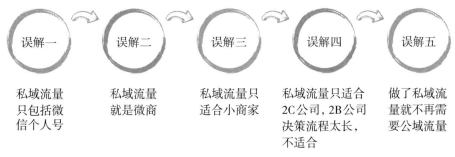

图 1-7　大众对私域流量的误解

在此,我们需要明确的是,私域流量并不等于微商,主要可以通过以下3方面来对二者进行区分。

首先,我们需要澄清第一点,就是私域流量并不仅仅包括微信个人号这一渠道。大众之所以产生这种误解,是因为微信市场广泛,并且操作简单,是十分不错的私域流量承载工具。大家对于私域流量的主要认知集中于"免费""高触达率",而微信个人号几乎完美符合这些特征:发朋友圈宣传是免费的,但是可以准确传递到好几百甚至几千个好友处。然而,自由App、社交媒体账号等其实也同样符合要求,都可以归于私域流量当中。而微商之所以被称为微商,正是由于其是依托于微信这一平台才能发展起来的商业行为,受限于微信平台当中。从这一角度看,私域流量不是微商。

其次,私域流量与微商的性质不一样。私域流量的运营核心在于精细化运营用户,与用户成为朋友,营销可以说只是顺带的结果,是通过经营而获得的成就;而微商发展层层代理的营销手段类似于"收割逻辑",将用户视为"韭菜",不断收割下线、收割代理,更为严重的是,许多微商一款产品只卖短短几个月,所以不存在售后、客服等完备设施,更不要提复购率了。如果在私域流量当中采取微商的做法,商家最后只有面临倒闭的结局。

最后，在产品质量上，私域流量与微商也存在不足。其实微商与代购的卖货逻辑相差无几，代购十分受欢迎，而大家一提到微商却是完全相反的态度。其背后的本质在于产品的区别，因为代购所选的产品都是已经打出知名度的产品，产品口碑有目共睹，再加上价格便宜，自然会受到大家的喜爱；微商虽然经过不断发展已经变得规范起来，但仍有人在售卖"三无"等不合规的产品，自然无法获得用户的信任。同样的道理，私域流量看重的是对用户的维护与经营，想要做好这一点，前提是产品质量必须获得保障，具备质量保障的产品自然不乏大众的欢迎。

商家想要在私域流量展开经营，必须维护好与用户之间的关系，而且是长期的交互关系，而获得用户的信任则是双方链接的开始，产品与服务是维持信任的核心要点所在。在用户眼里，商家是好友，也是相关领域当中的专家，能够放心将自己的方方面面交由商家来打理，而这一点是微商难以企及的。

第 2 章

承载平台：如何选择最合适的私域流量池平台

"一切生意的本质都是流量。"私域流量独立于第三方电商系统，能够在一定程度上降低商家的运营费用，并且帮助商家获得高转化率。当下，能够建立私域流量池的平台并不少，商家需要考虑自身实际情况，再结合平台的性质，选择最适合自身发展的私域流量池平台。

2.1 常见平台：当前私域流量运营最集中的6个平台

私域流量简单来说就是属于商家自己的地盘，只要是自己能够掌控的流量池，都属于私域流量。当前，私域流量运营主要集中于6个平台，下面对其进行简单介绍。

第一，微信

微信平台具有封闭性和"圈层"性，用户关系之间相对密切，传播范围较小但是精准。而使用微信进行营销，能够促使商家与用户之间的沟通与互动更加深入、频繁，进而达到有效的营销目的。对于微信营销来说，整个营销活动干净直接，消息传达精准到位，因此微信平台十分符合私域流量"重复使用"以及"高触达率"的特征。

另外，微信公众号还可以承载长文、多图，尤其适合功能性的产品运营，可以通过讲故事、分析产品成效等各种各样的方式来打动用户，进而获取用户的信任。

第二，小红书

小红书的发展是从社区开始的，这一平台当中存在很多KOL以及网络达人，并且具备很强的带货能力，因此只要了解口碑营销机制，并且针对不同类别的用户进行个性化推荐，在这里的私域流量就能运营得很好。

第三，微博

2017年微博主办的"V影响力峰会"直播论坛上，公布了两组数据，分别是微博的直播数据：微博直播日均开播场次超过30万；主播的微博运营数据：截至2017年12月，微博有超过50万主播有自己的微博账号，占整个主播规模的85%以上，覆盖粉丝超过10亿。两组数据不仅清晰表明了现在主播力量的壮大，也展现出微博平台的流量变现能力。

在当前平台当中，微博最适合商家进行传播，尤其是预算较低的中小商家，因为其引流、投放成本远远低于微信，而且链接可以直接跳转到相关平台，能够有效降低流失率。

第四,抖音、快手类的短视频平台

相关机构统计数据显示,短视频行业在2019年6月的MAU达8.21亿,同比增长32%。另外,短视频用户人均使用时长高达22小时,在手机游戏、在线音乐等细分领域用户人均时长同比都在下降的时候,短视频用户人均时长同比仍然上涨了8.6%。走过了潜伏期、成长期的短视频行业,如今已经进入内容合规建设的爆发期,成为流量的新高地。一时间,短视频行业的发展如火如荼。

短视频渗透在人们生活当中的各个方面,各大平台、品牌纷纷抢滩试水,纷纷将投放重心转移到短视频当中,包括短视频原创、分发、植入等营销玩法,进而增强品牌的曝光率与转化率,增加粉丝量,最后实现商业变现。

抖音和快手是当前最受欢迎的两大短视频平台,抖音比较适合商家进行产品植入以及信息流广告,抖音还因此推出了"云图"以及"星图"两大计划,帮助商家更好地进行广告投放。

"过去品牌和用户之间路径很长,从最开始让他看到、注意到,喜欢你,到最后转化,中间有很多不确定性,但抖音上基本可以缩成两个关键点:触达、驱动。基于这两个点,官方搭建了整个抖音的营销平台,触达平台有云图系统去做支撑,很好的分析数据,并且给流量管理和广告投放做支撑。驱动有星图平台做支撑,提供KOL的自动化管理。在中间是通过技术驱动和内容驱动的方式把品牌和消费者做关联。"

在抖音短视频平台中,广告主可以运用云图对品牌实现高效管理,主要是通过黄金曝光资源,并且精准优选人群来进行智能投放,以此来帮助产品实现更好的流量管理。星图是通过管理达人资源,比如海量聚合明星达人、持续输出优质内容等来实现对内容高效管理的目的,有利于高效触达用户。由此可见,抖音短视频平台是帮助广告主高效触达用户并且驱动用户的系统化管理平台,能够帮助产品与用户实现双向互动以及精细化触达。

快手相对来说则比较适合直接发产品广告,并且对此做出了"麦田"计划,帮助商家卖货。

"快手小店"属于快手"麦田计划"的一部分，对于这一计划，快手电商负责人白嘉乐表示："'麦田计划'就是以'内容 社交'为驱动，打通快手电商和快手其他生态形式，更好地在电商的'人、货、场'等方面为用户赋能。'麦田'寓意快手电商就像一片麦田，经过精心地播种、培育，最终会给大家提供丰盛的收成。"这一寓意符合快手上线店铺的出发点，同时意味着对未来发展的美好期待。

"快手小店"功能背后是快手链接了淘宝、有赞以及无敌掌柜等第三方电商平台，能够帮助用户边看边买，具备丰富的选用形式。快手电商产品负责人张海彤表示："这可以减少用户购买的步骤和等待的时间，也降低了那些不熟悉电商的用户的购物门槛。"

"快手小店"展示商品的方式是通过橱窗来进行，而且短视频博主还可以选择在个人主页中常驻的商品，时间限度可以为一周、一个月甚至是长期合作，这是为短视频博主提供变现渠道的又一功能。

不仅如此，"快手小店"还深化了商品在短视频中的展示。当用户查看短视频时，商品会在相对恰当的时机出现在用户的短视频中。而在运营和后台管理方面，"快手小店"也毫不逊色，通过快手平台便可以实现对店铺的日常管理。如果是专业卖家，快手平台也提供开放了API接口来实现自由开发。

"快手小店"为短视频博主提供了查阅用户的购物行为的渠道，以此来了解和管理粉丝的复购情况。根据行为轨迹展示以及数据分析，有助于短视频博主调整经营策略，以此来提升用户满意度，维护并且提升用户的复购情况。

店铺考验的是整体的运营能力，因此除了曝光以及转化等因素外，售后行为更是不可忽视的环节，快手致力于营造完整的流程系统，为短视频博主提供便捷的管理工具。对此，张海彤表示："快手小店关注的不仅是商品如何能更显眼地呈现出来，而且是如何找到更恰当的场景，在更合适的时间点，以更有代入感的方式呈现。只有用户认可、需要的商品展示，才是有价值的，才能带来更多的成交和转换。"

当然，快手上线店铺功能也会保障消费用户的权益。快手致力于打造公平公正的商业环境，因此结合全方位要素对入驻商家的合法性进行严格审查。而在产品质量上,商品描述信息、商品质量等各个维度都将被全面审核,为了保证产品品质,快手还会不定期抽检来把控质量。

第五,直播

2018年"双十一"女装淘宝店铺红人张大奕直播卖衣服,仅仅28分钟,店铺就销量破亿,"双十一"期间总销售额近两亿元;2018年快手"卖货节",主播"散打哥"一场直播就带货1.6亿元,位居"卖货节"榜首;"淘宝第一女主播"薇娅,单场2小时最高带货销售额2.67亿元,2018年全年累计成交额27亿元。另外,数据显示,2018年中国在线直播用户规模达4.56亿人,增长率14.6%,2019年在线直播用户规模达到5.01亿人。

一项用户对直播行业前景的看法调查中显示,超七成的人都对直播行业的未来发展持积极态度,如图2-1所示。这些令人瞠目结舌的数字背后包含了直播带货潜在的巨大能量,直播平台毋庸置疑成为电商营销的新战场。当然,除了最早形成的以淘宝为首的电商平台战场,还有上述提到的短视频平台也可以进行直播,并且目前发展形势大好。

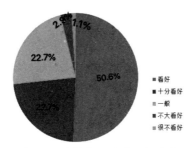

图 2-1 直播行业前景调查结果

事实上,随着网络直播行业的不断发展与完善,直播内容越来越丰富,并且具备很强的交互性、实时性以及沉浸性,能够为用户带来很好的消费体验。因此,许多商家纷纷加入直播大军,通过试用、优惠、解说、答疑等交互方式为用户推荐商品,转化也因此而具备很强的实时性。

淘宝直播从2016年不被看好到2017年初进入大众视野再到2018年全民直播,虽然仅仅过了两年,却成就了革命性的变化。公开数据显示,2018年淘宝直播平台带货GMV超过1000亿元,同比增速近400%。从电商角度看,不管是头部网红还是腰部网红甚至底层电商都共享着直播带货这块"大蛋糕",不单是因为直播的消费市场潜力对他们的吸引,低门槛也是成就全民直播的一个重要条件。一部手机、一个封闭空间、一个主播也许就能播出千万销量。无须文案,无须策划,无须剪辑。

以主播薇娅为例,一场一小时和粉丝唠家常的直播,5000人观看,仅仅是直播现场薇娅的穿戴用品就卖了两万多单。这完全展现了直播卖货的低成本低门槛优势。另外,还有2018年大火的美妆视频主李佳琦,虽然是男生,但是靠自己超强的彩妆解说感染能力和符合多数观众的审美能力打造了美妆界的传奇,光是其助理在抖音平台上的粉丝截至2019年10月就已经达到440万,他同时是涂口红世界纪录保持者,可见李佳琦已经将直播带货做到了极致。

第六,B站

"Z世代"是私域流量的主要人群代表之一,具备年轻化、黏性强以及消费高三大特征,而B站(英文名称:bilibili,简称B站)则是"Z世代"的重要聚集地,是国内领先的年轻人文化社区。B站具备的重大特色正是挂在视频上方的实时评论功能,也就是大家常常提及的"弹幕"。"弹幕"不受时空限制,能够让网友们实时进行互动,形成一种奇妙的共时性联系,因此备受年轻人的欢迎。在B站中运营私域流量,只需要针对这部分主流用户的特点,投其所好,便可以获得很高的忠诚度。

在当今互联网时代,商家的存亡在一定程度上取决于流量,尤其是当资源不相上下的时候,商家的销量关键点便是流量,流量越大,成交的可能性也就越高,盈利的机会也随之增长。而私域流量是助推商家更好地满足用户需求,进而稳固流量的有力工具,商家可根据自身的产品特色选择相对应的私域流量平台。

2.2 优劣分析:承载私域流量的4大电商平台优劣势分析

商家能够通过各种各样的平台来建立属于自己的私域流量,其中微信平台是最受欢迎的。除了微信外，还有一些平台可以被商家挖掘。接下来我们分析一下一些能承载私域流量的电商平台的优劣，以供大家参考。

第一，品类繁多的淘宝

淘宝的商业模式属于开放式平台，大部分商家都是第三方入驻，整体来说品类齐全，相对而言性价比高。淘宝是我国进军电商时间较早的平台之一，于2003年5月创立。在创立之初，淘宝的发展战略是"免费"，将当时的电商巨头ebay击败。而在之后的发展中，淘宝的市场份额不断加大，在市场当中占据一席之地，直到发展为今日的电商巨头。

淘宝之所以能够走到今天，其中很重要的一点在于抓住了消费者的需求，并且针对痛点予以有效解决。在现实生活中，具备高消费能力的人群仅占小部分比例，而其余人群所占比例大，因此其需求更值得被重视。消费能力相对较弱的普通群众对于价格因素会比较敏感，对于品牌、质量等相对来说不那么重视，同时要求商品的多样化与丰富性。而淘宝恰恰能够符合以上特征，像集市一样任君挑选，因此囊括的受众范围广，也发展得越来越好。与此同时，淘宝平台当前还存在一些不足，具体如图2-2所示。

第二，严格把控质量的京东

京东早期是通过电子数码产品来铺开市场的，因为走的是自营路线，因此对于质量的要求尤为严格。与此同时，京东没有选择采取第三方物流的运输模式，而是建立了自有仓储物流。

淘宝的大部分商家都是第三方入驻，因此在发展初期存在较为严重的假货问题；与之相对比，京东所选择的自营模式严格把控产品质量，从而与淘宝形成差异化，因此迅速进入市场当中并且获得一席之地。

2010年前后，网上购物仅在小部分地区流行，仍有许多人不习惯在网上购买商品，而电子产品属于高价产品，敢在网上购买的用户更是少之又少。如果电子产品爱好者在京东平台购买了高质量的产品，会进一步在他们圈子当中进行口碑传播，而圈子当中的信息转化效果是最强的，在这部分"先行者"的推荐下，越来越多的电子产品爱好者会在京东平台购买相关产品。对这部分用户而言，他们更看重的是产品的质量，京东的发展定位更符合这部分用户的需求，因此可以奋起直追，与淘宝相抗衡。即便如此，与淘宝相比，京东在一些方面还有较大的进步空间，主要体现在以下4个方面。

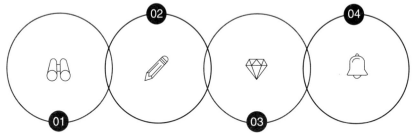

图 2-2 京东平台当前存在的不足

① 在产品种类上，京东的电子产品与家用电器处于中流砥柱的关键位置，虽然其他产品也发展得不错，但是与淘宝平台相比还是存在较大差距，从这个角度来看，相较而言京东的产品种类不够全面。

② 在产品定位上，京东定位较高，对外宣传也保证产品是正品，但是淘宝当中也同样有定位相对高端的天猫，同样也是品牌入驻，而淘宝当中样样齐全，这样一对比，京东的定位范围较小。

③ 在广告推广上，京东获得了腾讯的支持，但其推广大多数还是依赖于自己的广告，与商家自行做广告的淘宝相比，宣传力度相对弱了些，这本质上是由于采取B2C和C2C两种模式所造成的差异。

④ 在支付平台上，腾讯的微信支付是可以用来支付京东平台中的商品的，但是阿里巴巴旗下有一个重要武器：支付宝，支付宝功能健全，同时存在众多福利待遇链接，使用人群非常广泛。

第三，低价和拼团的拼多多

从创立之初到上市以后，由于货品质量不佳、没有完善的售后机制等问题，拼多多一直都处于争议之中。对于拼多多，阿里巴巴CEO张勇表示："你就当成在帮我开拓农村市场，教育用户好了。"而刘强东也曾经这样评价："我不在乎什么新商业模式，东西买过三次就知道好不好，用户只关心三件事，质量、价格、服务。"然而，就是这样的一家备受争议的电商平台，在2019年10月成为中国市值第四的互联网企业，甚至高于京东平台，而此时其创立也不过才4年。

在许多人看来，拼多多的发展路线与初创时期的淘宝相类似，但拼多多的主要目标用户不是淘宝的核心用户，而是通过拼团的方式来争取低价，进一步吸引三线及其以下的城市当中看重价格因素且很少甚至是从来没有在网上购物的人群的注意。在这部分用户看来，价格因素比质量更为重要，与一二线城市用户所要求的高质量的购物习惯截然不同。事实上，拼多多的创始人也曾经表示："住在五环以内的人都不是我们的目标用户。"但也确实如此，正是由于拼多多截然不同的打法，才让其从淘宝与京东两大巨头当中抢到一杯羹。

许多电商前期发展时为了加大宣传力度，采取的都是"补贴"手段，因此非常费钱，比如京东、苏宁等。更为严重的是，用户在有补贴时会留下，一旦补贴不再继续，用户会选择离开，因此补贴手段无法从根本上补贴用户，长期执行的话只会像无底洞一样吞噬商家的利益。然而拼多多却采取性价比高的产品来实行拼团的模式，进而迅速吸引大家的注意。而即便组团成功，还需要进行抽奖，也就是说，绝非每位用户都能通过低价来购买商品，真正能够做到这一点的用户少之又少，进而将初期的成本投入有效降低。除此之外，拼团模式的社交性、趣味性等也可以帮助商家培养用户习惯。

拼多多是依托于微信而发展起来的平台，众所周知，微信的月活用户在2018年时已经达到10亿，同时也是我国第一家达到这一水平的社交平台。借助微信这一社交巨头，拼多多迅速获得了大量低消费的用户群，将其商品信息在用户群当中快速传播，拼多多的拼团模式也因此而获得巨大的成功。

三线及其以下城市的用户对于低价这一要求被拼多多捕捉到并且予以满足，而拼多多又是借助微信这一社交平台而迅速传播并且获得大量的目标用户，最终走出一条创新路径。

话虽如此，拼多多仍然受到不少用户的诟病，原因在于其质量难以得到保证，因而降低了复购率。拼团模式适当使用确实是有效的社交方式，但如果频繁发起拼团活动骚扰好友，也会导致用户的好友产生反感情绪，进而对拼多多持有偏见。拼多多通过"拼着买更便宜"这一理念来吸引大量用户，用户的到来让这一平台聚集了大量商家，但又因为产品质量不佳以及部分商家的服务水平低而导致用户不满，形成恶性循环。

第四，垂直社区分享的小红书

小红书同样是近些年迅速崛起的社区分享平台，创立于2013年的小红书一开始只是单纯的分享社区，主要聚焦于女性用户的购物笔记，后期逐渐发展为电商平台。

通过高质量、垂直化的内容，小红书沉淀了许多优质用户，并且逐步发展为专业性较强的社区平台。后来通过明星、网红在该平台当中分享美妆、服饰搭配等心得体验，形成了"带货"的效果，也因此找到了变现渠道。小红书的转化率是基于熟悉并且逐步信任而实现的，这一指标表现得尤为优秀，许多粉丝与流量都因此而被吸引过来。

与前三者相比，小红书存在更强的娱乐属性，同时也带有一定的社交性质，对于垂直用户更具吸引力，小红书也因此突出重围。但是，小红书当前还存在一些不足需要完善，具体体现如下。

① 小红书是从社区开始的，转变为电商的时间还比较短，因此问题频频，比如产品品类不全，数量少，无法满足其核心用户的需求。

② 团队规模小，在其周年庆时便可以看出，没有完善的售后服务体系，导致消费者的信任度降低。

③ 在后端产品采购上，小红书尚未建立属于自己的产品供应链以及相对应的物流体系，虽然在宣传上表示已经与国外品牌进行合作，并且可以进行直购，与此同时还建立了保税区，但根据用户反馈来看，物流慢的问题尤为严重。

通过上述3点总结，我们不难发现小红书在电商销售前、中、后皆存在不足，这些问题如果得不到解决，后续发展将存在很大的问题。

2.3 主体差异：微信4大私域流量主体差异

把流量分类为私域流量和公域流量，是在2018年年初由阿里巴巴提出的全新概念。购物软件里里外外的公域流量,我们都很了解、熟知了,其分别包含拼多多、淘宝、京东等数量中心化网站、电商平台,这些我们共享、争相力夺的流量便是公域流量。实际上,私域流量我们早就有过接触,但是由于粉丝经济发育未成熟,在此之前大家都是将之称为公域流量,并无私域流量这一类型的统称,也没有私域流量的载体的统称,私域流量伴着时间的变化出现了极大的改变。

在2019年,通常大家将私域流量意指某一特定的微信体系,比如社群、个人号、小程序以及公众号,今日头条、淘宝、抖音短视频等也给予一小方面的私域流量基本设备的构建,不过现在我们在私域应用领域方面所占的比例还很少。为了能够让大家看得懂,在此提供一张图,如图2-3所示。

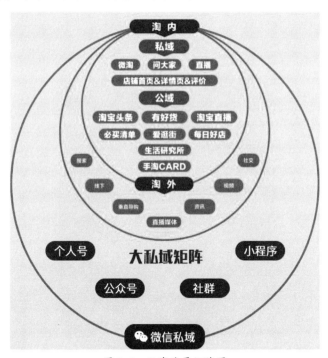

图 2-3　私域流量矩阵图

也有不少商家有疑问:公域流量不是很好吗,为何不竭尽全力来经营?为何还要拿出那么多的精力来经营私域流量?简单来说,一句话可以解答:单单是依靠公域流量去经营店铺的话是不稳定的,都是看平台的脸色去经营,如果跟不上平台改变的脚步、速度,就是死路一条。在未来的发展过程中,阿里巴巴的流量分配制中私域流量有着非间接的影响以及作用,它能够直接影响公域流量,特别是老用户的回购率指标，回购率愈低的店铺，公域流量愈小；反之，回购率愈高的店铺，其公域流量也愈大，因此想要赚钱、发展，一定要将私域流量经营好。

退一步来讲，拥有个人的私域流量能够坚守保命；进一步来说，拥有它能够霸占一方天地，比如汉王刘邦之有巴蜀。要是没有个人的私域流量，那就犹如黄巢之流寇主义难以永久。接下来，我们将以当下最大的私域流量池——微信当中4种重要的私域流量工具做大概的介绍。

第一，微信公众号私域应用

微信公众号一定是众多主阵地的其中一个，同时微信公众号功能、权限也很强大，企业能够利用公众号的功能权限做很多有益于自己的事。例如能够向消费者推送新品上新信息、售后返款、新品破零、积分商城、帮客户做评价管理、店铺页面每日签到等，具体如图2-4所示。

图2-4 微信公众号私域流量玩法

那么，微信公众号的私域流量应该如何应用？店铺在发布新产品时，不仅要推出优惠活动来吸引新用户，还要针对老用户做出特定回馈，促使老客户下单，给新产品打下基石，使其销量迅速实现破"0"。

老用户新产品的成交会带来什么好处呢？它可以促进系统把新产品的标签及时确定下来，这是由于老用户自身便是商铺的精准目标群，所占的标签权重比例很大,并且标签精准程度大,有利于新产品的打标。

第二,微信个人号私域应用

微信个人号对于私域流量来说又有什么关键之处呢?它乃商家构建私域流量池的关键源头,同时为当前私域流量里接触消费者最高效、最直接的途径,经进一步的个人运营可以使得商家及时增加私域流量的转化,提升消费者的黏性,促进业务成绩的提高。按照新老用户所具备的一样抑或类似的爱好、兴趣、习惯等,企业商家能够建立精准的社群,同时经过与消费者的互动、推送的内容等方式来深入并渗透营销,把本来一次性的买卖,经过社群的精分、细化运营,使普通的消费者转化成商品的铁杆粉丝。

第三,微信社群私域应用

承接多个电商平台客户流量,最优推选微信群,其不仅能够见到效果还能够进行控制,转化率高,推广氛围以及效果更好,企业能够通过社群向消费者、顾客提供优惠福利券、社群活动等营销活动信息推送,高效率地触达消费者或者顾客,推动商家私域流量的体系运营。不过由于社群运营的难度极高,需要商家针对客户群体做标签化分类,选出优质、精准的粉丝,社群的运营不在于消费者或者用户数量的多少,而在于消费者或者用户的质量。

第四,微信小程序私域应用

微信小程序私域应用又有着怎样的作用呢?它乃私域流量体系里交易的落地、活跃度的应用,支撑全场景私域运营体系的设立,与平台流量说"拜拜",创出商家私域流量池。

大多数商家或者企业,仅仅是在乎私域流量的积淀或者捕获(很大一部分的商家会选择花费很大的成本去吸引老客户关注或者加好友),却对于私域流量积淀或者捕获过后的积极度运营的关注非常少。

微信小程序私域应用的功能非常强,能够非常好地维持私域流量的活跃度的运作。比如电商宝,它有一系列完备的社群私域流量运作工具(积分福利商城),功能载体包括互动营销、会员积淀、产品促销、口碑管理等,再细分就是电商宝的会员积分福利商城,如图2-5所示。

图 2-5　电商宝会员福利商城

私域流量的最关键点是经营关系，并非卖货；用户、消费者花钱购买的是"会员"，并非商品。如果用户、消费者支付成功，成为你的会员，为了能够享受会员权利，或是有"将会员费赚回来"的心理，用户、消费者从你这儿买的会更多，平均用户单价以及回购率就会随着他们的购买次数而提升。

私域流量乃私域电商的奠基石，私域电商建立于私域流量基础上，如今能够提供给大家去进行筛选的私域流量不是很多，企业App乃其中一个，微信软件也是非常好的私域流量池，前面提到的微信小程序、个人号、微信社群、微信公众号都是私域流量。

在将这些私域流量以及公域流量的途径"一网打尽"后，还要将它们联结起来，变为个人的流量封闭网络社交圈子，这样才可以在最高限度下存留以及运用好这些流量。

2.4 流量池思维：评价有效私域流量池的 4 大标准

前面我们已经有过具体阐述，私域流量并不仅仅是一种流量形式，而是一种方法、机制，我们唯有找到、构建起自己的专属私域流量池才会有最终的、源源不断的客源转换，所以这一步非常重要。那我们应该以何种思维去努力建设专属私域流量池呢？总结起来，大致可分为以下4点。

第一，池中是否聚集被满足痛点需求的流量

如今的互联网商业世界，想要吸引来流量并不是一件难事，只要肯花补贴，比如卖5毛钱一个的肉夹馍、1块钱一个的柚子，肯定会有大把人来光顾。可之后呢，这些人给你造成的只有亏损而已，并不会沉淀下来，更不会给你带来后续收入，遑论成为你的私域流量。

那怎样才是有效的私域流量呢？简单来说，唯有被满足了痛点需求、用户获得感大于产品使用价值时，流量才会真正沉淀为私域流量。

那做到什么程度才是用户被满足了痛点需求的状态呢？这便需要我们先理解顾客痛点需求=需求程度×需求频次这一公式，也就是说在展开营销前，一定要先看看自己所提供的产品/服务是不是有用户迫切且高频需要，如果没有，趁早打断后面的一系列念想，因为做了也是白做。

可千万不要小瞧这一点或以为自己早就明白这一点，很多创业者正是栽在了这一点上，误以为自己的产品/服务有着广泛的需求，目前尚未取得成功只是自己营销能力不足而已，结果在营销上把钱花光之后也就倒闭了。

第二，池中是否聚集低价格敏感度的流量

为什么要建私域流量池？说一千道一万，本质上都是为了能从中多赚钱，如果吸引来的都是对价格非常敏感的用户，想要从中赚取不错的收益显然是难于登天的。

但商业历来是"你情我愿"做买卖，如果真遇到这种情况，先不要埋怨这些用户"见钱眼开"，而是应先反思，自己当初在制定吸引流量策略时所犯的错误，极有可能问题的根源就出在当初你选择流量目标错误。

从价格敏感度和产品质量敏感度两个维度结合分析出发,我们可以看到,顾客群体大致可分为4类,如图2-6所示。

4类顾客群体	①对价格变化极其敏感、对产品质量不太在意的低端客群,在构建私域流量池过程中对待这一群体应保持佛系态度,来了没什么损失,走了也没必要去下功夫挽回
	②对价格敏感、对产品质量也敏感的杠精客群,他们的斤斤计较可能很招人烦,可在进行消费时斤斤计较又有什么不对呢?对这一群体,应持努力吸引的态度
	③对价格低敏、对产品质量也不高敏的土豪客群,如果能遇上,那真是幸运,世上还有什么生意能比"大哥高兴了,就不差钱"更吸引人呢?对待这一群体,应采取优先吸引、满足的态度
	④价格敏感度一般但对产品质量高度敏感的目标客群,这些人往往是真的懂产品,了解该为什么样的产品支付什么水平的费用,对这一群体也应采取积极吸引的态度,这样的用户越多,离成功就越进一步

图 2-6 4 类顾客群体

第三,池中是否聚集能持续变现的流量

为什么很多流量会不断从一个产品涌向另一个产品?因为流量的需求是动态变化的,会产生很多层层叠加的新需求,如果你想凭一个人设将他们长期留下并持续变现,显然要不断洞察这些新需求并加以满足,唯有这样才会形成私域流量的黏性与忠诚度。通俗来讲便是门当户对的婚姻才会稳固,普通人与白富美的浪漫爱情大多只限于影视故事。

第四,池中是否聚集存在壁垒的流量

别人看你做得不错,尤其综合实力比你还要强的对手也想进入分一杯羹怎么办?建立壁垒,让别人不能影响你。对私域流量而言,竞争壁垒便是这些私域用户有没有同你打造的人设建立起很好的信任、情感链接,这一人设有没有成为他们网络生活的一部分,你能不能持续为用户提供高性价比的优质服务等环节。如果有,这便是最坚固的壁垒,不容易建立,但竞争对手也不容易冲过来。

2.5 业务流程：拆解一线员工视角下的私域流量池运营关键点

私域流量池这一全新概念的提出，被大家视为经流量吸引消费者、客户的新玩法。不少商业大咖对"私域流量"有过一波科普，在大家对"私域流量"有了初步的认识之后，无论哪个途径都想要探索与个人企业构建流量池相适应的模式以及手段。

"条条大路通罗马"，出自罗马典故，意思是"做成一件事的方法不止一种"，按照企业所处的行业加上原先的业务模式，每一个人、每一个企业寻觅到的用以设立私域流量池的渠道肯定是不一样的，但是终究会存在某些共性能够总结出来。在此，我们给大家分享一些商家、企业是怎么构建私域流量池的，并介绍一线员工视角下为吸引消费者、客户而构建私域流量池的关键点。

设立私域流量池要具备两大关键点，其中一个大的关键点是数据，另一个大的关键点是运营。想要实现运营、挖掘数据的潜在价值、最终获取越来越多流量的目的，需数据、运营两者步伐一致。接下来，我们就从运营、数据这两大关键点工作出发，讲一讲私域流量池运营应该注意的要点。具体包括以下4点，如图2-7所示。

图 2-7 私域流量池运营关键点需要注意的要点

第一，数据并不是越多越好

构建个人的私域流量池，做前期工作并不是收集到的数据越多越好，而是要先有一系列完整的计划，做事要有针对性地拟定有关规则、汇总数据，收集的数据要"一针见血、对症下药"，防止各种字段缺失、跨系统数据值不匹配、烦琐记录等问题。如果前期未针对数据做出一系列完整的规划，会给后期的运营带去多种困难。

收集数据的关键目的是什么？是企业想要进一步了解消费者、顾客，增加收集数据后时间运营的高效。举个例子，比如用户、消费者的行为数据能够对客户画像起到一些作用，能够进行良好补充。伴随着企业和用户、消费者互动途径越来越多，仅仅是了解用户、消费者的兴趣是远远不够的。有时候也要了解用户、消费者的行为发生在什么时候，能够较精准地有的放矢、对症下药。因此企业或者商家需在全部组织内进行通用数据准则确定，建立良好的数据内容。

第二，分裂的数据会使研发其的成本大大减少

分裂的数据能够使各个数据在不同的系统和多个部门之间快速流动，进一步打破公司中的每一个牢固的不透风的"部门墙"，让所有的员工都能够针对用户、消费者有全面的了解。如此就能够节省开发的成本，加大运营效率，使得团队更专注。

第三，用户运营不要以"割韭菜"的手段压榨新老用户

网络上的"割韭菜"一般是说网上经营或运营的企业以及商家想尽一切办法压榨消费者、用户。才刚开始干私域流量的用户运营这一行，就想尽办法做一锤子买卖"割韭菜"运营，会给自身带来许多不利影响，因此，做私域流量的用户运营不要"割韭菜"，要心疼和爱护自己的客户，要从多个角度想想怎么给客户、消费者提供好的服务，推送让他们感兴趣并且有价值的内容。经过全方位运营系统、细致化管理的转化闭环，获取后期的高回购、高裂变、高转化，同时从客户、消费者口中听到他们对企业商家的高口碑产品的传播——口口相传，达成不需要企业或者商家接触和服务的用户稳定提升。客户的传播推荐以及终生价值才是最重要的。

第四，巧妙地利用工具进行分层运营

用户分层运营是指在最大限度上利用数据，从中挖掘、充分发挥出数据所潜在价值的有效方式。把汇集到的每一个数据进行分析与整合，然后从整合分析的数据中得到越来越清晰的客户画像，通过便捷工具进行针对性的一个层级一个层级的运作，可以在很大程度上增强运营的效率，还有最后的回购率、转化率。商家能够按照个人的需求适度运用营销工具提升效率和质量。

大部分企业、商家自以为有了私域流量池就能坐享其成、万事大吉了，就安于现状了，事实上这仅仅是一个开始。经私域流量池吸引、拉动用户和消费者并不是一次性的、阶段性工作，而是需企业、商家长久地持续将私域流量池做大，并且从池中挖掘、细选出有价值的客户、消费者开展运营、实施转化。

2.6 案例 | 抖音与快手，哪个更适合成为你的私域流量池

私域流量是什么？简单来说，私域流量就是社交电商平台上自媒体用户的粉丝量。除了微博、微信小红书，这两年以抖音和快手为代表的短视频自媒体平台成为备受达人欢迎的私域流量孵化池，抖音和快手在私域流量上的争夺战也随着用户数量的增多愈演愈烈。那么到底谁在成就私域流量上更胜一筹？下面通过数据分析告诉大家。

快手是一款在2013年转型为短视频的社交软件App，它的前身是制作GIF图片的手机应用。而抖音是2016年才上线的短视频App，虽然从时间上看，快手发展的时间更长、资历更老，但相关数据显示，截至2019年1月，抖音日活用户已超2.5亿，快手日活用户1.6亿，在这方面，抖音显然是后来者居上。但这一数据并不能代表抖音成就私域流量的能力就比快手强。即便都是短视频App，它们的定位和运营模式以及目标用户也是大不相同的，因此成就私域流量的能力自然也要具体问题具体分析。

第一，流量分发

同时使用抖音和快手的用户应该知道，虽然都是短视频App，但二者的使用体验却完全不同。抖音是它推什么你看什么，下滑切换视频（见图2-8），简单且容易沉浸。这是由于抖音的管理模式是中心化、强运营的，通过算法控制流量的分发，将用户感兴趣并很有可能产生互动的内容分发给他们，这样的模式相对更容易产生爆款。

而对于快手来说，更偏向于让用户的关注成为私域流量的入口。更强调用户的自主选择，其内容都是有标题有封面的（见图2-8），是去中心化。这样就造成

抖音的视频爆款率更高，但是用户的活跃度以及对关注者的用户黏性方面快手则更胜一筹。

图 2-8 抖音、快手页面设计

换句话说，抖音更注重的是内容造就流量，而快手是细水长流的通过社区化的互动增加私域流量。抖音平台不会把关注者新发布的视频分发给全部粉丝用户，粉丝能看到自己关注的人的新发布视频的概率只有10%左右，即便粉丝关注了视频主，被关注者的视频内容也会根据粉丝的兴趣酌情推荐，不是被关注就能一劳永逸地获取流量，内容对于抖音视频主的重要性由此显现。

快手用户看到自己关注人的视频的概率则大于30%，正是如此，导致快手视频推荐内容的参差不齐，相比于抖音，用户更容易跳出视频的播放流，这在一定程度上影响了快手的流量变现。

第二，私域流量形成

短视频发布者要想获得自己的私域流量，首先要做的就是根据不同平台的定位和特点选择发布平台。就抖音和快手而言，抖音自己的定位是为年轻人设计的短视频平台，标语是"抖音，记录美好生活"，洋气又带有调性；而快手则更"接地气"，更倾向于一些"草根阶级"去发布生活的真实记录。

除此之外，平台对视频内容分发的特点也决定了形成流量的难易，上面说到平台对于内容分发方式的不同，抖音用户更容易因为一个爆款视频同视频发布者进行互动，但有时仅仅是一面之交，社交和互动关系很弱，用户要想获取私域流量就要更注重对视频内容的创作。而快手的"老铁经济"在这方面有一定的优势，粉丝更容易通过对关注者的兴趣同创作者视频内容互动，这也是快手的直播氛围更好，粉丝对关注者的信任度更强，更容易收获粉丝的打赏和电商广告的原因。公开资料显示，快手2018年营收额超过200亿元，其中直播就190多亿元，广告占大约10%，如图2-9所示。

图 2-9　快手公布 2018 年营收额

第三，流量变现

流量变现是拥有私域流量的最终目的。变现能力的强弱和平台的运营也有很大的关系。快手方面，除了直播是快手主要且比较稳定的流量变现渠道，其他相较于抖音还是弱一点，快手直播可以通过刷礼物、收红包、打榜以及在直播中通过推荐商品来实现流量变现。

虽然抖音也有直播，但是其粉丝的忠诚度和购买率都不如快手高，因为抖音这种内容化的引流模式很难让粉丝非常信任地去购买主播推荐的商品，即便被种草也会再从小红书、淘宝等软件货比三家。换句话说就是抖音更容易被种草，但是快手的带货能力更强。

但另一方面，有数据显示，抖音接单TOP10红人的类型是均衡的，但在快手中，接单TOP10里搞笑类红人就占到37.16%，音乐类占25.68%（见图2-10），这说明抖音的垂直类目红人的变现更好、商业价值更高。2019年抖音的收入为500亿元，其中信息流广告的费用就占到80%以上，造成这种现象很大程度是因为快手的用户比抖音用户更生活更草根，他们的内容包装可能不如抖音红人更容易吸引潮流商品的消费。

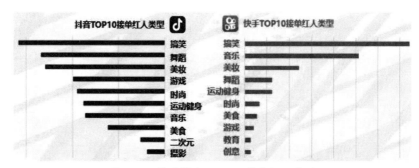

图 2-10　快手抖音 TOP10 接单红人类型

无论是抖音还是快手、草根还是网红，用户认的都是视频本身，所以除了做好平台的定位和选择，做好优质的内容才是成就私域流量的最佳方式。

第3章
塑造人设：成为自带忠粉的 KOL、KOC

KOL 是 Key Opinion Leader 的简称，可翻译为"关键意见领袖"，是通过发挥社交媒体影响力的重要营销方式，具备粉丝忠诚度高的特质；KOC 英文全称为"Key Opinion Consumer"，翻译为"关键意见消费者"，与 KOL 相对应，是利用个体在垂直用户群体当中的影响力来引导消费用户进行购买活动的行为。在私域流量中，商家可以通过塑造人设，成为自带忠粉的 KOL、KOC，进而提升转化率。

3.1 基本原则：塑造可吸引私域流量人设的4个基本原则

首先，大家需要了解"人设"的概念，人设就是"人物设定"的意思，放在品牌营销当中，相当于品牌展示给用户观看的形象，包括外在的形象以及内在的性格等。私域流量当中的人设是商家通过各种媒介渠道来营造、宣传，进而展示给用户查看的整体形象。更具体来说，就是当用户看到某"人设"时，能够自动联想到品牌。

打造品牌人设化已经成为普遍趋势，而各大私域流量池作为品牌的载体形式，更要注意人设的保持程度。要知道，在冷冰冰的、没有丝毫感情的机器和会笑会闹有温度的人之间，大多数用户都会选择后者。因此，商家打造人设的目的就是要将用户消费的过程变得更加愉快。通常来说，塑造可吸引私域流量人设，需要遵循以下4个基本原则。

第一个原则：准确定位角色

塑造人设的第一步就是认清自身所处位置，商家要对自身产品属性有清晰判断，才能更好地确定所服务的用户对象是哪一类群体。打个比方，户外运动产品类的商家往往都会树立强壮爽朗的形象，这就是根据自身产品属性而得出的定位。

角色定位是非常重要的基础步骤，就像大家提到麦当劳都会想到小丑形象，小朋友都会知道"麦当劳叔叔"一样，这个形象是立体的、生动的，是会使消费者产生深刻印象的。而商家需要思考的是在故事剧情中扮演什么角色。要基于产品理念与品牌特点来确定角色的定位，这是非常重要的一个阶段。

需要注意的是，品牌人设形象决定了商家营销风格，因此，无论是什么形象、什么风格，都要保持方向不能随意变动。比如，商家今天给用户展示的形象是可爱的女孩子，明天就换成粗犷的男人形象，过大的反差不能产生盈利，只会使用户对品牌人设的感受模糊不清。

第二个原则：目标人群分析

商家要将具有品牌特色的体系与客户人群联系到一起，要挖掘用户的喜好，分析用户的需求。在分析目标人群时，要做到精准分析。知己知彼，百战百胜，对已有的消费者群体要细致分类综合判断。企业要分析消费者的性别、年龄、生活地点、兴趣爱好等因素，这样才能判断消费者大概处在哪个区间，需要如何针对这一区间进行形象调整。

除此之外，商家还可以分析抖音上粉丝关注的其他KOL，寻找共通程度比较大的KOL，这样便于对粉丝的兴趣爱好进行更深度的了解。相同经营领域的用户都会有重叠情况，这是对品牌竞争的考验，谁对用户喜好揣摩得更加细致，谁就有可能赢得最终的胜利。

第三个原则：品牌角色拟人

塑造品牌人设要做到有温度，因此最好是有性别、性格、情感以及独特的人格化形象。性别可以是模糊的，但一定要有具体倾向：是温柔还是直爽？是沧桑大叔还是知心姐姐？这些都要带有具体的拟人设定。

举个例子，江小白这个品牌就以文艺青年形象而出名，其广告语"我在杯子里看见你的容颜，却已是匆匆那年"听起来就让人有所感伤。如图3-1所示，江小白的品牌人设形象关键词就是：简单、情怀、善于自嘲、文艺，因此吸引了一大波"文艺青年"用户，并且赢得他们的关注。

图 3-1 江小白品牌人设

第四个原则：账号强化形象

人设作为品牌的官方形象，从自动回复到视频风格都要符合角色定位。例如三只松鼠这样的人设，如果用户关注了其抖音账号，就会收到一条可爱风的自动回复："哈喽，我亲爱的主人，今天给抖鼠点赞了嘛，嘻嘻嘻嘻。"（见图3-2）这条回复保持了三只松鼠的形象风格，很容易让用户会心一笑。另外，三只松鼠的主页简介则是："陪你们在抖音一起玩耍卖萌的小凶许。"这样用心的一套文案配以三只松鼠的小动物短视频，人设形象就十分鲜明立体了。

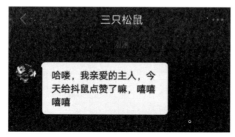

图 3-2　三只松鼠企业号自动回复

品牌人设经营需要关注每一个细节，从头像到简介、风格，都要在品牌人设基础上进行进一步的印象加强，使用户在想到品牌时就可以自动浮现相关的人设形象，如果可以做到使品牌形象更加丰富，就能使商品获得更高价值。

以上就是关于私域流量人设形象塑造的4个原则介绍，在建立品牌人设时需要记住：无论是什么样的人设形象，都要将有灵魂、有情感设置为出发点，要使用户产生对品牌的亲近感，如此方能凝聚信任力，增加粉丝黏性。

3.2 形象定位：具体人设形象提升辨识度的实战技巧

产品属性、平台调性不一样，导致用户的偏好有所不同。商家需要迎合用户的口味，营造自己的人设，才有可能获得用户的认可，为自己的营销发展奠定良好的基础。在众多品牌人设当中，商家想要脱颖而出，营造具备辨识度的人设形象，可以参考以下3大技巧，如图3-3所示。

第一，不要随波逐流

平台调性是打造人设初期重要影响因素，不同的私域流量平台当中需要打造的人设定位是不一样的，因此商家不要盲目冲到最多人营造的人设角色中，否则会付出更多的代价才能胜出。因此，商家不要随波逐流，要找准最适合自己的发展方向以及发展平台，并且根据团队的属性因素、未来的市场发展趋势以及平台用户偏好属性来定位人设。

图 3-3 营造具备辨识度的人设形象的 3 大技巧

第二，不与头部争领域

在部分私域流量领域中，有的领域已经出现了头部账号，比如美妆类的"完美日记"等。这些领域的头部地位稳固之后，商家再去模仿，再努力也很难超越。

目前私域流量池人设以抓住注意力为发展方向，这代表着抓住了流量就抓住了变现机会。而头部商家往往具备强大的影响力，并且存在众多竞争对手，商家再往这一方向营造人设意义不大。不仅如此，即便人设红起来，也难以保持持续性。与这些已经存在头部账号的领域相比，垂直领域的发展则刚刚起步，存在很大的发展空间，比如旅游、育儿、留学咨询等。因此，在定位人设过程中，商家可以找到属于自己的垂直领域，才有可能成为头部大号。

第三，不一样的表达方式

这是一个内容为王的时代，基于内容产业的创业潮汹涌而来，各大平台也都在争夺优质内容。但与此同时，内容引爆越来越难以实现，因此内容开始变得越来越重要。基于这一现象，私域流量池商家可以把握内容产业的风口进行内容细分，进而打造专属于自己的标签和人设，让自己以及发布的内容具备高辨识度。从这一角度出发，博主可以选择打造垂直细分领域方面的人设，有助于建立自己不可复制的壁垒。

垂直细分领域是指在纵向的垂直行业板块中，深度挖掘主要业务。以绘画为例，绘画可细分为水墨画、油画、版画、漫画等。而在垂直细分领域的基础上，商家用不一样的表达方式更能提高自己的辨识度，有助于从众多竞争对手中脱颖而出。

我们知道，黄种人群体中的个别白人会格外招眼，身高比较高的人在普通人群中更引人注目，千篇一律的瓜子脸大眼睛看多了，偶尔出现圆脸的账号形象也可以吸引大家的目光。同样的道理，如今市场同质化严重，商家需要长期在细分领域中深耕内容，才能让自己的人设具备较高的辨识度，这种与别人不一样的内容更容易吸引相应领域的兴趣群体。

尤其是在私域流量领域中，内容的特性要求该领域的发展规律是良币驱逐劣币。因此，商家在塑造人设时需要具备更专业的知识与技能，找到适合自己的细分领域，进而给用户带来收获、感动或者具备其他意义，以此为方向打造受用户欢迎的品牌人设。

人设是营造出来的，自然包含一部分美化的成分，如果经营不当，有可能面临初始形态暴露，引发负面影响的风险。如今网络上出现不少人设崩塌，导致最后竹篮打水一场空的现象。由此可见，人设崩塌是每位商家都需要考虑的风险。因此，商家需要提防人设崩塌。通过多方面总结，以下3个方面的雷区是商家在营造人设时不可触碰的。

第一，勿碰道德雷区

当品牌人设具备了名气后，影响力也随之增加，因此需要承担相应的责任。粉丝和普通用户会拿着放大镜来观看商家的一言一行，商家不要心存侥幸去触碰道德雷区，因为一旦被发现，后果不堪设想。

第二，避免言过其实

商家营造一个立体的人设，需要从多个方面显示出来。如果是不影响人设主要标签的信息，建议不要过分美化。比如美食品牌给自己营造的人设是随和、手巧等，这种情况下，基本不需要出现过多的样貌信息等。另外，过度美化的维护成本高，一旦东窗事发，将造成粉丝的反感。

第三，保持谦逊

在品牌的发展越来越好的情况下，应当多注意心态的变化，避免给粉丝留下急功近利、"吃相难看"的印象，时刻保持谦虚是最好的办法。

营造人设是迅速吸引用户的手段之一，尤其是在当今的粉丝经济中，迎合大众喜好来营造一个好的人设是使热度提升的重要手段之一，能够给品牌带来不少收益。但与此同时，人设也是一把"双刃剑"，把握不好将给自己的私域流量营销事业带来重击，因此商家需要把握好人设的尺度。

3.3 经营人设：人设经营素材从制作到分发的8条"军规"

人设概念在当下的娱乐化时代正处于火热的状态当中，要塑造个人的良好形象，才可以在获得客户流量的同时，将其转化成粉丝，获取资本的关注，从而经过多种形式、手段营销实现变现。

可以从简单的角度来理解，"卖人设"便是塑造一个给用户看，并且可以按照这样的人设变成现实的形象。一个私域流量账号的人设并非是依赖创作者于脑子空想而来和虚造的，相反，是用户通过商家的持续经营运行所真正从内心感受到的形象。

想要打造一个好的私域流量账号的人设，要了解的内容很多，例如基本信息、推送的每一条内容以及和用户之间的互动，都是塑造人设的一部分。简而言之，一个生动人设的打造是需要从整体来进行规划，并且是长期的、不断贯彻的。具体来说，品牌、商家人设经营素材从制作到分发，需要遵循以下8条原则，如图3-4所示。

第一，铭记人设就是标签

想让他人很快地认识品牌，最好的手段就是给自己贴上标签，这是让他人认识品牌的最快捷方式。换种方式来讲，人设实际上就是标签的组合，得找出一些自身拥有的、具备传播力量同时与目标定位调性相匹配的标签。

标签并非是自己直接用电脑、手机打出来向用户讲的内容——你看我是什么样的，然后你来关注我吧，而是经由有趣的、能够抓住消费者心理的内容而体现出来的。这样的标签要在每一个内容分发中呈现出来，用户才能对品牌有一个稳定的印象。品牌要是不能从内容分发中打造出与众不同的人设，对于用户来说，品牌的标签就是没有特点的，他们也就找不出可以忠于品牌的地方，品牌就和别的相似的账号没什么区别，于是很难获得用户的青睐，想要经营的人设也就很难变成现实。

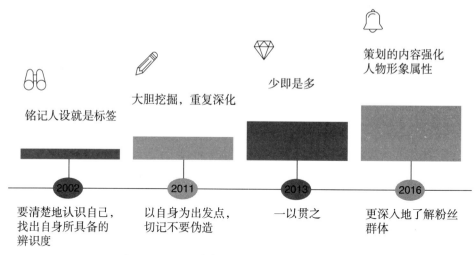

图3-4 人设经营素材从制作到分发的8条原则

如今市面上的很多电影或者电视剧,许多演技差、无好作品的流量明星可以拿到最高片酬,而那些有演技的"老戏骨"却没有电影、电视剧拍,就是因为那些演技差、无好作品的流量明星很擅长营销塑造形象。演技差、无好作品的流量明星如此,网上的网红也是如此,他们怕的并非无演技,而是怕没有话题和热度。相对于内容,观众对于人、对于八卦和娱乐关注得更多,为自身打上标签、塑造人设才可以较好地制造热度、取得流量。

第二,要清楚地认识自己,找出自身所具备的辨识度

创设一个IP账号,第一步要给自身一个清楚的定位:自己是谁?自己是做什么的?究竟是什么原因使得别人喜欢自己?

针对是什么原因使得别人喜欢自己这个问题,便是要挖掘同时精准找出在自己身上可以吸引人并且具备辨识度的其中某一个点抑或几个点。众多领域的头部IP,好看的皮囊千篇一律,有趣的灵魂却是万里挑一,前者可以没有,后者却是不可或缺的。

私域流量账号人设可以从自身的多方面言行体现出来,在很大程度上可以从内容面向用户的时候所呈现的特征体现出来。这决定了自身是不是可以打动观众、感染他们的思绪以引起互动,也间接决定了产品是不是能够得到更多观众的喜爱而走得更远。以抖音当中的"代古拉K"为例,她可以在众多网红美女中崭露头角、锋芒毕露，拥有千千万万个粉丝，主要的人设卖点就是甜美、温馨的笑容。

第三，大胆挖掘，重复深化

我们每个人都会在大脑中想一些不现实的东西，但是想要梦想成真，就得付诸行动。人设并非是单单靠大脑就能想象出来的，而是需要从自身出发，先看看自己有什么，建立在个人已有的东西之上去做细致的打算、计划。比如有美丽的外表、豪爽的性格，也可以是特长，但凡别人有的特点都需要考虑自身有没有。

对自己不是很了解、不清楚自身哪个点可以更吸引他人，可以去多问一下身边的亲朋好友，毕竟在他人的眼中有多个不同的你，每个人的眼光和对事物的看法不一样，看看亲朋好友的评价中你身上让人喜欢、遭人讨厌的方面分别有哪些，这样就可以知道自己有多少好的方面和不好的方面。

想要收获到许多关于自己身上所具备的特点，就要对特点的发掘投入充分的时间，有舍才有得。不放过每一个可能的特点，对其一个一个有针对性地策划内容，并且勇敢尝试，经过数据的最终呈现，你可以知道自身真正与他人不同的、给人以深刻印象的特点。在最终挖掘到这一特点后，仍需自身长期持续的深化，经过反复打磨，向观众展现自己，使他们对你形成深刻的记忆点，让观众清楚地记住这个标签就是属于你个人的亮点。

第四，以自身为出发点，切记不要伪造

人设的精选还要注意的一点便是"不要伪造、欺瞒，不过自己能够有选择性地说真话"。类似于你去找工作然后要面试一样，你要做的是把自身具备的好的特点展现给面试官，不好的方面可以避而不谈，而并非是去欺骗，添加其他不真实的、子虚乌有的成分，加工一个自己本身不具备的好的特点。大部分人都会在人前给自己"添油加醋"，夸大能力与个性。身处娱乐圈的明星人设兜不住、人设崩塌，最后归零的事也早已司空见惯、层出不穷。

每一个人身上都有自己的闪光点，也许原先只对最亲近的人展现，但如今你能够做出许多选择，可以给越来越多的人发现。商家越实在、真诚，粉丝越相信品牌，品牌营销也能够越做越好进而变现。如果做自己就可以得到很多人喜欢的话，何必还要假装呢？

第五，少即是多

大家都听说过"木桶定律"：装水的木桶由多块木板做成，盛水量也因这些木板的长度、质量决定。木桶盛水的多少，并非由桶壁上最长的那块木板决定，而在于桶壁上最短的那块木板。要是当中有很短的一块木板，那么这个木桶的盛水量便会被限制，要想让这个木桶盛水量加大，就要把那根短板换走，或是将那根短板加长。私域流量领域却恰恰与之相反，最需注意的是那根最长的木板。你的优势、特点取决于最长的那根木板，这样才可以促进你在一个垂直领域内领先。

以短视频为例，近几年才盛行的短视频和过去的电视剧、电影等长视频最大的不同之处，就是短视频的时长了。短视频的人设塑造也取决于此，当然不会跟传统作品那样尽最大限度打造出一个具体丰富、形象鲜明的人设，而是只需要提炼出几个最突出的优势就好了。

打个比方，一个少年有繁杂多变的性格特点，他对好友亲切友善，对父母却表现出叛逆，但对自然富有好奇心，也对未来非常迷茫，还对班花有暗恋的情感……影视作品中可以将之展现得淋漓尽致，人物形象也丰富饱满，这些在短视频领域却很难体现出来，所以这对于短视频领域是不适用的。

20多秒甚至是四五分钟的时间想要有效将人设形象呈现给观众十分不易，实际上，过多丰富、复杂的人物设定只会给粉丝带来困扰，他们不能在短短的时间内深刻记忆人物的形象。因此短视频的人设标签仅仅需要精选出角色的一两个点以塑造形象即可，观众容易在短时间内对人设标签记忆以及识别。

再举个例子，"名侦探小宇"就关注到女性日常生活中会遇到的危险，并非是任何一个都涉及，而是只专注一项，所以每个视频的点赞数、互动性都非常高。

第六，一以贯之

塑造自己的人设之后，便不可以轻易去改变，长期的坚持、持续下去方能在用户中塑造出清晰、稳定的标签。在之后择题策划的所有流程里，都需要想想本期内容是不是和自身的人设互相匹配、吻合，切记不可以随意跟风追热点。经过不断策划出人设高度吻合的内容，能够持续强化粉丝对私域流量领域账号的印象，进一步形成坚固的粉丝关系。当然，并非严格要求策划的一期内容里完全与人设标签相匹配，在恰当的时间推送某些节日问候、背景故事、客串互动、幕后花絮……可以增加新意,还可以拉近和粉丝之间的关系,显得越发真诚、实在。

第七,策划的内容要强化人物形象属性

人物标签并非是单独存在的某个个体,人设要依赖于某种特定的介质来展现,比如要在一定场景下和特定人物而引起的事情。反过来,大家也能经过策划内容,也就是经过一定的情景气氛、行动以及人物关系等因素去打造、强化人物标签的属性。大家打造、创作人设,尽管事件是不真实存在的、伪造的剧本、网上的段子,在其背后也存在明确的且完整的价值观。精选与自身人设相符合、与粉丝的兴趣相匹配的价值观,主要是把人设细节尽可能清晰明确地经过视频展现给观众和粉丝看。如此一来,商家策划、呈现出来的内容才有可能愈加自然、实在。

第八,更深入了解粉丝群体

结合塑造人所具备的特长来开展人物标签的设定,要意识到该IP定位面对的主要是大众人群。经针对目标群体的研究掌握其画像,从他们的角度思考、重审所设定的形象标签,划去那些目标人群很少感兴趣乃至引起人们排斥的设定。如此便能够在最初就让自身的人物形象对某一群体散发出足够的吸引力,让他们对品牌感兴趣,进一步减少迭代压力。比如你的私域流量IP涉及的是美妆或者时尚方面,要是你的目标粉丝群体为在校就读生,那就应意识到学生的财务情况,所选商品就应该在他们能够承受的能力范围之内。

3.4 场景营造:持续营造更贴合粉丝对人设想象的私域场景

电子商务行业诞生之后,"场景"一词便快速盛行起来。把握品牌的场景构建,电子商务可以加大传播的品牌途径,从品牌的自动推广中收获到便利收益。场景是从戏剧影视专业抽象出来的概念,意思是在特定的时间或者空间出现的、产生的行为,抑或是当中人与人之间、人与动植物之间的关系而构建的情景,在场景中,人物以行动所展现出来的具体情节、状态就是所谓的戏剧场景。

将场景融入电子商务领域的时候,所展现出来的具体情节、状态则是与娱乐、购物、社交等互联网行为相关的用户状态。用具体的话来说,电子商务的场景分别从最开始用户挑选商品、比较商品等享受感,直至下单支付同时体验商品,最后需求得到满足的整个过程的细节、状态。

商家想要打造场景,让用户体验购买商品的过程所带来的快感,要如何营造品牌的场景呢？大家可以看看品牌营销的场景营造案例,在此,我们找了品牌营销中最常见的案例,以供大家参考。

刚下班回到家的一位"90后"女孩,一副身心疲惫的状态,即使她很累,但是还是想暂时忘却公司里的繁忙工作。于是,她用手机点击微信朋友圈,偶然发现有这样一篇关于鉴赏美食的文章介绍,一听到美食,相信大家都已经跃跃欲试、嘴巴张大、口水直流了,因为图片调动了她的味蕾并且配上饶有兴趣的文字,于是,她很快就忘掉了自己身上的疲惫。这便是一个场景的呈现。

要是商家能够考虑到,处于如此打动人心、勾引味蕾的场景下,女生会被文章给吸引到,接下来就有了这样的念头：去买制作好吃的食物的材料,加入烹饪技能的学习,最后手工制作甜点。企业、商家完全可以把旗下与之有关的产品的品牌放到文章中,与美味的食物、有趣的文字相结合,在"90后"女孩看完文章后,品牌形象理所当然地便渗透到她的脑海里。有很大概率,她会打开文章的末尾——"阅读原文"来进行阅读,点击企业、商家原先设置的微信上的界面,细细选择所要购买的商品然后完成最后的支付。即使她没做出以上的诸多行为,也很有可能在脑海对看到的产品的品牌留有特别深刻的记忆,同时还影响她在以后的购买选择和方向。

换其他方式来说,目前多种企业模式当中,最为主要的品牌推广途径非场景化体验莫属。但是想要实现场景化体验的营造,一定得同时具备以下3个要素,如图3-5所示。

第一个要素：要有体验的层次感

要把品牌的场景营造给消费者、用户以体验的层次感觉,体验的层次感包括满足虚荣、功能、利益、信任、知识……体验要求,还要将每一种层次感的要求做到一层一层地递进。

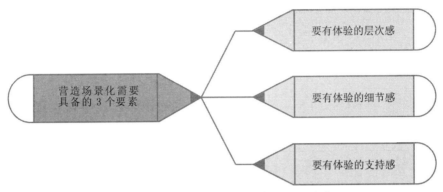

图 3-5　营造场景化需要具备的 3 个要素

打个比方，商家、企业只是在微信朋友圈推送商品，最多只能满足消费者在利益、功能体验之类的要求，不过要是构建一个累积点赞次数然后免费获得赠品的场景，或许用户、消费者就很有可能在邀请朋友帮忙点赞微信朋友圈的过程中获得信任、友情体验，企业所打造和树立的品牌形象也随之生动起来。

第二个要素：要有体验的细节感

建立在场景的商家入口之下的是细节感。用某款保温杯品牌的宣传途径塑造作个例子，这个企业团队在微信朋友圈中发的图片，分别配有一支笔、保温杯以及笔记本，一旁还加有开通录音功能的手机。从用户的角度来看，这说明了什么呢？这说明听觉抑或是培训场景的所有部分。因为细节做得非常真实，用户、消费者可以经场景享受到几乎是真实的物品体验，图片上重在衬托出的保温杯品牌，就成为达成方案的一个重要部分，同时也变成品牌推广的重要流量途径。

第三个要素：要有体验的支持感

商家、企业无论是在线上经营还是在线下营销，都应打造出能够使用户、消费者青睐并且支持品牌的场景。比如，引导用户、消费者在微信群、朋友圈转发商品的宣传图片，并且附上文字，例如"××产品，我已经用了1个月，感觉不错很好用，好的东西当然要分享，推荐给你们，也来试试吧"（不限于此，只要清晰且能够吸引到他人的文字就行）。又因为微信有着社交工具的特殊性质，于是那些对此品牌感兴趣的人在朋友圈中马上就会向你咨询关于这个品牌的相关问题，用户、消费者会在此场景下对商品进行自主宣传以及推荐。

当处于这种情况的时候，商家和用户就是站在统一"战线"的人了，变成一致行动的人，都旨在要对品牌做出拥护、支持的行动。所以，还不如积极组织用户、消费者加入到QQ群、平台公众号、博客的上下线活动，让他们为品牌贡献个人的一分力量，有了支持、贡献的场景，用户、消费者也许就会主动开辟推广品牌的渠道了。

3.5 全员营销：全员营销是私域流量取得效果的着力点

现在这个时代是盛行电子商务"私域流量"的时代，"私域流量"火爆。在互联网圈以及营销圈内，"私域流量"概念正以飞一般的速度、热度传播着，最简单、最有效的私域流量必然是微信朋友圈。大至互联网巨头，小至微信朋友圈商家，都准备要孵化人格化账号。但是，你真的觉得企业、商家开通私人微信号、在个人微信号发个朋友圈便是把私域流量搞得很好了？

之前的一段时期，一组戏言互联网名词的事实海报火遍社交圈，海报里的内容不仅幽默还很真实。大部分企业、商家早就在私域流量的感召之下，轰轰烈烈地着手运营私人微信IP，入手部署全面"微商化"的玩法。

微信朋友圈乃最有效、最简单的私域流量，让微信朋友圈的每一位营销成员从此生根在此，势在必行。有一段话非常有意思，但是这段话当中有个隐藏的漏洞问题，并且还突出了企业、商家希望实现每一位成员加入营销的梦想，这段话的表述是：

> "一个公司200名员工，每个员工有500个微信好友，每个员工在朋友圈推送一次名片，预计收集的潜在客户：200×500=100000。"

但是做什么事都要脚踏实地，想想实际的状况是怎样呢？企业领导、管理者希望每一个成员都做，但是每一个成员都希望别人去做。没有明确的责任主体，责任被稀释，最终就只是大家一味地空喊口号，并没有哪一个成员真正地付诸实践、行动起来。

所以问题也就随之而来,怎么打破桎梏,营造出每一个成员都为公司做营销的良好氛围?

处于社交裂变的时代,创新营销在数年前就已经不是一个新的概念了,早已被大众熟知。由创业所体现的内容作为链接、由算法相配以及以社交分享为主要推广途径、用户共同加入一起创造的新的整合营销叫作创新营销。

不仅关系到内容的创新、社交的分享,还需用户的加入,创新营销乃一个企业的重大工程,与其他企业以旧模式营销的无特色、无差别的花样一对一的玩法有很大差异,如果想在社交裂变背景下把创新营销干好,不单单需品牌市场部门、运营增长部门担负重任,更需鼓励整个公司的资源充分加入其中,方可达成创新营销的高转化效用以及高性价比。

首先我们来了解一下波纹传播模型(见图3-6),这个模型是指企业可以经过多种渠道将营销内容向用户宣传。而在这个模型里,经私域流量池将营销内容一个阶段一个阶段地往外发散、扩大,圈来越来越多的潜在顾客、消费者参与进来,毋庸置疑,这种一举两得的高性价比的营销手段千真万确地给企业带来了事半功倍的福利。企业把之前买流量的费用非间接地用福利的手段给至终端用户,如此经将福利给至终端用户的活动手段越发迅速地实现圈进新用户转化的过程。

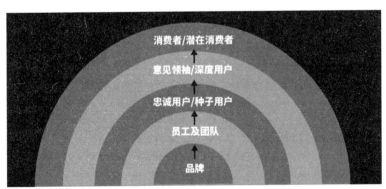

图3-6 波纹传播模型

从漏斗到波纹一个层级一个层级地看,大家可以看出第一层乃内部员工以及团队,不用怀疑的是员工和团队的加入对创新营销的开发特别关键。处于每一个人都为自媒体的时代,如果一个企业不具备创意营销文化的氛围,不仅不能很好地发挥成员自媒体的影响力，也不能给源头端推动更多的声量传播。如果想打造每一个员工都积极营销的文化氛围，首先要了解内容文化具备的标志，具体如图3-7所示。

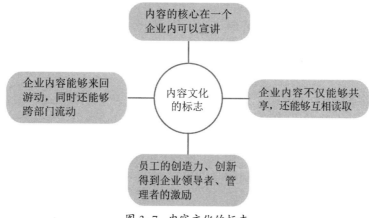

图3-7　内容文化的标志

内容文化就好比一台机密的仪器，省去了内容的构思、工作过程。内容也像是一个不断反复推广的系统，于本质而言，便是构思、打磨、读取、共享，同时对每一个加入的员工宣传内容价值的流程。

企业要想打造每一个员工都积极营销的文化氛围，下面这6个方面是非常关键的核心以及要点。

第一，企业的首席执行官以身示范、亲身推动

首席执行官常常是一个企业内身居高位的营销者、企业品牌的代言者，首席执行官身兼重任，有义务对外宣讲自己企业的品牌历史，并且首席执行官的自媒体乃企业核心品牌驻扎区。所以，构建同时维护好首席执行官的自媒体IP是很有必要的，这对于首席执行官品牌形象在线上的呈现效果有非间接性作用。首席执行官要懂得运用个人的资源、影响力去促进文化氛围的营造，同时在初期给予员工一定的反馈。无论是对外品牌推广，或者是对内部文化的构建，首席执行官身为数个圈子的KOL，自带权威性、话题热度，运用好资源、影响力才有可能对品牌推广以及文化构建起到一举两得的作用。

除此之外，首席执行官要允许失败的结果，激励员工以及团队勇敢接受与承担不尽如人意的结果，失败是途径创业始终会走的路，要把勇于冒险看作员工赋权、差异化、提升市场的关键。

第二，牢记以用户为中心的初心

牢记以用户为中心的初心这一点和企业价值观存在非常大的关系。可想而知，一个始终有"割韭菜"思想的企业是不会把创新营销干好的。创新营销乃一种需要历经长时间的营销手段，短短的活动时间常常将伤害顾客、消费者的价值。创新营销要"以用户为主体"，要给用户带来价值。只是将用户作为流量去收割，最终也就不能获取用户的认同、相信。

第三，动员专业人员生产优质内容

什么叫"术业有专攻"？也就是专业的任务要分配给有此专业技术、能力的人来办。在以技术作指引的互联网企业，一篇有技术含量且可以向人们科普品牌的文章有一定的作用。而由品牌市场部写出一篇技术文章，企业据此去实施定向提升粉丝数量，几乎是不可能的事情。即使绞尽脑汁，文字从业者的脑细胞也弄不出代码和专业术语。

所以，得有好的心态、改正打法，除本企业的运营部门承担制作内容之外，也需要动员本专业的成员编写、产出优质的内容，增强内容的丰富性、提高内容原本就具备的价值，全面构建顾客、消费者对品牌的认知。

第四，人人自媒体参与传播分发

大家都感受到人人自媒体的时代来了，虽然变化看起来好像难以捉摸，可是改变带给我们的影响早就进入大家的现实生活中。对于企业而言，每一个人在自媒体时代都有提升员工给品牌代言的影响力。

上述所说的运营部门策划的营销内容可以鼓舞每一个员工加入转发，实施启动。并且，大家在这一过程中还能察觉之前未想到的潜在难题，有利于企业及时实行微调。有关企业的每一个员工的营销工作，能够依靠"秀推"这种营销技术，可以扩充和整合企业每一位员工的营销资源，经过任务管理的形式，推动、鼓舞本企业的每一位员工参与其中去传播，分别有任务红包、任务的分配、任务的接受、任务的下发等，最终整理出考核结果。

第五，建立科学的激励机制

不管是什么情景下的文化，都能感受到一股神奇的力量在驱动，不知道这股力量是什么，它是无形的但又相当强大，它能够激励、加强一个人的行为。这其中最为明显的力量就是激励机制，它具备的能量是无限的、正面的、爆发式的。

无论以什么样的方式看，企业都要建立起科学、合理的激励机制。对那些积极参与到工作当中，取得了良好效果的员工给予物质激励或是精神激励。物质激励的方式很简单，如发奖金之类，而精神激励的方式有很多种，例如对员工进行公开表扬、认可员工的内容、容忍员工的失败行为并加以鼓励等，这些方式都能够很好地对员工进行精神激励，而且很容易进行调整，与企业的实际情况更吻合，能够发挥更大更持久的作用。

第六，提高全员技能

除了前面所说的几种营造文化氛围方式外，培养全体员工的传播技能也是相当重要的。绝大多数企业都对这一点视而不见，或是根本没有注意到这一点，绝大多数员工都不具备传播技能，而这也正是为什么大部分员工根本就不想要参与其中的最重要的一个原因。

传播技能主要有两个方面：一方面是创意表达能力，每一位创意人都具有神笔马良的画笔，他们能够通过这支笔画出很多天马行空的画面，但是缺少创意表达的能力，他们很难让大众接受他们所描绘的天马行空的画面。因此必须加强培养创意表达能力，让他们可以轻而易举地将他们的创意内容发布出去，让大众接受。另一方面则是市场敏感度，身为一名营销者，必须具备十分敏锐的嗅觉，能够感知到市场当中的热点事件，并将其作为切入点进行市场营销。

虽然说部分员工并不具备传播技能，或是不善应用，但是企业也不要将这部分人排除在全员营销的阵营之外，而是应该想方设法去培养这部分员工，提高他们的创意表达能力以及市场敏感度，从而让这部分员工也能够参与到全员营销当中，贡献自己的一分力量。

3.6 案例 | 完美日记在专供私域流量产品设计上的心思

现今时代，大部分商家都在感叹生意是越来越难做了，特别是2019年，许多人都在考虑要去"搬砖"了。但就是在这样的时代当中有一个"异类",那就是"完美日记",它被称为"国货之光"。就在2019年9月,它又得到新一轮的融资,完美日记的估值也因此而达到10亿美元。

"完美日记"成立于2016年8月23日,到2019年9月也就3年的时间。在这短短的三年里,完美日记可谓是"拳打老牌经典,脚踹海外大牌"。不仅如此,完美日记还以人们难以想象的速度登上了国货彩妆的No.1。

已经有很多人写过有关完美日记的相关信息以及增长策略的文章了,详细介绍了完美日记是如何在这个生意越来越难做的时代异军突起,完成了逆势增长。

完美日记是通过什么样的方式来利用私域流量的?对于私域流量是如何运营的这一问题,有业内人士做了一个生动形象的比喻,主要可以分为以下5个过程,如图3-8所示。

图3-8 私域流量运营过程比喻

毫无疑问,在"捕鱼"过程当中,完美日记的能力是数一数二的。完美日记主要是通过两种方式来实现私域流量池增长的:一种是门店引导,另一种是线上引导。前者的方式是,当顾客来到门店购买了完美日记的产品后,利用发放福利等方式对顾客进行引导,让用户添加一个微信号,这个微信号就是"小完子",是完美日记打造出来的小IP。而后者的方式则相对复杂,用户在线上购买了完美日记的产品后,能够得到一张完美日记发放的"红包卡",用户想要领取红包就需要关注完美日记的公众号,然后公众号会通过各种方式引导用户添加一个个人微信号。这个微信号就是前面所说的"小完子",它会扫码关注一些小程序或是邀请用户进入微信群,如图3-9所示。

相关人士透露,"小完子"其实并不是一个人或几个人,而是一个统一的人设,像这样的"小完子"个人号有上百个,所以"小完子"其实是一个团队。

我们试着从用户的角度来对"小完子"进行分析,研究它的人设,主要分为几个层次的认知。

第一,外在层。让用户能够近距离感受到"小完子"这一人设的仪表、颜值、谈吐以及穿着等,能够拉近与用户之间的距离,进而能够和用户之间拉近关系。

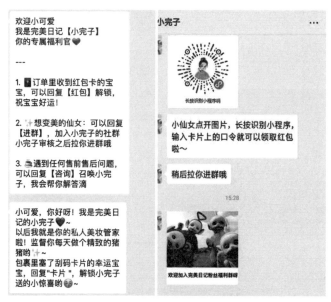

图3-9 完美日记实现私域流量池增长方式

正是因为这个原因,我们可以感受到,"小完子"其实和我们的朋友差不多,会在朋友圈当中分享自己的生活、自己的心情,宛如一个精致的"猪猪女孩"。并且"小完子"有着极高的颜值,除此之外,它还是一个美妆博主。在日常生活当中,它不仅会向大家分享美妆好物,还会到网红旅游点打卡并进行分析,与大家拉拉家常、谈谈美食、聊聊周末怎么过之类的,真的就像是我们现实生活当中的好友一般,如图3-10所示。

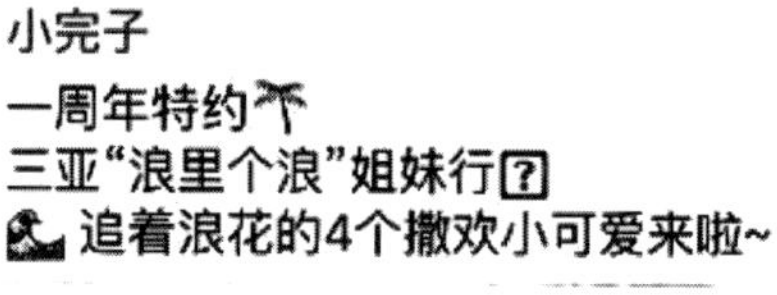

图3-10 "小完子"的朋友圈

第二,内在层。制造势能。什么叫势能?其实就是将用户认知作为基础的一种能量,它能够帮助你充分获取他人的信任。如果能够拥有极高的势能,那么就能够影响到数量众多的人。

"小完子"的势能最主要就是表现在打造素人KOL上,它通过各种各样的方式为"小完子"打造了一个"私人美妆顾问"的人设,经常在朋友圈当中发布关于美妆的专业教程、彩妆测评图片，这种做法能够让用户充分感受到"小完子"是一个真实的人而不是"机器人"，并且是一个可以信任的人，在彩妆领域当中极为专业，如图3-11所示。

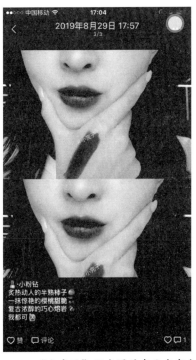

图 3-11　"小完子"朋友圈的专业内容分享

完美日记所使用的"打造人设+媒介（朋友圈等）+建立社群"的方式，可谓是所向披靡。谈论完了人设之后，我们再来聊聊运营层面。"杀猪"是很多企业使用的发展策略。他们利用各种各样的福利吸引用户，等用户上钩之后就开始"杀猪"。

举个例子，绝大多数女孩子都经历过这样的事：当消费者来到理发店想要做头发，迎接消费者的"Tony老师"在做头发的时候，会对消费者说："哎呀，你的脸色怎么这么暗沉，还有一些坑坑洼洼的，这样看上去气色不足，你这么一个漂亮的女孩子应该要注意护肤啊，这样吧，我这里有一个产品，可以让你的皮肤变得水亮透明，看你经常来给你打个折吧。"

然后，"Tony老师"就会向消费者推荐各种各样的美妆产品，或是通过其他方式推荐他们店里的会员卡。消费者被"Tony老师"的销售话术说得有点心动，最终决定要购买产品，这个时候，"Tony老师"会面带笑容地送消费者离开，临走还说上一句"欢迎下次再来"。但实际上，当消费者进入理发店的时候，"Tony老师"就已经把消费者当成一头"猪"了，他会在心里默默想着要从哪里下手，开始割消费者的"肉"。

但是随着时代的发展，这样的"杀猪"模式已经不管用了，为什么？"猪"被坑多了，变聪明了啊！你的三言两语已经无法忽悠他们了。在这时候，人们就想出了一种新的模式：养鱼。游戏规则发生了变化，企业的思维也随之发生变化，要顺应游戏规则。从前他们只想着逮到一头"猪"就"杀"一头，但现在他们必须通过一定的手段去留存客户，如果仍然坚持"杀猪"模式，那么客户被你"杀"了一次就绝对不会来第二次了，他会换一家店。因此应该让客户心甘情愿地来你这里消费，来了一次还想要来第二次，这就是所谓的用户思维运营。

那么，完美日记是通过怎样的方式来运营用户的呢？

第一，让用户有留下来的理由

"小完子完美研究所"对很多化妆"小白"是有很大的吸引力的，因为上面会不定期地分享一些有关妆容的"干货"，这可是"小白"的救星啊！除此之外，还有许多活动能够充分地吸引用户的注意力，例如直播抽奖、直播化妆、新品发布会等，如图3-12所示。

图3-12 "小完子完美研究所"

第二，打造宠粉福利

完美日记的粉丝微信群以及"小完子"的朋友圈会发布许多优惠活动，比如第二件半价、一元秒杀等，确确实实地给了粉丝很多的福利以及优惠，而且经过亲身调查，发现是真的福利，而不是虚假优惠。

在这里，必须重点强调一个问题，"小完子"与微商不同，它不会在朋友圈当中发一连串的广告，让用户感到厌烦，它会通过各种各样的方式对客户进行引导，当用户主动表明自己的确有购买意愿的时候，再发链接给用户，如图3-13所示。

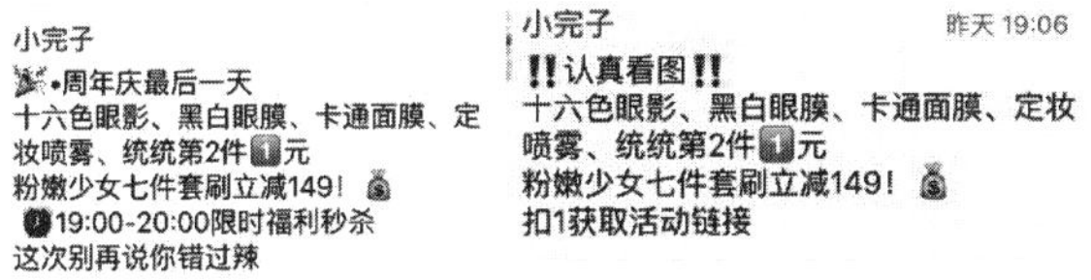

图 3-13 "小完子"的营销方式

第三，情感经营

情感经营是私域流量最重要的一个环节，要让用户对你充分信任，要让用户了解到你并不是一个"强盗"，只会从用户的钱包里面"抢钱"。让用户感受到你是真真切切地关心他、真正懂他的需求。

毫无疑问，完美日记在这方面是下了大功夫的，比如完美日记一周年的纪念日（见图3-14）以及"小完子"每天都会在粉丝群当中向粉丝说"晚安"，都让用户充分感受到完美日记的真情实意，感受到"小完子"是尊重自己、关心自己的。

虽然完美日记在运营方面已经做得很好了，但是我们还是要在"鸡蛋里挑骨头"，以下针对完美日记存在的一些缺点或者说不足之处进行分析。

第一，所有社群都存在一个问题：活跃用户数量极少，即使"完美研究所"的群员数量达到400多人，也无法避免这个问题。我们假定这400人当中有30个活跃用户，这30人当中可能也就只有几个人购买产品，再加上一些"潜水"用户的购买，可能400人里面就十几个人购买产品，转化率其实是很低的。

第二，广告轰炸以及促销活动是微信群当中最主要的营销方式，而且促销方式来来去去也就几种，实在是太过于单一了，时间长了就会导致用户感觉疲劳，失去兴趣。在经过了更长的时间后，用户是否会选择脱粉退群，从而导致品牌产生损失我们不得而知，只能是等待时间告诉我们答案。

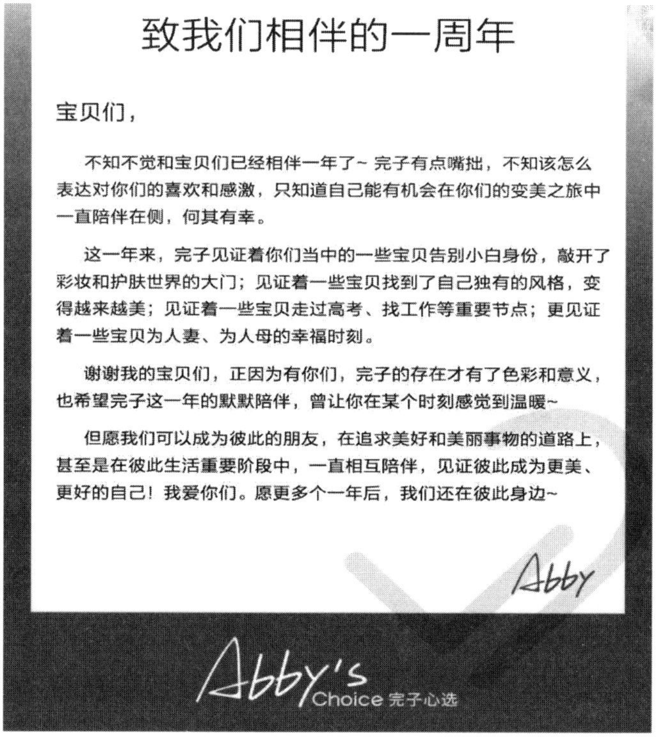

致我们相伴的一周年

宝贝们，

不知不觉和宝贝们已经相伴一年了~ 完子有点嘴拙，不知该怎么表达对你们的喜欢和感激，只知道自己能有机会在你们的变美之旅中一直陪伴在侧，何其有幸。

这一年来，完子见证着你们当中的一些宝贝告别小白身份，敲开了彩妆和护肤世界的大门；见证着一些宝贝找到了自己独有的风格，变得越来越美；见证着一些宝贝走过高考、找工作等重要节点；更见证着一些宝贝为人妻、为人母的幸福时刻。

谢谢我的宝贝们，正因为有你们，完子的存在才有了色彩和意义，也希望完子这一年的默默陪伴，曾让你在某个时刻感觉到温暖~

但愿我们可以成为彼此的朋友，在追求美好和美丽事物的道路上，甚至是在彼此生活重要阶段中，一直相互陪伴，见证彼此成为更美、更好的自己！我爱你们。愿更多个一年后，我们还在彼此身边~

Abby

Abby's Choice 完子心选

图 3-14　完美日记一周年纪念日

从完美日记的案例当中学习到的知识，经过分析总结，在这里提出8个建议供大家参考。

第一，运营私域流量最主要的目的是为了培养用户关系，提高用户的复购率，而不是“割韭菜”。这不是一朝一夕就能够完成的，需要经过很长的一段时间，还要投入很大的精力。如果你仅仅是想将用户吸引到你设下的“陷阱”，然后利用广告信息对客户进行“轰炸”，建议你趁早放弃这个想法，用户并不是傻瓜，当他们发现这是个“陷阱”的时候，会很快脱身。

第二，私域流量运营并不是一朝一夕就能够完成的，一定要把眼光放长远，重视长期价值，千万不可以在刚刚开始的时候就想着如何“榨光用户”。只有你为用户付出的足够多，用户才会给你足够多的回报。如果不注意长期价值，那么你可能还没和用户聊上几句，就出现“红色感叹号”。

第三，从本质上来讲，私域流量最主要的目的就是为了让运营者能够与用户之间进行近距离接触，并且能够让用户对你充分信任，以此来使得交易成本降低。而公域流量最主要的目的是为了能够获取到更多的交易机会，借助平台的力量，通过超高的运营手段以及高性价比让你的产品卖得更多。鱼和熊掌不可兼得，但私域流量与公域流量是可以同时拥有的，企业千万不能只抓其中一个而放弃另一个，两者之间的关系是协同关系，而不是对立关系。

第四，只有社群当中的所有成员都志同道合，才能够让一个社群活跃起来。品牌一定要首先确定好你的产品具有什么样的核心价值。然后再去确定你的社群价值观是什么，只有符合社群价值观的人才可以进入到社群当中，否则聚集起来的只是一群乌合之众，无法形成强大的力量，无法为品牌做贡献。

第五，社群当中发布的内容一定要符合粉丝的口味，如果你将高度用户作为首要的吸引目标，那么你就不能发一些"垃圾"内容，高度用户对这些内容没有任何兴趣，你需要发布一些深度洞察、干货研报之类的内容，只有这些内容才符合高度用户的胃口。因此，你不能去责怪你的用户质量太差，不够优质。你吸引到什么样的用户完全取决于你发布的内容是什么样的，你得首先问问你自己，你的内容质量能够配得上你的野心吗？

第六，就现在的情况来看，运营私域流量最主要的方式还是通过微信。通过微信公众号发布一些相关内容来吸引用户，再通过个人号与用户建立起更深入的关系、深度分享你的产品，并对用户进行转化；微信群最主要的用处就是用来与用户进行互动、对用户进行分层管理；小程序最主要的用处就是嫁接产品，实现用户裂变。

第七，成熟的私域流量池需要庞大的力量支持，只依靠一个部门是无法提供如此巨大的力量的，一定要有多个部门相互配合，才能凝聚起强大的力量，支持私域流量池的运转。以完美日记为例，它的私域流量池背后是一条已经产业化的成熟链条。

第八，"舍不得孩子套不着狼"，企业一定要学会取舍，更重要的是一定要学会平衡。千万不能人云亦云，盲目地跟随他人入局私域流量，没有做好准备的人往往"死"得很惨，一定要从自身的实际情况出发，去思考究竟是否要入局私域流量。

第4章
产品选择：私域流量也不是做什么都能做成

不是所有的企业都要做私域流量，也不是所有的产品都能做私域流量。私域流量的火爆，主要问题在于流量的购买成本过高，因此通过精细化运营才能获取更多的流量，这也就意味着要投入更多的人力成本。所以，私域流量虽然火爆，但商家还是需要结合自己的实际情况，看看自己的获客成本及其未来发展趋势再选择是否做私域流量。

4.1 消费特征：私域流量人群的 4 大消费特征

天猫国际近年来正在尝试实现小众品牌的孵化，实现这一目标需要依托私域流量人群。根据凯度消费者指数报告，私域流量当中的4大潜力消费人群分别为小镇青年、Z世代（意指在1995—2009年间出生的人）、熟龄女性以及有娃一族，这4类人中体现的年轻化、高潜力、品质追求以及高消费力特征是商家在私域流量当中可以进行发力的机会点。

第一，年轻化

当前市场的消费主力军是"80后""90后"的年轻群体。"80后"是当下社会及职场上的中流砥柱，"90后"普遍家境较为殷实，因此他们的消费观更加前卫，不排斥超前消费，相比"70后"的理性消费观，多了一些感性消费。"80后""90后"群体对于品牌忠诚度相对较低，倾向于尝试不同品牌及体验各类产品，在更大的范围内进行选择。此外，相较于"70后"十分重视的价格因素，他们更为注重产品设计及体验感，倾向于选择具有设计感的产品，愿意为喜好埋单。

"90后"对于"美"的极致追求带来了"颜值经济"的全面繁荣，护肤、美妆、医美、健身等相关行业获得了更多市场，产品与服务不断升级，商业模式也更加多元。第一财经商业数据中心（CBNData）消费大数据显示，"90后"在线上美妆的消费贡献超过"80后"，现已成为主力消费人群，并开始涉足高端品牌，人均消费同时快速上升。此外，Z世代女性线上美妆人均消费仅次于20~29岁群体，相信不久的将来就会成为此类消费的主力军。

现下粉丝经济繁荣，明星周边作为粉丝经济的一部分，引来了商家的关注，同时带动粉丝经济不断升温。社交媒体拉近了明星与普通大众的距离，也带来了无数的明星相关资讯，产品代言、街拍、机场穿搭等信息全方位渗透给年轻受众。不少商家顺势上架明星同款，或者推出明星合作款来推广品牌，合作款品类以休闲鞋、跑步鞋及运动T恤等最为常见。《2018中国互联网消费生态大数据报告》中指出，"90后"尤其喜好购买明星同款，其中女性贡献了3/4的消费。年轻消费者愿意为明星同款支付溢价,明星各品类跨界周边带动了粉丝经济。

第二,高潜力

三线及以下城市的消费者面对的生活成本压力与一、二线城市消费者的生活成本压力相比,明显会更小一些,这类下沉市场的物价相对较低,购买力提升快。虽然人均消费低于大城市,但增速更快。京东超市数据显示,2016年7月至2018年6月,在销售额增长率方面,新一线城市及二线城市明显不如三线及以下城市。随着收入的持续提高,这类消费者开始更加注重生活品质,消费观念不断转变,尤其小镇青年对部分高阶产品有着旺盛的需求,下沉市场具有非常大的发展潜力。

另外,35~44岁的成熟女性消费者在线上渠道增加迅速,这一年龄女性皮肤问题更多,品牌忠诚度较高,很多人属于自己的时间少,护肤、美妆知识均比较基础,她们身上可以挖掘的消费点很多,商家可以借着这类群体快速进入线上的时机进行适当的推广以吸引消费者。

第三,品质追求

国民人均可支配收入不断提高,科技发展推动商业模式的调整,消费者的消费观念和消费行为也在持续产生变化。当前消费者越来越追求产品的高质量,单一的价格因素考量已经被品质、服务、性价比等多元评价逐步取代。京东、沃尔玛等联合发布的《中国零售商超全渠道融合发展年度报告》显示,我国当前消费具有追求高品质及享受型消费的特点,2018年网购用户最看重的除了价格,还有正品保障与售后服务等,品类丰富度与物流的时效性也影响着消费者的选择。年轻群体消费追求个性化,愿意尝试新品,更容易接受小众品牌与定制商品,促进了这类市场的发展。随着消费需求的变迁,当前的主要消费观是用适宜的价格高效地选到有用的高品质商品。

第四,高消费力

我国经济快速发展,人均可支配收入持续增长,根据国家统计局数据,2018年全国居民人均可支配收入为28228元,人均可支配收入中位数为24336元。中等收入群体已超过4亿人,占全球中等收入群体的30%以上。他们的消费潜力是我国经济发展的有力支撑。

另外，根据凯度报告，有0~14岁孩子的家庭在所有家庭中户均消费最高，高出平均家庭12%。此类家庭通常购物需要满足全家需求，由于中国家庭结构特征，有娃家庭购物甚至需要满足三代需求。因此有娃一族的消费力较高，有大包装商品的需求，更易接受满减等促销，且会进行不同品类产品混买。

4.2 高客单价：高性价比者生，纯低价者亡

商家在经营过程当中，无论是希望能够更加了解以后需求，进而提升成单率，还是希望能够与用户建立联系，获得信任，增强关系链，实现更长的CLV（Customer Lifetime Value，客户生命周期价值），都必然需要人员的操作。虽然当前有许多操作已经能够自动化、标准化进行，比如将推广信息群发到相关用户手中，但是，当前的技术对于许多内容仍然支撑不起来，比如满足每个人的个性化需求、非标准化操作等，因此人力仍然是经营私域流量的必备要素。

基于这一认知，我们可以得出总结：需要通过私域流量运营来获得成交的产品一定要具备"高客单价"这一特征，因为人力成本会一直存在，而且其边际成本也不会降低。

对于客单价，官方称为"percustomer transaction"，简单来说就是平均交易金额，那么怎样的产品才属于高客单价产品？其实我们可以从字面上直接将其理解为"价格高的产品"。事实上，每个行业当中都有高客单价的产品，只是比例程度不一样。比如，大家对于家装行业的认知普遍定位在高客单价行业，因为这一领域当中的产品大多数都是高客单价产品；而服装行业的价格跨度范围非常广泛，因此这一领域当中的高客单价产品往往是指价格高的产品。一般来说，家装、珠宝首饰、乐器、家电汽车、名品等都属于高客单价类产品。私域流量商家为什么要做高客单价产品？具体原因包括以下3点，如图4-1所示。

普遍来看，产品的客单价越高，每一单的收益越是可观，否则大家也不会想要运营这些产品。与之相对应的，低客单价产品只能通过"薄利多销"的方式来获得更多的利润，也正因如此，运营的工作量大大提升，需要的人工服务也更多。

第4章 产品选择：私域流量也不是做什么都能做成

图4-1 私域流量商家要做高客单价产品的3点原因

以单反相机为例，一个月的成交量不需要太多，但是利润却很高，在整体运营中需要的人员成本以及工作量比低客单价的要少很多，因为同样的销售额里，低客单价产品可能卖出好几百件才能返本，但是单反相机之类的高客单价产品可能只卖出一单就可以回本，甚至还有利润可得。除此之外，购买高客单价产品的用户往往都是精准客户。

例如，天猫运动时尚品类当中，粒子狂热可以排在前二十，但其客单价却可以达到第一。结合该品牌的一些相关介绍，不难看出他们能够达到如此高的客单价，其实背后是进行了一定的运营的，首先是明确定位，并且朝着定位一步步走，同时设置了相应的支撑点来支撑客单价，研发产品的投入量大，塑造了相应的品牌调性，又或者是面料所具备的科技感。

除此之外，还有不少品牌都能做到成为其细分领域的销量当中的佼佼者，同时客单价也非常高，比如淘宝网红品牌LIN，已经在淘宝女装当中连续多年成为销量前十、客单价第一的品牌。除此之外，线下的原麦山丘、海底捞等在其领域当中也属于单价高的品牌。这些品牌获得这样的成就的原因，其中逻辑值得商家们思考。那么，商家应当如何提升产品价值，使其成为高客单价的产品？可以参考以下4点做法。

第一，提高产品质量

需要明确的一点是，价格高不会遭到用户的反感，价格高于价值，才会引发用户的不满。所以，产品本身一定要具备能够支撑起高价格的点，否则在质量上被用户所诟病，很容易造成用户流失。

以苹果为例，必须承认的是，在智能手机领域当中，苹果手机属于高客单价的典型代表，其产品的系统流畅性、易操作性等，明显比大多数智能手机品牌要好，也正因如此，苹果的产品价格才一直卖得比其他品牌高。依此类推，服装品牌要好看、潮流；食物要好吃、安全；工具要好用、方便等，在产品质量上达到标准后再考虑其他内容。

第二，通过视觉美学提升附加值

VI，全称为VISUAL IDENTITY，可翻译为"视觉识别系统"。从这个角度来看，产品首先要具备高识别度，在这一基础上逐渐朝着"美感"这一要求升级，这就要求产品布局、陈列、营销广告、整体形象等都要让用户感到"好看"。

以原麦山丘为例，其产品的拍摄、构图都能够让用户感受到"高档"，自然而然提升了产品的附加值，使其成为高客单价的品牌。

第三，做出差异

《哈佛商学院最受欢迎的营销课》提出了两个差异法则：一则是"逆向品牌战略"，意思是指不需要只盯着竞品，想着对方有的特色自己也要有，将自己做得大而全；二则是"敌意品牌战略"，意思是可以具备自己的特色，而不是全部耗尽力气来讨好用户。产品通过这两种差异，档次也会自然而然地提升，但前提是有用户需要。

第四，提供良好体验

大家一提到海底捞，第一反应都是"服务好，超预期"。确实如此，海底捞为用户提供免费美甲、带看孩子等贴心服务，让消费者感到身心愉悦，这也是提升产品价值的重要方式。更重要的是，消费者还会自发帮商家进行宣传。

除此之外，商家还可以多注意一下自己的日常消费，看看哪些产品是客单价高的，并且能够让自己心甘情愿买下来的，再去了解背后的原因，也是不错的借鉴思路。

4.3 高复购率：无复购率的私域流量只会徒增商家成本

2019年8月，Costco进入中国，在上海开设了第一家门店，开业的第一天就十分火热，群众疯狂抢购，由于过于火爆，Costco不得不限制排队的人数。

互联网行业当中的许多大佬都给了Costco很高的评价，该零售公司的获利方式可谓是独树一帜，不靠商品挣钱，而是依靠会员制的会费来挣钱，并且该公司的会员复购率相当高，让我国的电商公司感受到了威胁，他们一度将Costco当成自己最大的敌人，但实际上这个想法有可能会被"打脸"。

近段时间，我国的许多电商公司都公布了财报，比如，唯品会在2019年第二季度实现净收入227.44亿元，同比增长9.7%；京东2019财年二季度净利润达到36亿元，同比增长644%。收入增长引人注目。

有关唯品会以及京东的报道当中，有一个词汇的出现率非常高，那就是"复购率"。对于电商企业来说，复购率是相当重要的，它决定了企业的收入是否能够得到增长，这主要是因为电商公司的收入想要增长只有两种方式：一种是新用户变现，另一种就是老用户复购，后者的重要程度相对较高。大部分的产品之所以没能取得成功，最主要的原因就是没有做好复购。

私域流量池对于CLV是非常看重的，而用户复购又是其中的关键之处。在私域流量池当中，投入巨大的时间以及精力去维护用户，不仅仅是为了能够提高用户的传播率以及转换率，最重要的目的是为了能够提高用户的复购率。

综上所述，我们能够发现，一个产品如果想要取得成功，那么该产品就一定是复购性类型的产品，复购不仅仅是指重新购买同一产品，在同一商家当中再次购买产品也包括在内。如果用户只买一次，然后基本上就不会再去买第二次，那么私域流量池就变成一个成本中心，而不是作为收入中心存在。

那么我们应该如何去衡量复购性呢？实际上，这并没有一个固定的值，需要我们在私域流量池的实践过程当中不断总结经验、不断归纳才能够很好地找到这个值。但是我们能够给出一个大概的范围，这个范围就是用户二次购买的周期最好不超过3~6个月。

接下来，我们来谈谈复购的本质：延长生命周期价值就是复购的本质，进而让大家明白可以使用什么样的方式去提升复购，最终使得产品能够存活下来并得到增长。

复购是什么？简而言之，复购指的就是客户重复购买某一件商品或某一项服务的次数，也就是说客户的购买次数≥2。既然有复购，那么就肯定会有复购率，复购率的计算公式为：重复购买人数÷购买总人数。

在流量运营当中，有一个公式常常被人们提起：销售额=流量×转化率×客单价×复购率。在影响销售额的4个因素当中，复购率的影响相对来说是较大的。

然而这个公式并不完全准确，应该改为：销售额=流量×转化率×客单价×（1+复购率）。销售额不应该仅仅是计算后续的复购率，还需要计算第一次转化的收入，也就是所谓的"转化+复购"。

举个简单的例子，某件产品的客单价为50元，购买人数为200，在过了一段时间后，有50人再次购买了这件产品，那么在计算销售额的时候，应该这样算：50×200+50×50=12500，复购率为25%。

如果假设该产品的成本为75元，那么这件产品是否能够盈利呢？很明显，不能。如果想要该产品在整个生命周期的过程当中能够获得盈利，可以通过复购率来实现这一目的，当复购率达到一定的程度时，就能够获得盈利。

这个计算题十分简单，但是我们能够从中看出，复购率对产品的盈利能力以及销售收入确实是有不小的影响的，进而我们可以得知复购的本质，也就是延长单个用户LTV(life time value，生命周期总价值)，最终使得产品盈利能力得到提高，这就是提高复购率最主要的意义。

只要用户的复购率得到提升，提高用户复购的次数，并且通过各种各样的手段降低获客成本以及产品的研发成本，那么产品的变现能力就能够提高，最终使得盈利提高。这就是为什么那么多互联网企业对用户复购极其重视的原因之一。

在明白了复购的重要性之后，我们为大家介绍私域流量商家可以通过什么样的方式去提升复购。

在前文当中，我们介绍了复购率的计算方式，复购率=重复购买人数÷购买总人数。从中可以看出，提升复购率的关键之处在于使得重复购买的人数增加，那么通过什么样的方式才能够提升复购人数呢？有以下两种方式。

第一种方式：分层与精细化运营

提升复购率最稳妥、同时也是最基本的方式就是分层和精细化运营，有些人可能会纠结应该优先进行分层，还是优先进行精细化运营，但其实我们并不需要纠结，因为分层就是为精细化运营服务的。在进行分层的时候，我们通常会借助用户模型来进行，以下4种用户模型是最常用到的。

（1）分群模型

根据某一个维度，来切分出某一层用户。举个例子，在新用户注册的时候，可以根据其年龄或地区来对其进行分群，但是并不是说我们只可以根据一个维度来对用户进行切分，有时候我们还可以用多个维度进行分群，然后再画出相应的象限，最后再去定义每一个象限的用户属性。比如，将用户分为新用户、老用户，用户使用频率是高频还是低频，近期是否有在使用等。

（2）金字塔模型

按照用户的参与度或者业务流程进行分层，在分层之后为金字塔状，所以将其称为金字塔模型。举个例子，用户下载了之后，我们可以将其分为新用户；用户注册后，我们可以将其分为兴趣用户；用户付费后，我们可以将其分为付费用户；用户进行了复购之后，我们可以将其分为忠实用户，在分层的时候需要遵循二八法则。

（3）RFM模型

所谓RFM模型，指的就是Recency、Frequency、Monetary这三个维度，其实就是最近一次用户行为的时间、频率、总额，我们可以根据这些对用户层级进行划分，并将其作为依据进行分类然后设定运营指标，具体如表4-1所示。

表4-1 RFM模型

系列	价值级别	购买时长R	购买频率F	购买金额M
1	重要保持	近	高	高
2	重要发展	近	低	低
3	重要价值	近	低	高
4	重要挽留	长	高	高
5	一般重要	近	高	低
6	一般客户	长	低	高
7	一般挽留	长	高	低
8	无价值	长	低	低

（4）生命周期模型

用户生命周期主要分为五个阶段，分别是新手期、成长期、成熟期、衰退期、流失期，我们可以按照每一个阶段的不同特点，来制定不同阶段用户的运营策略以及运营目标，具体如表4-2所示。

表4-2 生命周期模型

用户生命周期	用户行为特征	用户类型
导入期	完成注册	注册用户
成长期	近60天有投资行为，投资次数=1，在投金额>0	新手用户
成熟期	近60天有投资行为，投资次数≥2，在投金额>0	活跃用户
休眠期	近60天无投资行为，在投金额>0	沉默用户
流失期	在投金额=0	流失用户

上述4种模型就是最常见的用户分层模型，本书的重点在于阐述我们可以通过什么样的方式借助分层模型来实现精细化运营。

首先需要强调一点，所谓精细化运营，其实就是在流程上以及用户层面上能够实现细节化执行，最终使得整体的运营效果得到保证，它的实现逻辑是：设目标→分用户→找问题→定策略→迭流程。

下面我们以某个读书产品为例，向大家介绍如何通过上述逻辑来实现精细化运营，进而提升用户的复购率。

第一步，设目标。按照业务流程，对现有的会员用户进行引导，使其为产品续费，最终目的是为了能够使得会员用户的复购率得到提高。

第二步，分用户。可以从上述几种常见用户模型当中任选一种，对用户进行分层。比如可以通过生命周期模型，按照会员的使用时长，将其分为五个层级。最后按照相关的用户数据，利用技术手段或人工的方式给该用户贴上标签。

第三步，找问题。对每一个层级的用户数量以及标签进行分析，观察不同层级的用户特点是什么，他们的实际需求是什么，以新手期的用户为例，他们对于产品的黏性并不是很强，也并不是很熟悉产品。

第四步，定策略。按照每一个层级用户的特点，为其制定针对性的策略。例如用户在处于成长期的时候，可以通过正常促销的方式促进其成长，提升复购；用户在处于成熟期的时候，可以通过"少量优惠+新课通知"的方式来保持其复购率；而如果用户处于流失期，那么在这个时候就需要通过"大促销+高频召回"的方式来挽留用户。

第五步，迭流程。按照第四步当中制定的策略，制定出具体的操作方式以及运营流程。可以通过数据跟踪等方式来监测上述手段是否有作用，提高用户的复购，特别是布局、文案、路径以及色系等重要方面，一定要收集好相应的数据，并按照数据的结果对其进行优化以及调整。

这套逻辑并不仅仅适用于所有的分层模型，可以借助其来制定出详细具体的精细化运营策略，进而使得复购率得到提高。

而我们最终要使用哪种复购手段，例如优惠定价、多品类推进、召回文案之类，还需要通过具体的业务方式进行设计以及迭代。

第二种方式：会员制与激励体系

除了上述方式之外，还有另外一种方式能够使用户复购率得到有效的提升，那就是延长产品连续性以及用户激励体系。

除了教育行业的产品具有产品连续性之外，绝大多数行业的产品都是没有这个特性的，然而我们为了能够使得用户复购率得到提高，不仅仅需要提高产品的丰富程度，还需要创造出一种具有权益性以及服务性的产品，并且要将时间属性包含在内，这种产品就是所谓的会员制。

将会员制作为一种复购手段是极为常见的，会员制提高用户复购次数主要表现在两个方面。一方面，在设计会员权益的时候，可以设计各种各样的优惠服务，从而使用户的消费频率得到提高；另一方面，就是权益周期或是服务周期，如果用户在会员期限过后不再进行续费，那么该用户就无法享受先前的会员权益以及会员服务。要知道，当用户习惯了会员带来的特权后，就很难不再去使用这个特权，在这时候用户难免会继续付费，从而使得用户复购次数提高，用户黏性也得到极大的提升。

我们在制定会员制的时候，一定要着重思考两个问题：一是必须建立良性的会员激励体系；二是为会员提供的权益以及服务一定要合理。

（1）会员激励体系

就目前的情况来看，积分体系以及成长体系这两种激励体系是会员制最常用的。

① 积分体系。当用户完成了某些任务后，可以得到相应的积分奖励，这些积分可以用来兑换某些特定的商品，或者是用来提现、充值、抵券等，目的是为了提高用户的积极性以及留存。积分体系最常见的方式就是与商城绑定，大众点评就是最典型的案例。

② 成长体系。这种激励体系最常见，该体系就是将用户的相关数据记录下来，然后通过一定的比例换算为成长值。用户使用会员服务的次数越多，使用的时间越长、程度越深，该用户就能够得到较高的成长值，相应的等级也会较高，QQ会员是最典型的案例。

在建立会员激励体系的时候，应该着重考虑这个问题：我们在搭建积分体系以及成长体系的时候，要通过什么样的方式才能够结合会员用户的特定行为呢？可以从这两个方面进行思考：我们建立体系目的是为了让用户去完成什么样的行为？我们应该给予用户什么样的奖励才能够对其起到激励的作用？

在这里，我们以读书产品为例，来解答上述两个问题。

使用读书产品的用户，他们的行为主要可以分为搜书、买书、看书或听书、分享好书等行为。对此，我们可以通过某些方式，将用户的这些行为转化为某些特定的任务，例如在积分体系当中，用户每天看书2个小时或是分享一本好书，即可获得相应的积分等；在成长体系当中，用户每看书1小时即可获得相应的成长值等。在奖励方面，积分体系可以在用户获得积分后，将积分用来兑换相应的书目、一定的会员时长以及买书时可以抵扣等。成长体系可以设置某些特殊的级别，当成长值累积到一定程度的时候，就可以提升到这个等级，从而能够享受到相应的特权，例如相应的优惠、使用时长等。

实际上，一些读书产品早就已经开始制定相似的体系，如微信读书、樊登读书等。他们的会员体系唯一的区别可能就是会员权益是否与激励体系相联系，从而使得会员体系更完整。

如果两者之间没有任何联系，那就表示会员产品的迭代空间是很大的，而这也会使复购率有较大的提升空间。

（2）会员服务和权益的设计

大部分产品都能够享受到权益以及高性价比，这两个基本原则是设计会员权益符合条件的时候一定要遵循的。用户能够产生出多大的动力购买会员，关键就是看这两个因素。

① 会员的性价比足够高，用户才能够产生出强烈的购买欲望。

以樊登读书的会员为例，它的年费会员仅需要花费388元，也就是说每天只需要花费一块多，就能够享受到年费会员的权益：每月30元代金券、可以享受96折的商城购物优惠、每年可以享受50本新书的高品质解读、自动解锁往期200多本书等，具体如图4-2所示。

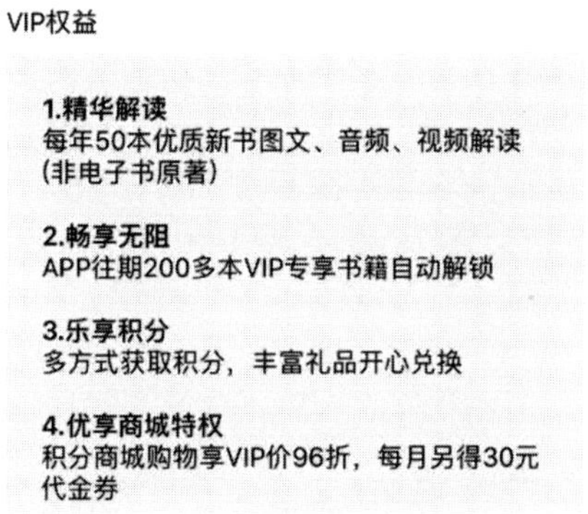

VIP权益

1.精华解读
每年50本优质新书图文、音频、视频解读
（非电子书原著）

2.畅享无阻
APP往期200多本VIP专享书籍自动解锁

3.乐享积分
多方式获取积分，丰富礼品开心兑换

4.优享商城特权
积分商城购物享VIP价96折，每月另得30元代金券

图 4-2 樊登读书 App 会员体系

即使大部分的权益都有着每月或每年的限制，但仅仅是"解锁200多本书"这一点，就能够吸引到数量众多的喜欢听书的人，对他们来说，这项服务是十分划算的。

② 大部分产品都能够享受到权益，特别是爆款产品以及精品。

除了上述原则外，设计付费会员权益的时候还需要遵守一个原则，那就是权益的力度要合适，不能过大。设计付费会员的主要目的，就是为了能够使服务变得产品化，从而提高利润。

根据调查,可以将会员的具体权益汇总如下,如图4-3所示。

图 4-3 会员的具体权益

上述几种分类只是大概分类,不一样的会员产品的权益结构是不一样的,如果商家有兴趣,可以查找相关的资料进行研究。总而言之,会员权益如果能够做得很好,性价比高,内容丰富,就能够确保用户有一个很好的评价,使得用户忠诚度增加,最终使得复购率得到提高。

4.4 强话题性:产品话题互动 = 使用价值 + 情感价值

从用户"参与话题"的视觉方面来看,产品必须制造话题。什么叫话题?话题就是情感价值与使用价值两者繁衍出来的。比如保险产品,因为信息的烦琐度、专业度非常高,具备很强的功能价值的绵延、伸长;而医美类型的产品,本身具备极强的功能价值的话题性之外,还具备另一种极强的价值——情感价值,例如女性独立、爱美女性等。

我们已经理解了话题这一意义,那么产品的话题性又是什么呢?就是情感、功能两种价值的综合,少一个都不可以、都不行。然而想要两种价值衍生出来,是需要用户加入进来的,这样才可以和流量池的产品、人设、其他用户牵出更多的链接,商家也才可以经过用户的行为表现去体会用户的不同做法,这乃衍生出私域流量池价值的奠基。当然也有许多商家对私域流量池会产生错误的理解,将流量池当成发信息的工具，误认为其只是通信工具。

不过，并不是拥有了很高的话题性就必定是成功的。罗永浩的粉丝数量很多，超出千万，锤子手机话题性极强，在网上也是人气非常高、火到爆，即便这样，为何显示的现实销量却那么惨不忍睹呢？江小白的营业销售那么火爆，为何销售数量却没能跟上，销售量一般般呢？

这两个案例，传播十分成功，制造出了极大的流量度，然而转化却非常少，客户留存更少，结果证明了什么呢？说明了它们欠缺的是一个漂亮的互动性过程。

网红力量与人文情怀推动起来的粉丝营业销售的效益力度是极大的，这些大家都知道，但是应该怎样更深入、进一步地去挖掘这样的商业价值呢？可以参考以下几点。

第一，精准定位

从产品的角度方面来看，要针对市场开展细致的分析，要找准目标用户，这非常困难。如今这个时代，早就很难看透用户的需要是什么，要对用户的需求做出准确定位是非常不容易的，因此便需要确定所选产品的价值趋势。

比如小米手机智能手环，依靠铁杆粉丝共同帮助进行"产品定位"：智能手环制造成何种样子、达到什么样的性价比，大家才想要去购买。原先智能手环有各种各样的功能，可是耗电量大，因此销量提不上去，之后为了让销量提升，制造商将许多功能去掉，耗电量大幅度降低。通常情况下，小米手机智能手环能够用上一个月也不用充电，于是小米手机智能手环开始大卖，销量猛增。

以目标用户的需求为核心进行定位，乃是最大的前提条件。不过，围绕以目标用户的需求为核心进行定位的做法非常考验人的行动速度、眼光与洞察力。

第二，活跃粉丝，传播口碑

拥有十多万乃至一百万以上粉丝的关注，阅读内容却只是100+或者1000+；具备知名度不低的品牌，"粉丝活跃度"却凄惨；众多粉丝仅仅是关注却不活跃，是怎么回事？

有经验、专业的大咖认为原因是：推出来的内容欠缺优质性、没有足够突出品牌调性；关注的粉丝数量不多；即使粉丝关注了你，然而那些粉丝群体自身就并非活跃用户；营业销售的味道太过浓郁，广告植入过多；仅仅注重品牌心智的传达，与相应的粉丝人群没有匹配度……

从粉丝的角度、视觉出发，其实是账号欠缺人文情怀；没有引导他们互动的习惯；粉丝的评论、咨询行为没有得到迅速的反馈与回复；商家插播的广告没能给予粉丝想要的利益，粉丝没有触达到商家的点上……

从上述内容我们可以知道，商家要多用心，要有亲切感、亲密感、尊重粉丝、制造出惊喜、寻找同类。那么怎么做到这些呢？这就需要商家表现出人文情怀（人格化），指引和鼓动粉丝积极参与互动，粉丝的互动（询问、送礼物等）行为要马上给出反馈或者回复，给出相应的、不过分的利益点，营销越发与人群匹配、精准，如此才能够让粉丝感受到商家对他们的亲切感或是亲密感和尊重。简单来说就是扎实下好功夫，将营销做深做透。

另外要强调的是，实际上"粉丝营销"的最终目的，并非让粉丝数量增多或是增长快速，而是连续找出拥有"双高"（高质量、高欲望）的用户，自觉加入到品牌营销与相传口碑中去，最终和商家达成利益的共同体。

第三，投放情感，寻找认同、归属感

新媒体内容传播的3种效应，如图4-4所示。

新媒体内容传播的3种效应	（1）投射效应——粉丝会将个人的某种情绪、理想以及心之所欲，投放到"网红""大V"身上，粉丝会觉得被关注者的经历与自身相仿，便会有感而发
	（2）认同效应——"网红"或者"大V"的人生观、世界观、价值观以及行为举止会带给群众一定的示范，使得粉丝生出无尽的幻想，粉丝对"网红"或者"大V"的言行、价值观、人格魅力表示认同
	（3）归属效应——马斯洛的需要层次理论之一，人内心的需要分为5类，由高到低分别是自我实现的需要、尊重的需要、社交的需要、安全的需要以及生理的需要。那么"粉丝"关注的是何种层次的需求呢？可想而知，那就是社交需求（即归属需求）

图4-4 新媒体内容传播的3种效应

投放情感、寻找认同和确定归属感，是针对粉丝提出的问题、互动的内容而产生的3个阶段效应，能够使得粉丝释放出不同的情绪。人乃情绪化动物，人的理性极其简单地就被情绪所支配。因此，最大众化的做法是在内容中多次出现普遍的情感，类似于疑惑、爱情、难过、痛苦、离别、伤心、甜美、悲愤等。

在这里强调一下，这并非是内容衍生的最终理想，而仅仅是粉丝的忠诚度、活跃度的几种保持方法，是稳定、维持而引起的粉丝共鸣，包括价值观的共鸣、情绪的共鸣以及情感的共鸣。

4.5 合作运营：即便是"三低产品"也可以挖掘私域商机

对私域流量有了解的人大致明白，它实际上就是用户留存开发。现在电商留存用户资源的途径，其关键渠道还是基于微信公众号、个人微信号、微信群之上的，之所以这样，是由于使用微信通信软件的人很多，其覆盖人群范围大、活跃度高，商家极其方便就可以接触到用户，交流速度、传递信息的方式也便捷，要是不想打字，直接录入语音就能够发送到对方手机微信里，对方点击语音信息就能听到发来的信息内容。类似于微淘、淘宝直播这样的留存途径，用户打开的次数是很低的，用户触碰、点击的效率也很低，微信这一留存渠道，便成为诸多商家心中所向、第一选择的用户留存途径。

不过我们也从中发现了一些问题，当吸引用户接受好友请求、成为微信好友列表中的一员时，有多类产品常常干起来会相当的不容易，即使被接受、加上用户了，变现能力也是相当弱。这些类型的产品，我们将其叫作"三低产品"。

第一，低消费频率的产品

根据用户对产品购买的频率、次数的高低、多少来分析产品的消费频率。用户无须常常购买的产品便是消费频率不高的产品，用户需常常购买的产品便是消费频率高的产品。举个例子，类似婴儿车这种有实耐性的用品，一个婴儿从小到大也许只需要一辆婴儿车，而且还保不准会不会坏、能用多久，因此用户在短期内想要再次购买的概率非常小。而类似家装建材类型的产品，一般状况下一个普通消费者一生也就仅仅装修一或两次房子，第一次购买之后，预测不到会在哪个时间才再次需要。

第二，低复购率的产品

除了"三低产品"中的"低消费频率的产品"，还有另一种类型产品叫低复购率的产品。其意指产品最根本的消费特性便是易发生低复购，却并非商家的产品质量或是服务水平所引起的。

除去以上所述的产品本身消费频率就非常低的耐用品，用户在短时间内无任何复购需要之外，也会出现某些情况，那就是产品的消费频率比较高，网络用户却并不会在同样的商家买产品。类似垃圾袋、漱口水、化妆品、牙膏、棉毛巾之类，性价比非常低的常规便利品，即使消费者在购买商品的频率上不低，然而消费者有自身想法、购买的随意性是比较强的，要么是这一商家有活动开展就从这一商家购买商品，要么是其他商家有活动开展就从他家下单，也许觉得购买这一品牌是可以的，或许又觉得买其他品牌的比较好。

第三，关注价值不高

产品关注价值不高的因素包含上面述说到的，是由于用户在短期内无须再次购买、没有想要再次购买的欲望，就认为没有关注店铺、商家的必要性；并且产品性价比太低，用户习惯了随意消费，而且他又不想关注。除此之外还有某些原因，就是产品无法引起用户的兴趣、其关注焦点不足，并且用户也不想浪费时间来关注。打个比方，玩具产品，是由于买玩具的消费者一般都是长辈或是父母，可是用到的、玩玩具的人却是小孩子。即使小孩对商家的产品有兴趣，小孩子却没有能力关注商家，相反，有能力购买玩具的父母或者长辈对这种类型的产品是提不起兴趣且不关注的，因此也就不易吸引到他们。

处于信息网络热门、普遍的时代，QQ、短视频、微信、微博软件、朋友圈以及诸多类型的新媒体，将大家的零散化时间占据了，互联网给人们带来了数不尽的精彩内容，供我们去消化。从消费者的角度来说，处于这样营销环境之下，他们根本不愿花时间去关注自己认为没必要、无意义、不感兴趣以及无性价比的东西。

总而言之，要想做好私域流量"三低产品"的买卖、吸引用户留存，就需要知道其关键问题所在。其关键问题就是产品欠缺一定的关注价值，商家没能够给用户带来充分的理由或者是益处，就难以留住用户的心。尽管利用某些激励手段，引起用户关注、添加过后，也是极易被用户取消关注或是屏蔽，之所以会这样，是由于用户无继续再关注的动力，同时关注、未屏蔽下来的用户资源，需要回购的次数也很弱、回购的概率也很低，因此卖家想要变现的本金也就较高。

如今某些销售"三低产品"的商家通过很多渠道来吸引用户的留存。这些商家是经过微信软件和公众号向用户给予售后服务、安装使用说明的手段,以吸引用户的存留。也有一些母婴用品的卖家,是向用户普及和育儿或是产品有关的科普知识以维持用户的积极度。要是觉得这样做比较麻烦,最直接粗俗的方法就是类似于非间接的以红包返现的手段来鼓动用户存留,吸引用户的关注与存留。

针对那些无回购需求的用户,商家也会存留下来,那留存下来后,怎么才能在他们身上获取利益呢?因为商家无论是做售后服务也好,或者是红包返现也好,都有成本。还有就是之后的时间运营维护存留下来的用户资源,仍需投入很多精力、人力。

现如今大多数商家为了吸引留下来但是没有再次回购之意的用户,也在不断做任务、刷单,然后给予一定的回报,或是利用朋友圈搭配卖一些别的产品。不过这种留存开发的模式,其经济效益又是怎样呢?大部分商家并没有针对这一点做过认真的计算,也没有了解自己做私域流量的投入与产出之间的比例为多少,仅仅是认为这些资源早就利用起来了。

事实上,商家想要做好用户留存开发这一工作,提升"三低产品"的销售量,并且获得较多的用户资源价值,最好的途径、手段就是与其他商家一起合作开发,而不是个人的单独运营,这样做的好处有3个方面,如图4-5所示。

寻求与别的商家合作能够消除本身因为销售主打的产品而体现出来的价值过于单一、吸引程度欠缺的难题

"三低产品"商家与其他商家一起合作开发的3大好处

合作开发能够探讨出比较丰富的留存、推进活动开展的方法,还可以减少留存和促销所需要的成本

以那些无回购需求的用户资源当作支撑点,寻求与自己合作的商家互换数量较多的存在消费需求的用户

图4-5 "三低产品"商家与其他商家一起合作开发的3大好处

如此一来,商家便能够在个人具备核心竞争优势的范围,以此为中心持续、不断地进行专一化的经营,维持越来越高的运营管理效率,提升个人主要营销业务

的核心竞争力。

为了能够让大家更容易理解寻求商家与商家之间的合作，我们在这里举个例子，之前说到的"婴儿车"，要是商家独自做留存促销，用户在短期内无再次复购的需求，这样的话，用户买了产品过后，商家也不会还想赠予他一张优惠券或者现金券，是因为用户根本就用不着。不过要是说商家对所赠予的优惠券或者现金券，是能够从别的合作商家、店铺消费的，恰巧合作商家的商品又是用户心之所向，此时促销的意义就可以突显出来了。需要注意的是，商家赠予用户的这个优惠券或者现金券优惠，是由其他合作商家提供的，自身无须承担任何的促销成本，就好比是个人以其他商家的推广费，借花献佛作为优惠赠予了个人用户。对于合作商家来说，也就好比仅仅是做了依照成交付费的CPS普及，而不是会额外加大营销的成本。

与其他商家合作运营不仅可以丰富促销方式，也能够提升促销的吸引力度。要是一个商家拿出百分之五的利润独自做促销活动，也许只可以给用户几块钱的益处，吸引力度不大。相反，如果很多个商家一起协作把自家的促销额度都贡献出去，汇集成总的促销额度去赠送给用户，那么用户享受的利益价值便是商家独自促销的多倍。如此一来，不会增加哪一个商家的促销成本，因为促销过后，商家能够经过促销机制使得用户来分开消费。

如果商家的促销方式与促销力度都丰富和增强了，吸引力度便也随之加大。自然而然的，用户就越发想要去关注商家了。同样消费者的积极度，还有商品销售的转化率，当然也就会随之提升。

商家于寻求合作对象的过程中需注意的问题，就是寻求一些和自己具有共同的目标，售卖的商品定位档次差不多的，最好是存有特定的互补性、关联性，同时在运营、经营方面的实力与规模不分上下的商家以开展合作。最为关键的一点是，不要找有着非间接竞争关系的商家。比方说自家是卖婴儿车的，按照所说的要注意的问题来寻求孕期产品的商家一起合作；再比如，自己是卖五金建材的，去寻求家装类的商家一起合作。另外，合作方的质量是不是好、是不是精准，对于将来合作的效果存在非常直接的作用，因此在选择合作对象时，必须慎重、认真、仔细地筛选。

4.6 案例｜豆柴是如何做到高复购率、高客单和高转介绍率三个"行业第一"的

在宠物行业当中，宠物主粮的竞争是极为激烈的。各个品牌都想要在宠物主粮这个市场当中分一杯羹，他们积极地研发各种各样的新产品，想尽一切办法为产品打造卖点，为的就是能够抢在他人前面铺设渠道，能够让品牌得到更多的曝光。但是有一个与众不同的宠物食品品牌走的是不一样的道路，这个品牌就是"豆柴"。

别的品牌都在争相研发新品，将所有的精力都投入到新品研发当中，豆柴却反其道而行，除了打造自有产品之外，还为用户提供有关宠物粮食的咨询服务，并且这项服务是免费的。豆柴凭借着高附加值的服务对它的客户进行深度运营，使得客户能够更加信任豆柴这一品牌，然后进一步地促进产品的销售。豆柴这种独树一帜的做法为它赢得了三个"行业第一"的荣誉，它的客户复购率高达60%！平均客单价达到将近1000元！客户转介绍率达到20%！

豆柴究竟是通过什么样的方式提高用户黏性，让复购率能够高达60%的？豆柴提供的究竟是怎样的一种服务，能够让用户感到"感动和惊喜"？豆柴的运营机制究竟是什么样子的？豆柴创始人红兵曾经在接受采访时说出了"秘诀"，经过分析，总结出以下3点供大家参考，如图4-6所示。

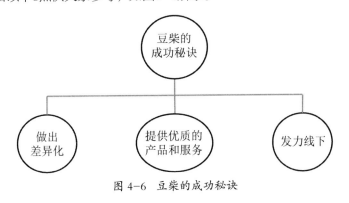

图4-6 豆柴的成功秘诀

第一，做出差异化

红兵之所以想要打造出"豆柴"这一差异化的宠物食品品牌，最主要的原因

就是在他身上曾经发生过这样一件事情：红兵是一个爱狗人士，有一次他的狗狗生病了，但当时的他对宠物了解不多，他不知道狗狗生的是什么病，也不知道该如何解决。于是他打算到他经常购买狗粮的店铺去咨询店里的工作人员，希望能够得到答案。但当他来到店铺询问的时候，工作人员给他的答案是"我也不知道"。没办法，他只能带他的狗狗来到宠物医院，他认为这里应该能够治好狗狗的病，然而现实再次打击了他，他花费了将近一千块钱，狗狗的病也没有能完全治好。最后，他的一位很了解宠物的朋友得知了这件事情后，给了他一服药，在用了药之后，狗狗的病三天就好了。

正是由于这件事情，加上对宠物的热爱，红兵打算要成立一个宠物食品品牌。于是在2014年的时候，"豆柴"正式成立了。

在进入宠物行业之前，红兵也在其他领域打拼过，如化妆品领域、手机领域、服务领域等，具有一定的经验。他在进入宠物行业的时候，宠物主粮这个赛道的竞争是相当激烈的，一个不好就会功亏一篑，但他仍然坚持将宠物主粮作为切入点。这是因为他认为宠物主粮与服装领域相比，上升空间还是很大的，这条赛道虽然风险很大，但如果能够做好还是能够得到很大回报的。这就是那么多主粮新品牌争相进入这个赛道的原因。

但是红兵却并没有盲目跟风，向其他品牌一样，疯狂研发新品来获得竞争优势，他想要走另一条道路，打造出一个与众不同的模式。正如他所说："行业里有什么大家没做的，我们去做，才有机会。"

他在对宠物行业进行了一番调查之后，发现大部分品牌都是将精力放在商品上面，想尽一切办法打造卖点，拼卖点。但身为爱狗人士，红兵与其他品牌创始人不同，他认为宠物行业是一个情感行业，服务是相当重要的，特别是带有感情的服务。服务是桥梁、是纽带，他能够将产品与用户连接起来，凭借着高附加值的服务、带有感情的服务来充分获取用户的信任，进一步促进商品的销售。

到目前为止，"豆柴"仅仅成立了五年的时间，但就在这五年时间里红兵凭借着自己与众不同的模式，在激烈的竞争当中杀出了一条道路，取得了相当不错的成绩。在2019年，"豆柴"整体的销售额破亿元。

第二，提供优质的产品和服务

豆柴能够在短短时间内就取得如此之高的销售额，这是一件令人值得骄傲的事情，但是这并不是红兵最骄傲的地方。三个"行业第一"——60%的复购率、将近1000元的客单价、20%的转介绍率，现在已经成为豆柴发展的里程碑式的指标。

红兵表示，豆柴之所以能够取得如此高的复购率，最主要的因素就是产品本身。如果产品做得不够好，用户根本就不可能购买第二次，只有产品本身够好，再加上一些其他手段，用户才有可能购买第二次、第三次，甚至是购买包年服务，成为储值会员。

就产品方面来看，豆柴的产品有20多个SKU，其中不乏一些高复购率的产品，如宠物零食、宠物保健品以及宠物主粮等。自从创立豆柴的那一天开始，红兵就找到了王天飞老师（高级宠物营养师），共同合作研究产品的配方，他们的产品并不是一成不变的，他们每年都会对产品进行一次配方升级。

"聪明因子"是豆柴主打的卖点，实际上"聪明因子"并不是只有豆柴能够做出来，因为它只不过是一种不饱和脂肪酸罢了，那为什么只有豆柴将"聪明因子"作为卖点呢？那是因为想要让宠物变得"聪明"，不仅仅是吃下"聪明因子"就行了，还要加上相应的训练才可以，而这个训练只有豆柴的服务模式才能够完成，必须依靠豆柴提供的一对一服务，其他店铺即使推出"聪明因子"产品，也没办法提供一对一服务，帮助客户训练宠物。

正是因为豆柴能够提供这样的服务，才能够在如此激烈的竞争当中胜出，凭借着这样的服务，使得产品的附加值得到了极大的提高，进而能够让用户对豆柴充分信任，使得用户黏度得到提高，最终对产品销售起到促进作用。

豆柴提供的"服务"究竟是什么样的呢？根据红兵的介绍，豆柴的服务其实很简单，就是提供咨询服务，让宠物的主人能够免费咨询。举个例子，从前宠物在遇到问题的时候，主人不知道怎么办，只能是一边在网络上搜索相应的信息看看是否能够治好宠物，一边考虑究竟要不要去宠物医院。但现在，当宠物遇到问题时，只需要找到豆柴的咨询入口，详细说明情况即可。

因此，在其他品牌思考如何打造新的卖点，研发新产品的时候，豆柴却在悄悄地构建服务体系，打造差异化模式。豆柴的客服团队截至目前共有200多人，咨询顾问有20多人，可以为用户提供一对一服务，为客户解答与宠物有关的问题；用户可以在多个渠道找到豆柴的客服，如天猫、京东、微信等。当用户遇到问题时，不必在网上费心费力地搜索信息，只需要找到豆柴就可以在第一时间得到解决，当然休息时间除外。

在这里，我们不得不提一下豆柴的企业文化，豆柴的团队服务之所以能够做得这么好，企业文化发挥了相当重要的作用。我们都知道服务有一个通病，那就是在管理的时候难以对具体行为进行管理。因此，豆柴就借助企业文化以及企业价值观对员工进行引导，培养员工具有一颗为用户带来"惊喜和感动"的心。

为了能够打造出这样的"惊喜和感动"，豆柴可谓是花了大工夫。例如，当用户的狗狗在过生日的时候，豆柴会悄悄地送一份礼物给用户，这份"神秘礼物"当中是大量用户与狗狗的照片。逢年过节的时候，豆柴也会送上许多让用户感到惊喜的礼物，并且都是免费的。

除此之外，豆柴还在微信社群当中对它的用户进行日常运营，从中我们可以看出，豆柴对社群也是相当重视的，就目前的情况来看，其产品最大的销售渠道就是社群；红兵还透露，豆柴会将社群作为基础，在未来的一段时间中，会尝试社交电商的方式，将用户的潜在效能充分激发出来。

第三，发力线下

在2019年，豆柴有两个目标，一个是销售额方面的，另一个则是线下方面的。其实在2018年的时候，红兵就已经开始对线下做准备了，在深圳的购物中心，豆柴开设了3家猫馆。豆柴的线下猫馆名称为"WOOHOO屋虎猫馆"，店铺的面积算不上很大，大概在70平方米，主要业务为销售宠物主粮、零售、保健品等以及猫活体，豆柴之所以开始发展线下主要就是为了能够通过线下门店来促销产品的消费，让线上与线下融为一体，相辅相成。

之所以打算布局线下，主要就是因为红兵对猫市场十分看好，他分析了豆柴产品的销售情况，发现猫产品的销售数量正在飞速增长，有超越狗产品的趋势。除此之外，他还认为现在恰好是商场转型时期，商场方面想要通过引入新业态的方式来吸引更多的客流量。

根据红兵的介绍，豆柴所开设的线下猫馆有一个特别之处，那就是可以保障猫咪健康100天。而这个特点对于用户的吸引力是极大的，他们不用担心买到的猫咪不健康。"创新数值=（新体验-旧体验）-替换成本"，这是红兵提出的一个创业公式，他还介绍了创新的数值越大，创新的概率就越高。

红兵认为，保障猫咪健康100天这样一个特点，能够使得用户更加放心地购买，增强了用户体验，并且与市面上其他猫馆相比，即使豆柴提出保障猫咪健康100天，在价格方面却相差无几，因此豆柴能够获得成功也就不足为奇了。

"WOOHOO屋虎猫馆"并不满足于开设3家店铺。2019年，还会在广东地区开设15家新的门店。

"线下门店+线上销售"并不是红兵最后的目标。红兵还透露了一个重磅消息：豆柴在未来还打算在宠物行业当中建立起一个创业孵化平台，截至目前，豆柴已经投资孵化了5家宠物公司。

就现在的情况来看，在宠物行业当中建立平台的难度是很大的，但是将"人"作为核心去打造一个创业孵化平台还是很容易的，各个企业之间还能够相互导流，其他相关企业能够得到豆柴企业价值观以及对宠物的热爱的赋能。

第5章
用户增长：让更多目标人群成为忠实私域流量

由于微商经历过一段野蛮式生长，导致部分用户对电商存在一定的阴影，更何况还有用户认为私域流量就等于微商，更是对私域流量避而远之。本章着重介绍如何通过用户需求等方面来对用户进行精细化运营，进而使得更多的目标用户成为忠实私域流量。

5.1 先期准备：用户需求详细分析与冷启动方案制定

私域流量主打的就是精细化运营，这便要求商家对于用户的需求足够了解，否则无法实现这一点。我们在此提供了3个经典需求模型，这些理论有其不同的特点，可以辅助商家掌握用户的需求，以便找到切入点。这三个理论分别是：马斯洛层次需求理论、KANO需求分类排序模型（KANO模型）以及Censydiam消费者动机分析模型。

第一，马斯洛层次需求理论

许多产品分析报告、消费者心理报告当中，在分析消费者需求时都会使用到马斯洛层次需求理论，该理论可以说已经快被用烂了。美国心理学家亚伯拉罕·马斯洛（Abraham Harold Maslow）在《动机与个性》中提出了层次需求理论，但大部分人都不清楚该理论的全部内容，只有马斯洛最初开始提出的5层次需求理论说被人所熟知，即人类的需求由低到高呈阶梯状排列，分别会产生5种需求，这5种需求具体如图5-1所示。

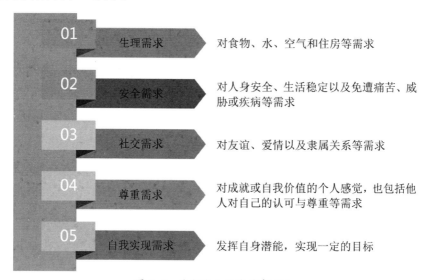

图 5-1 马斯洛 5 层次需求理论

事实上，除了上述的5层次需求理论，马斯洛还提出过一个7层次需求理论，也就是在5层次需求理论的基础上,增加两个需求:认知需求和审美需求。将其放在尊重需求和自我实现需求之间。新的7层次需求理论分别为:生理需求、安全需求、社交需求、尊重需求、认知需求、审美需求和自我实现的需求,并将其分为低层次需求与高层次需求,如图5-2所示。

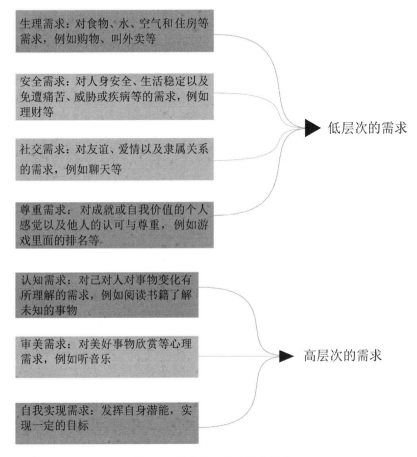

图 5-2 马斯洛 7 层次需求模型

认知需求即对自己或他人或事物的变化可以理解的需求,比如通过各种途径去了解新奇未知的事物;审美需求即能够欣赏美好事物并希望周围的事物都很美好的心理需求,例如看电影、听音乐。

我们认为,相对来说,7层次需求理论比5层次需求理论更能准确帮助商家对用户需求进行掌握,也更接近生活中对现实需求的感知。

企业或商家可以利用马斯洛层次需求理论从大的方面去掌控消费者需求以及

消费者对商品本身的功能可能满足的某些需求，具体的表现为：购物、外卖类等产品满足了生理需求；支付宝等理财类产品满足了安全需求；微信、陌陌等社交类产品满足了归属和爱的需求；游戏排名、朋友圈点赞等满足了尊重需求；知乎等精品内容付费产品满足了认知需求；视频、音乐类产品等满足了审美需求；写作类产品满足了自我实现的需求。

有些时候，一款商品不仅可以满足消费者单方面的需求，还可以满足多方面的需求。以网易云音乐为例，它本身是一个音乐类产品，通常都是满足消费者审美需求即可。但网易云音乐上线了一个功能——歌曲评论，用户在听歌的时候，可以看评论，寻找共鸣，从而满足归属感；部分用户可能会因为精彩的评论获得点赞，从而满足尊重感。

第二，KANO模型

在资源和条件有限的情况下，有些商品是无法满足用户全部需求的，因为用户的需求是多方面、多层次的。针对该情况，把用户的需求由高到低排列，然后整合资源去满足用户最需要满足的需求，进而获取最终答案。但是，问题出现了：如何对用户的需求进行恰当的排列呢？我们可以利用KANO模型来帮助解决该问题。

KANO模型是由东京理工大学教授狩野纪昭（Noriaki Kano）发明的用于对用户需求分类和优先排序的有用工具，该工具主要以用户需求对用户满意的影响为基础，体现出用户需求满足程度和用户满意之间非线性关系，如图5-3所示。

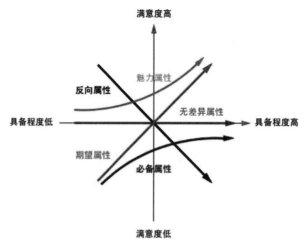

图5-3 KANO二维属性模型示意图

如图所示，用户的满意度由纵坐标表示，越往上则表示越满意，反之则表示越不满意；某需求的存在程度由横坐标表示，越往右则表示存在程度越高，反之则表示存在程度越低。根据KANO模型，我们可以将用户需求分为5类。

① 基本型需求：用户需求一定要通过产品功能得到满足。如果无法满足用户需求，用户就会感到相当不满意；但如果用户需求得到了满足，用户的满意度却不会有多大变化，最多也就是满意罢了。

② 期望型需求：需求满足程度决定用户满意度是呈线性上升还是下降。越能满足用户的需求，用户的满意度就会越高，反之则会越低。

③ 兴奋型需求：指某种用户意料之外的功能或者属性。如果提供了该功能，用户的满意度就会提升，但如果没有该功能，用户的满意度也不会降低。

④ 无差异型需求：不管是否满足了用户需求，都不会对用户的满意度造成影响，因为用户并不在意，比如产品的简介。

⑤ 反向型需求：不提供此需求，用户满意度没有影响，提供后反而会降低。

KANO模型是一个对用户不同需求进行分类然后处理的工具，而不是一个对用户满意度进行测量的工具。当我们想要对用户不同层次的需求进行了解的时候，KANO模型可以最大限度地帮助商家实现这一目标。我们可以把切入点放在识别用户的需求、设计商品功能等十分重要的事情上，商品的用户体验可以利用对用户的了解以及对商品的把控来获得全面提升。

第三，Censydiam消费者动机分析模型

在介绍该模型之前，我们首先通过对比两个奢侈品品牌——"NE·TIGER"和"上下"让大家充分了解消费者动机的重要性。

"NE·TIGER"和"上下"这两个品牌都是在中国发展起来的，上下是一个当代中国高尚生活品牌，它由爱马仕注资，于2008创立，发展目标是恢复中国优秀传统手工艺。

上下品牌把定位放在高消费群体上——出售几万元的服装，甚至是几十万元的家具。但该品牌运用的一些材料无法使这类消费群体希望享受到他人惊叹以及敬畏的目光，还有追求豪华的心理得到满足，比如竹子、薄胎瓷等材料。一些材料虽然足够高端，但整体装饰起来太过内敛，也无法满足该类群体的张扬炫耀的消费心理，比如玛瑙、玉、紫檀等材料。

因为无法满足客户的消费心理，导致上下品牌连续亏损四年，最后退出中国，进入欧洲开店。而NE·TIGER就做得比上下好多了，它代表中国目前顶级的奢侈品牌。它主要以设计皮草和生产为主，并设计出华夏礼服，这种高级定制"华服"是开创性的。它的用料极其昂贵，凸显出了华贵张扬的风格，符合高消费群体的消费动机。

两家公司面对的消费者，他们的需求是一样的，而且两家公司设计的商品都用于满足消费者的需求，但结果却大不相同。究其原因，在于消费者的需求动机能否被商品引发出来。我们可以通过马斯洛的层次需求理论进而对消费者可能存在的需求进行了解，但实现商品的价值的关键还是消费者满足需求的动机能否被引发。

行为是通过动机引起的，而动机的根源则是需求。所以，能否对消费者的动机进行准确的掌握，是设计商品时的关键，商品日后的表现受其直接影响。Censydiam模型可以通过一些研究方法，对消费者的内在动机进行更深层次的发掘，从而帮助商品开发者将消费者的内在动机与商品更好地结合起来，使消费者动机能够被开发出的商品所引发。

思纬市场研究公司的Censydiam研究机构是Censydiam消费者动机分析模型的提出者，研究目标背后的动机以及消费者的行为、态度是该模型的主要作用。消费者的需求存在于两个层面，分别是社会和个体，消费者有着不同的解决需求的方法，以满足不同的需求。

我们可以对消费者采取的需求应对策略进行研究，以发掘出消费者的内在动机。这就是Censydiam消费者动机分析模型的基本逻辑。我们可以将其简要概括为"两维度""四策略"和"八动机"。

（1）"两维度"

"两维度"即消费者在社会和个体两个层面的需求。在社会层面，消费者需要在两个方面之间权衡，这两个方面分别是寻求群体归属以及保持自我独立。即个体归属感和安全感可以通过群体获得,同时,在社会交往当中,个体又要将自身的个性和能力充分展现出来,自尊感和成就感可以通过与他人进行比较获得。商家或企业可以利用这个维度进一步加深对自己商品的理解,以便于让商品更好地为消费者服务,塑造消费者自己和周围社会的关系。

在个体层面,当需求欲望诞生,个体可以释放出该欲望,也可以对该欲望进行压制。如果拥有自信开放的心态往往会选择将欲望释放出来,而如果对需求的必要性产生怀疑或者不确定满足需求的能力,就会对欲望进行压制。我们如果想要对商品能否让消费者满意的潜力进行预测,可以在这个维度上获得极大帮助。

(2)"四策略"

"四策略"即四种满足策略,这四种策略可能在个体面对自身客观存在的需求的时候用到。这四种策略分别是:

① 从众和谐,在集体之中获得快乐。

② 克制欲望,回归自身的内心世界。

③ 通过对自我的成功表达,以获得赞许。

④ 将内心欲望释放出来,享受这个过程,对辽阔的世界进行探索。

用户的四种最基本的行为动机可以通过这四种满足策略看出,分别是归属/顺从、控制/理性、地位/能力和释放/享乐,模型的四个端点就是这四种最基本的行为动机。除此之外,Censydiam研究所对人们的行为动机在这四个象限之间的表现进行了分析总结,得出以下结论。

① 活力/探索:对世界充满猎奇心理是该象限用户的特点,他们喜欢新鲜事物,渴望寻求新的刺激情感,对自我进行挑战,用自由、激情、冒险等词汇来描绘他们最适合不过了。

② 个性/独特:十分理智,但又希望他人注意到自己是该象限用户的特点,他们能够从他人的关注中获得一种优越,如果和希望体现自身能力的人相比较,他们还不够强势,对他人的控制力也十分缺乏。

③ 舒适/安全:对自己的内心世界十分在乎是该象限用户的特点。他们需要在宁静的环境中放松,渴望能够得到保护和关心,从逝去的美好时光中寻求依赖。

④ 融合/沟通:拥有一个开放的心态是该象限用户的特点。他们乐于将自己的

快乐分享给他人，人们总是称赞他们容易相处。

（3）"八动机"

基于以上内容的分析，我们可以得到消费者的"八动机"，如图5-4所示。

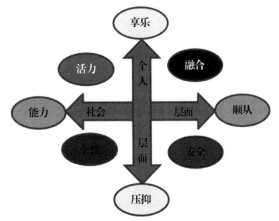

图 5-4 Censydiam 消费动机分析模型

通过以上分析，我们对马斯洛层次需求理论、KANO需求分类排序模型以及Censydiam消费者动机分析模型三者之间的关系进行了总结。

① 动机产生的根源是需求，行为产生的原因是动机，而需求的满足则需要依靠行为。

② 从图5-5当中可知，动机比需求更能对消费者的行为进行预测。

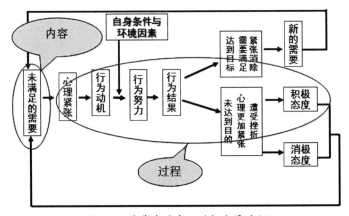

图 5-5 消费者需求、动机发展过程

③ 消费者的动机需求能否被诱发是商品能否成功的关键。

④ 企业或商家要在资源有限的时候，对满足消费者哪方面的需求进行慎重

选择。

在通过各种各样的方式分析并且了解用户需求之后，商家可以直接开始冷启动。冷启动就是指在发展初期将目标用户转化为种子用户的全流程。众所周知，发展初期往往存在许多问题，比如产品功能不完善，因此需要少量用户成为产品的使用者，再通过冷启动最后实现爆发增长。通常情况下，冷启动方案的制定可以参考以下4种方式来进行。

① 生产优质内容。优质的内容能够迅速吸引关注，进而增加粉丝量。商家通过生产优质内容来进行冷启动，这其实也是显性成本最低的一种方式。

② 推行相应活动。典型的火爆内容之一：新世相所推出的《4小时后逃离北上广》，这一内容如果没有与之相对应的活动相结合，最后能否吸引到粉丝，便是一个未知数了；当然，如果没有好的内容作基础，活动的推广范围也不得而知。由此可见，内容与活动相结合而产生的价值能够引发更大范围的关注。

③ 全渠道利用。渠道包括商家的自有渠道以及合作渠道，商家需要将自己能够利用的渠道全部用起来，如果不能做到这一点，商家需要反思一下活动的策划或者概念本身是否存在问题。

④ 引起媒体的关注。媒体的传播力不言而喻，如果能够吸引媒体的注意，借助其强大的传播力，最后冷启动的效果会非常好。当然，这需要在上述三项内容都做好的情况下才有可能，才有机会吸引媒体的注意。

5.2 落脚点选择：吸引私域流量最常见的3大营销落脚点

在以往的营销模式当中，商家与用户的关系仅仅是简单的买卖关系，甚至有的商家不在乎用户的真正需求，只管销售自己的产品，导致了双方的关系发生扭曲，这种关系是难以长久的。

而私域流量是将目光放长远，商家试图与用户建立长期的、健康的关系，因此必须从用户的角度出发，帮助用户寻找真正最适合的产品，为其提供专业的指导与服务，进而沉淀深度关系。基于以上认知，我们可以总结出吸引私域流量的营销落脚点必须以用户需求为中心,主要包括以下3点,如图5-6所示。

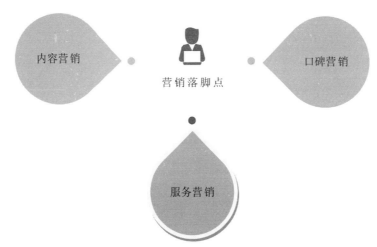

图5-6 吸引私域流量最常见的3大营销落脚点

第一,内容营销

我们首先来了解一下私域流量为商家所带来的优势:精准,能够实现与用户的高度对接,但这也意味着商家账号的质量必须高,否则是无法实现精细化运营的,这便要求商家的营销前提是为用户提供优质内容。

"内容质量差"是不少用户对商家产生反感情绪的重要原因,因此商家必须不断完善自身的生产内容,否则用户无法找到产品的价值所在。内容的生产没有捷径,商家必须下功夫,才能实现优质内容的生产。针对于此,商家首先需要站在用户的角度来思考,分析用户需求,明确自身定位,想想自己能为用户提供什么样的价值。

第二,服务营销

简单来说,就是服务要足够专业化、细致化。以"孩子王"为例,孩子王当中提到最多的不是大家最为关心的"流量"和"转化率",而是"单客经济"和"关系资产"。具体来说,孩子王当中的优质用户、黑卡会员,都会有专门的并且具备职业育婴师执照的导购为其提供专业化服务,这样一来,商家与用户之间极容易发展成为长期的私人服务关系。比如说,用户发现孩子的睡眠异常,第一时间想到的是与导购联系,请其帮忙分析原因,这是一种信任关系,通过长期的发展,用户自然而然会在商家处长期复购商品。

再进一步说，建立在专业之上的贴心服务也是一个营销点。举个例子，有的亲子教育服务行业的从业者发现，宝妈们最需要的不是指导，而是倾听。需要注意的是，长期提供这类细致化服务的成本非常高，因此需要进行筛选和控制，以保证服务质量。

第三，口碑营销

私域流量的本质其实也是口碑营销，通过口碑传播可以增强用户对商家的信任，从而产生产品附加值。想要获得良好口碑，商家提供贴心的服务是必不可少的，然而关键还是产品真实可见的功效。但是潜在消费者是无法一一去接触产品功效的，因此通过熟人之间的口碑传播，往往能够起到更好的营销效果。

做私域流量的口碑营销，"王婆卖瓜，自卖自夸"的方式是绝不可行的，需要通过真实的效果反馈加上熟人之间的信任指路来实现。产品最有力的说明，在于用户反馈。自己说好不算好，一个两个用户说好也不可信，但是如果用过自己产品的用户都说好，谁又能说不好呢？

5.3 推广激励：怎样以激励措施吸引更多潜在用户加入

在现今的线上活动中，用户对于当下的不少活动方式已经产生了反感情绪，甚至产生了逆反心理。除此之外，由于商家的竞争越来越激烈，过于老套的一些活动已经失去了其原有的价值。

因此，活动是否具备新意，对于商家营销十分关键，这也让很多商家花心思准备了各种各样的活动方式。优质的活动方式可以让活动发挥出更好效果，因此商家可以通过打造新活动的方式来增加客户量，而激励措施就是能够成功引流的一种新的活动方式。

第一，打折、满减

打折和满减等活动尽管在吸引流量方面有很多优点，但是不能否认还是有些不足。其实当今电商的促销手段已经逐渐进入瓶颈期，有创新的促销活动少之又少，因此，如何将这些现有的促销活动利用好，进而吸引更多的潜在用户，成为商家们的当务之急。

（1）奖品诱惑

商家们在做促销活动的时候，奖品的诱惑是必不可少的。商家们在打折促销时，可以将折扣换成奖品，而且百分之百中奖。这一做法无非就是"新瓶装老酒"，迎合大众"中彩头"的心理。而且，这种实际的方式使用户在物质方面得到满足，而商家则一箭双雕，从中获取很多收益。

（2）收账抹零

打折促销还有很多种玩法来吸引用户，收账的时候抹掉零头可以让用户感受到实打实的优惠。比如用户消费了72元，只收70元。商家并不会因此失去利润，反而会因为"大方"赢得客户的好感。

（3）多买多送

商家还可以用多买多送的方式来吸引用户，用户买得越多，商家送得越多，通过灵活赠送商品给用户真正的实惠，从而增加用户的购买率。

在打折促销的过程当中，商家可以将相关产品进行组合，整体给予用户优惠，这样一来就形成了组合销售为用户提供一次性的优惠。除此之外，商家还可以通过加量不加价的方式给顾客更多的实惠，比如用户原来从商家处买一盒面膜需要100元，活动期间可以按照150元两盒的价钱卖给顾客，让客户多多购买。

（4）"低价"方式

商家在打折促销过程当中，还可以用"低价"方式来进行优惠促销。这种促销方式主要利用一些产品的低价来获取用户流量，利用其他的产品来获取收益。低价产品的主要作用就是引流，用这种方式来吸引用户十分有效。商家可以选一两款产品，把价格设置得比较低甚至是自己会亏钱的价位，利用这些低价产品来吸引用户消费，之后再通过其他商品来获取利润，这种促销方式的效果也十分不错。

做促销活动的方式有很多，不要盲目跟风，不要总学其他商家的促销手段，要玩出不一样的花样来吸引潜在用户。首先，商家在做活动之前需要明白自己的目的，就是卖货多赚钱，这是最为直接也是最为现实的；其次，要在做活动的过程中想办法让更多的人知道自己，扩大自己的影响力以及知名度；再次，在活动期间想办法引流，让越来越多的用户成为自家的粉丝；最后，在做活动期间保证产品的质量，树立好自家产品的品牌形象。

活动的策划对于促销活动至关重要。商家在明确了促销活动的目的、确定好活动时间之后，就需要考虑促销活动的内容以及方式了。其中有很多细节需要商家细细考量。商家们的目的不同，活动的内容和方式自然也是不一样的，这需要商家随机应变地实现自己的促销目的。

比如，有些商家想要卖出自己的产品，可以采取"买就赠"的方式。商家卖货"赠"是一门大学问：赠，可以赠送虚拟产品，也可以赠送实物产品。当然，最好的赠送手段就是赠送的价值超出用户原本购买的产品价值。

通常来说，活动想要成功激励到潜在用户，使其成为私域流量中的一员，还需要遵循以下3点小技巧，如图5-7所示。

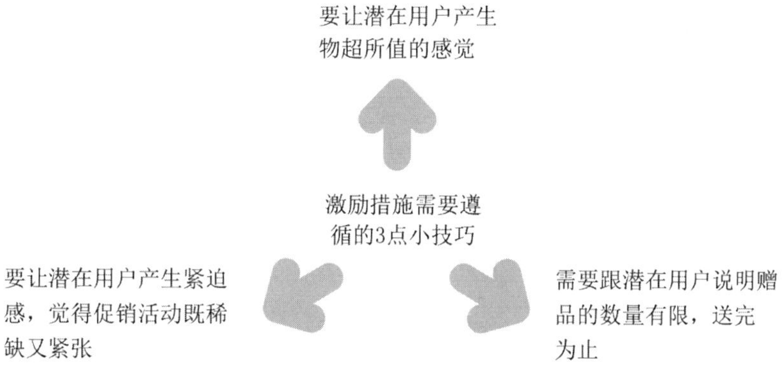

图 5-7　激励措施需要遵循的 3 点小技巧

第二，消费满额立升会员活动

商家的推广激励活动当中，消费满额立升会员活动是其中重要的一种，这种活动形式就是用户消费够固定的金额就可以成为会员。

在利用这种方式做促销活动之前，商家需要做好3点准备：首先，要让潜在用户明确地了解升级会员之后，他们会得到什么实际的好处；其次，这种好处还要能够对潜在用户形成巨大的吸引力；最后，商家需要设置不同的会员等级级别，让每一个级别可以享受不同的优惠福利，也就是要有区别地设置优惠福利，而且区别必须很大，这样有利于刺激潜在用户增加购买的力度，提高复购率与产品的销售量。

商家设置会员制度之后,就可以让会员享受商品的优惠折扣,从而在社交平台上吸引大量的客源。另外,会员功能还可以让商家实现对会员实时推送产品,让会员在第一时间了解产品营销活动,提醒用户参与活动,增加会员的活跃度。

消费满额立升会员活动的形式是以潜在用户消费为前提,因此商家在活动之前就首先需要做好活动策划,好的策划才能吸引到潜在用户。在吸引潜在用户成为会员之后,商家们需要进行会员记账,会员的管理制度必须落实。比较成熟的会员管理机制包含4个方面,如图5-8所示。

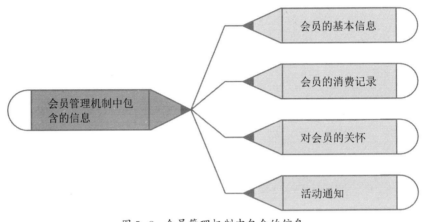

图5-8 会员管理机制中包含的信息

随着移动端互联网的发展,会员营销将逐渐成为商家们的必然选择,谁能将会员的营销体系建设得更好,谁就可以在当下激烈的商业竞争中获得优势。商家通过消费满额立升会员活动,可以了解吸引普通用户的活动类型,从而大大提高潜在用户变成会员的概率。

商家可以将更多的普通客户逐渐发展成为忠实的会员,还可以利用微信营销等方式来刺激会员消费,会员的消费占比越高,商家获得的粉丝经济就越明显。会员的消费会是长期性的、有黏性的,有了会员也就意味着商家有了固定的客源。

但事实上,商家想要做好会员营销并不是一件简单的事。当今的市场竞争十分激烈,商家仅靠传统的会员营销模式无法获得突出的市场优势。因此,在商家对会员进行营销的过程当中,需要有效地执行会员的优惠。

事实上,以上激励措施都是运用了潜在用户的以下3种心理而获得成功的。

第一，对未知事物的好奇

经过对用户的分析，很多商家发现，用户对于未来不知道结果、不确定的事件的感兴趣程度比较高。大家过惯了一成不变的生活，想要寻求变数和刺激的想法越来越强烈，因此随机性活动的激励手段也就应运而生。利用优惠活动的不确定性来刺激潜在用户，让用户的注意力放在活动上，以此来刺激用户成为私域流量中的一员。

事实上这种激励活动方式的原理十分简单，例如大众对于购买彩票以及抽奖活动的热情居高不下。在这种情况下，吸引用户的已经不仅仅是丰厚的奖品或者巨额的奖金，更强的吸引力便是这些中奖的结果是随机的，事件自身就具有很大的不确定性。

正因为这种不确定性，用户反而开始对事件本身有所期待，这时候关注度的上升就是自然而然的事了，这种上升的趋势会一直持续到最终的结果揭晓。

第二，饥饿营销

饥饿营销也就是通过让用户产生产品供不应求的错觉，从而达到引流效果。因此，商家可以这样设置活动：将自己的商品设置成月内不同的日期打折，比如月初5日打八折，10日打七折，15日打六折，20日打五折……以此类推，直至30日打三折。这样看起来似乎月末打三折会让商家遭到很大的损失，但是如果商家真实实践了这种方式，就会发现真正对于产品有需求的潜在用户会担心产品被抢购一空，最后导致自己空手而归而提前订货。

因此，这样一场激励活动结束之后，真正以三折的价格售出的产品少之又少，这种创新玩法还会在用户中得到广泛的流传，最终收获良好的宣传引流效果。

第三，赌徒心理

事实上，在面对丰厚的奖品或者巨额的奖金的时候，每个用户都会出现"赌徒心理"。在结果确定之前，用户在心里总是会把自己幻想为那个被上帝眷顾的"幸运儿"，即使是很小的概率，用户还是会心存希望。然而从用户对参与活动的积极性来看，整个促销活动当中最大的玩家是营销方。除此之外，商家利用低于广告成本很多的低成本，达到用户人人皆知的宣传效应。

除了激励活动，线上引流活动数不胜数。需要注意的是，商家作为新时代下商业的新运营者，一定要找到自己的发展之路，开辟新的玩法可以带来意想不到的结果。

5.4 工具利用：如何利用各类SCRM工具实现忠粉导入私域效果

Social Customer Relationship Management 是SCRM的全称，而且SCRM还是社会关系管理的简易称谓。要想利用各种SCRM工具实现铁杆粉丝导入私域效果，首先就必须了解SCRM是什么工具。

说到关于客户关系这一管理模式，以往企业仅仅只汇集用户的信息、资料，把收集到的用户信息一一分类、回访用户反馈等，这都是一般的、传统的旧模式做法，同时建立在结果之上，向客户提供较为精准的服务，希望这样做能够提升客户对商品、服务的忠诚度以及满意度。当然，这种传统的旧模式做法并没有什么错，确实合乎情理，并且是真的有一定效果。但是这样的做法带来的除了这点效果之外，不可忽视的是有一个致命的缺陷，那就是企业的地位并非是主动的，而是处于过于被动的地位，也可以这样说，客户和企业的两种关系为一条"独行道"。

而建立在SCRM体系之上，企业能够将其自身和消费者、用户之间构建的数字联结，从而建立在数据给消费者供给的个性化的"1对1"服务，包含3种"1对1"，分别是服务、营销以及销售。除此之外，SCRM系统也能够对于用户的数据采取多维度的分析，从而更深一步地熟知用户的购物习惯，将上下线都打通，促进销售。

要想利用各种SCRM工具实现铁杆粉丝导入私域效果，还要"步入正轨"——做SCRM，然而怎么做也是个问题。

有效的SCRM系统，并非是单单为了收集客户的数据而已，较多的是想要维护商家与客户的关系。比如，如今被多次提到的SCRM体系，促进企业和客户构建有效连接。基于此，再从较深层面来讲，还能够达成商家希望的效果，也就是更深层面的洞察消费者的需要、发掘客户社交网络以及和客户一对一的交流等效果，除此之外，还可以进一步引导、作用到消费者的购买行为上，以至达到最终目的，也就是留存更多的老客户、获得较多的新客户，同时渐渐提升消费者忠诚度。

为什么要了解SCRM系统，还要构建这一系统？是因为SCRM系统对商家有很大用处，因此需要了解SCRM的作用有什么、分别是哪几种。

第一，SCRM系统可以综合、整理数个连接点客户数据，累积消费者的画像

不同的客户有了不同购物体验可以从不同的途径对企业给出不同的体验评价，因此渠道是多元化的，包含但不限于网络、面对面以及电话等，同时这些连接点还贯穿在不一样的客户活跃周期，包含购物之前、购物过程中、购物之后3个阶段。所以，企业在客户关系的管理上，首要做的便是针对渠道的多样化、接触点不一样的客户数据做整合管理。SCRM系统之所以有效，最重要的地方便在于SCRM系统可以针对不一样客户的平台数据做整合管理、达成贯通。

SCRM系统建立在大数据技术之上的更深层的运作，把接触点有差异、不一的客户数据源之间，按照一种特定的计算方法关联为数据组，于是开展许多的客户数据的挖掘和细致解析。经过整合不同平台客户的数据，最终企业能够对不一样途径的消费者身份进行识别，于是累积消费者的画像。用简单的话来说，就是"路人张"无论是出现在哪，企业都能够精确地识别出他就是"路人张"，成功识别"路人张"的客户身份，而不是其他路人。

第二，SCRM系统可以进一步挖掘客户圈群，实施个性化的用户服务

对于企业而言，有某个特定的客户从网络上展示出自己的社交关系，企业要是可以对其开展精准挖掘，将挖掘出非常大的营销价值。SCRM系统经过给用户标注上标签、保存画像且细致分析用户组过后，还能够更深层次地达成对极大价值的用户进行挖掘的效果。比如，能够对"兴趣"实施挖掘它的交际网络的圈子人员，按照"兴趣"的社交网络圈子的性质实施较为精准的用户个性化模型，最终达成个性化服务乃至"1对1"沟通。

这就说明，针对早就存留有的消费者画像的"路人乙"，企业还能够更深一步地挖出"路人乙"所在的数个社交网络圈子，比如兴趣圈、同事圈以及朋友圈等社交网络圈，同时经过标注标签的手段把不一样的圈群实施区分，实施较深入的个性化服务、发掘隐藏的价值信息。Sunsilk就是通过将客户与自己的亲人、好友也卷入的形式和其自身构建情感关联，这是一种挖出圈群的最佳方法。

第三，SCRM系统可以进行分层次管理用户，引导客户渐渐一层级一层级地转化

理论上讲，企业需要针对客户实施阶梯化区隔，而能够更容易实现绝妙的资源配置。大部分企业把用户进行阶梯化区隔，是用忠诚度把客户分层为隐藏用户、一般用户、忠实用户这一效果。SCRM系统经过把企业与用户的互动记录、客户的内容发出来，将客户弄成多维度画像，智能区隔出用户所在的忠诚度阶层。

在企业把控住了用户的忠诚度层级的状况之后，就能够对阶梯层级不一样的客户，策划有关的活动、分享奖励机制或者内容等，进而对具有极大价值的用户进行准确的筛选，同时渐渐指引还处于潜在用户身份的顾客往会员身份转化。与此同时，经过持续的互动过程，企业能够经过SCRM系统的帮助不断丰富用户的多种维度的标签和数据，同时改进消费者忠诚度的生命周期，实现持续沉淀会员用户的最终目标。

在SCRM系统导流的利用上，我们以爱尔康为例进行介绍。"世界三大药企之一的诺华集团旗下第二大部门""医疗器械专业、眼科药品企业是世界之最""商品的售卖遍布到一百八十多个区域与国家"等，这些仅仅是爱尔康于行业内的标签。怎样突破行业界限实施品牌的推广，怎样调动客户的积极性、主观能动性去和品牌互动，同时还能够帮忙传播分享呢？这时候就需要利用SCRM系统导流，然而怎么利用导流去引导消费者主动地去和品牌互动，同时还能够帮忙传播分享呢？具体操作方式如图5-9所示。

图 5-9 爱尔康利用 SCRM 系统导流流程图

第一，现状洞察："断裂"

经过认真、细致地分析品牌之后，我们发现爱尔康的商品有着实打实的

质量，不过因为对经销商依赖性过高，所以品牌和消费者之间能够亲自接触交流、直接沟通的次数太少了，同时还只是品牌企业一方的营业销售，经过大力宣传过后便再无深入一步推进消费者转化留存机制。

当得知消费者和品牌缺少直接的交流，因而出现和遗留了联系不密切的状况问题，建立在这一现状洞察之上，爱尔康能够筛选的最好、绝妙的营销方策划案就是构建SCRM系统，也就是为了能够使消费者和品牌直接交流而建立起来的平台。通过SCRM系统，企业将消费者当成类似于个人的"储备促销员"进行管理，把对于追随品牌的消费者、和品牌互动的消费者、关注品牌的消费者以及对品牌不感兴趣的消费者这4种消费人群，经组织在同一个封闭的社交网络圈子，实现从一级阶梯到后面层级的慢慢渗透且渐渐的一级一级地转化。

第二，策略方针："SCRM系统分6步走"

关于SCRM系统的最主要价值，那便是经过运用多种不同途径的数据去分析，最终把消费者实施标签分类，对于每一个兴趣不一样的消费者，企业会筛选并推送出适合他们的定制化营销内容。根据SCRM系统平台的特点或性质，爱尔康采用了"Social CRM系统分6步走"的策略方针。

第1步：搭建品牌和消费者直接交流的平台，把收集到的、整理的消费者信息紧紧握牢在企业手中。爱尔康于2014年1月建立了SCRM系统平台，平台对于从多种途径获得的不同的销售数据实行收集、整理、分析，给会员做出并推送适合他们的定制化服务，于是更进一步地去拉动、引导会员的购买心理与行为，如图5-10所示。

第2步：构建会员的服务模块，以便能够和消费者实行有效的交流，分别有客服服务、商品信息服务以及会员优惠专区这3个服务模块。爱尔康微信端SCRM系统可以针对消费者的提问尽可能地给出回答，并提供订单查询、注册、积分兑换、产品兑换等一系列的网上服务。

当消费者想要在SCRM系统平台上兑换礼品时，还能够经过企业构建的系统平台去查询订单的情况。系统平台会显示出并且提示商品快要过期的服务，会员购买和在用的隐形眼镜护理液、镜片将要到期的时候，微信端会员界面便会显示出有关产品的提醒,这对于用户来说,无疑是向他们提供一种十分棒的体验与售后服务。

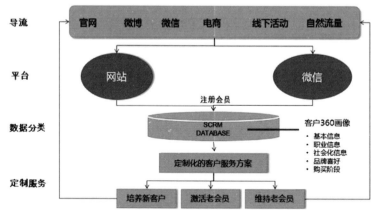

图 5-10　SCRM 数据导向

第3步:原先SCRM系统的数据导入,不仅能够用来区分出老会员的身份,还将老会员迁移的高门槛给降下来,于是更深一步地实现"将老换新"的破冰尝试。2014年9月,爱尔康经过SCRM系统将数据不断分析,同时认真细选出没有绑定微信的老会员,采取并实施了一轮定制化信息的推送、宣传,三天的活动时长一共增加了5000+粉丝数量。

第4步:淋漓尽致地发挥出新老会员本身自带的影响力,也就是建议经过"朋友推荐"的形式、手段,引导所有会员实施全方位的招揽有意向成为会员的消费者。大家都知道,一个好的企业家要有一个聪明、会做事的经商头脑,于是爱尔康于2014年10月利用不同渠道进行招募,在微信公众平台上进行会员邀请函活动,经过派样激励现有老会员、通过平台的会员积分来引导新会员去注册,活动的时间仅仅为一个月而已,经计算下来平均转化一个会员的成本不到30元。

第5步:收集3种大数据,也就是分别采集现有会员的信息、全部活动数据,还有数据从何而来的途径,更深入地进行数据分析,仔细、认真地解析会员信息,同时实施定制化营销服务。2014年10月,爱尔康甄别、选出了会员中一些活跃度不高的会员,进行定制化营销服务,向他们推出第一次可以用积分并且不花一分钱就能领取护理液的活动,在活动终止的时候,活跃会员数增长了将近20000人，以往会员的活跃度都是不够百分之五十的，然而经过活动增长到了百分之七十以上。

第6步：数据洞察以及数据关联，给消费者画像，透彻分析消费者信息还有他们的消费习性等，持续完善SCRM系统这一体系。爱尔康经建立奖赏优秀会员的制度、回馈消费者和顾客的小活动，比如会员特价制、互动游戏、会员积分制等，增强消费者和顾客的情感体验，给SCRM系统带去驱动力，让每一个消费者可以在他们的社交圈子内越加顺畅地转动、通信，于是推动、引导消费者成为推广品牌的资产。

第三、延伸、拓展方案："定制化"

爱尔康于2014年开展会员定制化拓展，其中大致针对SCRM功能优化、定制化的H5活动、微信日常运作销售……多个活动内容实施会员定制化推送、尝试。

在日常运作、营销上，爱尔康Social CRM微信平台系统按一个周期算会推送日常内容四条，平均一个月一次按照本月的主要推送商品推出与这个商品有关的活动。经过良好的系统运作、网上营销和服务，2014年爱尔康的微信粉丝数量具体增加有20000+个。

在SCRM系统功能上，爱尔康将时趣（一家品牌整合营销公司）研发的软件SRP对SCRM系统实施了进一步优化，开发了多种服务，如微信端绑定会员、会员注册、产品更换提示、微信网店、礼品以及积分兑换等。另外，在2015年投进更多的资金、精力，重在给消费者提供越来越多以及较优质的服务。

对于属性不一样的顾客、消费者，爱尔康结合每一个不一样的消费者，给他们开发定制化的H5活动。在研发上，爱尔康Social CRM系统的研创团队一共有五到六人，这对于H5界面活动、Social CRM系统的功能优化的开发，无疑给予了大力支持。

第四、前行探索："闭环"

在O2O方面，爱尔康在2014年12月起，准备尝试经微信推出促销活动，即O2O促销活动。包括线下领取活动和线上活动。线下活动比如用户进入爱尔康SCRM微信系统平台网上抽奖，然而领奖是在线下领取。又比如线上发赠品、线下购物等数个方式的O2O促销活动，想方设法将线上与线下融合在一起，实现闭环营销。

在渠道管理方面，爱尔康在2015年对门店销售员、商品的促销员不断开展关于商品的知识交流、进修、考核等，提升店员面对消费者时的交流艺术，增强对于管理上有力的支持以及服务，同时推动SCRM系统对于用户实行的分批次发货、智能分组等功能达成。

5.5 有效裂变：实现个人号及社群私域流量裂变的有效方法

当前私域流量平台的运用中，微信是最受欢迎的平台之一。在这一背景下，我们通过微信的个人号以及社群这两大流量聚集地的介绍，帮助商家学会如何实现私域流量裂变。

第一，微信个人号

在微信个人号上，商家想要实现流量裂变，首先要做到的是取得用户的信任，只有"信任"才能帮助商家无往不利。微信作为线上的交流工具，在信任方面很难与现实相媲美，因此商家只能通过在细节方面不断完善来增加用户好感，进而提升信任度。

（1）拥有共同的朋友圈

这是最容易获取信任的方式，因为拥有共同的朋友圈，是双方基于一定的信任基础上形成的关系。根据六度空间理论可知，朋友圈内的人相互认识是比较常见的现象。因此，朋友的朋友通过某种催化作用也是可以转化为自己的朋友的。

（2）表现出一定的专业性

专业性并非自己的营销广告，而是指将自己视为用户的朋友，将用户面临的问题、感兴趣的话题结合自己的产品信息予以解决。当然，商家在展现专业性的时候需要展示自己的真诚态度，不能居高临下地进行介绍，让用户产生不适的感觉。

另外，在个人号的朋友圈发布内容时，商家最好突出以下两个内容，进而获得用户好感，吸引用户。

第一个内容是根据用户喜好的内容进行精准发布。比如具备一定经济能力的上班白领会比较关注昂贵的化妆品，重心放在孩子身上的宝妈则重点关注婴幼儿用品，女大学生对于便宜别致的小饰品不能抗拒……当用户在刷朋友圈时，发现商家所发布的广告信息正是自己感兴趣的产品，自然会比较关注商家所发布的内容。这就需要商家结合自己的产品进行目标定位，并且针对产品内容精准进行表达，让用户在碎片化的时间内也能产生相当大的兴趣，进而驻足于此。

第二个内容是指根据产品结果来吸引用户。也就是说，商家发布的产品信息中，应当包括产品效果。比如，面膜具备的美白效果、减肥药具备的安全效果等。

2018年冬天，许多用户都掌握不到今年穿着的流行色，因此愁眉苦脸。而商家小美针对这一问题，在朋友圈中发布内容："今年冬天，你要这样搭配，才能成为人群中最耀眼的星。"这句话指出在冬季时，用户应该如何搭配才更亮眼，并且进一步将自己的服装产品图片发在朋友圈内。虽然小美没有直接指出流行色，却暗示了用户通过什么样的搭配能够达到更好的穿着效果，这同样是众多用户想要达到的效果。于是在短短的预售期内，小美的产品就已经全部预售出去。

不少商家在朋友圈所发的文案通常都是结合当下的热点问题进行撰写，根据话题的热度来提高活跃度。在这情形下，朋友圈中的商家文案往往呈现出两种趋势。

第一种趋势是从事件本身的整体进行叙述。也就是说，商家对这一事件不多作评论，只是从事件整体入手，以描述性的手法将事情叙述完整，通常情况下只是媒体中介的作用，其余并没有产生很多价值。

第二种趋势是从事件的某一个角度进行叙述。意思是指，商家从热点事件的某一个角度入手，从单一层面垂直深入。以这种角度写作通常会出现极高的重合率与重复性。能够在第一时间发表内容的商家叫有新意，后期再发的商家，即便是时事热点，用户都会认为千篇一律毫无新意，难以产生继续阅读的想法。

在同一时期发生的时事热点较少，但是所有商家都试图通过热点话题的热度来宣传，只有通过崭新的朋友圈营销文案的写作角度，才更容易获得用户的认可。因此，商家在撰写朋友圈文案时，需要跳出寻常思维，即便是同一案件也要构造出其他层面和角度，进而完成分析。这种情况下，商家能够得出与他人不同的结论，在千篇一律的朋友圈文案中脱颖而出。

通常情况下，商家选择的角度最好是具有深刻内涵的小角度，方便商家集中深入挖掘，由小见大，再结合自己的产品信息，获得不一般的营销效果。

在这里，我们以一部电影为例。2018年《海王》一经上映便成为话题焦点，各大平台几乎都表达了对这一角色的喜爱，各大营销号也争相发送关于主角的评价内容。这部电影产生的话题点较多，在这里，各大明星集合带来的流量热度与话题度按下不讲，对于故事的好坏也不多加评价。

在《海王》这一热议话题基础上，某婴幼儿教育平台将电影中"海王"与其弟弟"奥姆"之间产生的争夺现象，归结为母爱失衡而导致的，再进一步从母爱的教育角度分析了教育的重要性，最后结合自身产品的特质在朋友圈中进行宣传，吸引了一大波用户的关注。

针对同一事件，朋友圈中转发泛滥成灾，商家要么能够先人一步，否则还是以不同的新颖的角度作为切入点，给用户带来不一样的惊喜，更能达到裂变效果。

第二，微信群

微信群的裂变营销是营销方式中涨粉最快的模式，因此又被称为病毒式营销。微信群裂变营销的主要目的是营销过程中的二次营销甚至多次营销，并且微信群裂变的营销方式是有法可循的。首先，明确营销的目的；其次，设计并细化营销流程；最后，就是实际操作的环节。

闭环营销是指营销过程中各个过程模块形成一个完整闭环，在微信营销中，社群裂变营销就是闭环营销，它属于营销生态系统的一种。闭环营销是以用户为中心的组合营销策略。如图5-11所示，微信群裂变营销体系是以用户为中心，形成由个人支持或群体协作的全面营销闭环。

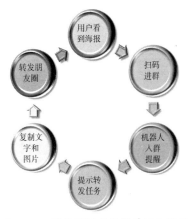

图 5-11 微信群裂变的简单闭合流程

在开始一个社群裂变之前,需要准备以下6项工作。

(1)诱饵的确定

时下的热点一般是用户关注的问题,诱饵的确定需要依照当下的热点结合用户需求。对于用户来说,社群裂变的诱饵形式不设限,可以是品牌产品,可以是专业课程,甚至可以是资料和数据。常见诱饵主要分为三大类:干货、产品或服务、红包。

在诱饵设置上,抓住用户注意力才是最核心的条件。因此,无论是实体产品、虚拟产品或者服务,进行设群裂变之前需要分析用户数据,找到最能打动目标用户的福利条件。诱饵之所以称为诱饵,就是因为它们对用户有足够吸引力,在足够条件下可以进一步转化。诱饵设置应该遵循3个基本原则,如图5-12所示。

图 5-12 诱饵设置应该遵循的 3 个基本原则

(2)裂变流程、规则的设计

社群裂变流程的设计,全程要以最终目的为落脚点。整个流程围绕达到目的设计,流程需要是一个闭合回环。

(3)裂变海报

对于社群裂变而言,裂变海报是最重要的一点。在社群裂变中,诱饵的载体一般都是海报,海报包含了所有的营销信息,并且设计应该具有吸引力。社群裂变活动要事先准备好裂变海报,裂变海报的成功设计包含6大要素:用户身份、主副标题、内容大纲、信任背书、引导词、额外价值。

这6大要素当中,主副标题、内容大纲、引导词的设计是重中之重。裂变海报的文案图像主要是围绕这3个方面来设计,设计过程中最好准备多个版本的海报,方便筛选,具体要求如图5-13所示。从众多备选中选出最优海报,以便达到最优社群裂变效果。裂变传播是否成功,海报是最关键因素。

图5-13 裂变海报设计要素要求

(4)文案话术的设计

文案话术和裂变海报一样,需要准备多个版本,最好是5个,不同的场景结合不同的话术版本,以便带给用户最佳的体验感。

(5)客服人员的安排

客服人员就是社群管理员,每个群至少需要3~5个,主要任务是维护社群规则,实时把控裂变社群的氛围,及时联系群主。客服人员需要解答用户产生的疑问,裂变社群同样不欢迎发广告的用户,因此,如果有不遵守群规或者发广告的用户,客服人员需要及时将其移出群。

（6）裂变工具

在社群做裂变前，可以从网上搜索一些裂变工具。结合自身实际情况，最好先试用看看，最常见的裂变工具有爆汁、进群宝……

社群裂变营销的用户参与度高，相比其他营销方式而言，操作简单便利。社群裂变营销将用户吸引至社群沉淀，灵活运用从众效应。社群中的群任务和群氛围刺激用户进行转发，从而开始二次传播。该营销方式裂变率高，流量损耗小，获流量大。

5.6 案例｜某本地公众号裂变增长 10W+ 粉丝案例分析

首先，在流量成本愈发高昂的时代，获得10万+粉丝已经是非常有难度的事了，要在一天之内完成，更是难上加难，除非粉丝基数非常大才能实现这种裂变；其次，流量成本愈发高昂，10万+粉丝的引流成本更是难以言喻；最后，做过公众号的朋友们都知道，地方公众号的受众范围小，与全国号吸粉相比，大多数人关注的都是本地的美食公众号，吸粉难度非常高。

以上3点几乎是笃定的事实，然而却有一个"地方公众号"颠覆了上述全部认知，做到了"1天内""低成本""引流10万+粉丝"！这是个实实在在的案例，只要能够把握机会，这个案例的成功还是可操作可复制的。首先我们来看一下这个文章的标题，如图5-14所示。

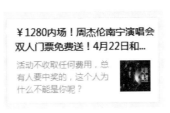

图 5-14 公众号文章标题

许多人一看到这个标题，第一反应就是："这个公众号是标题党！"话虽如此，但大多数人都忍不住打开文章点击查看其中的内容。事实上，这一文章在标题上就让许多用户产生代入感，毕竟作为家喻户晓的歌星，周杰伦的歌曲是大多数年轻人从小听到大的，自然会被文章开头的介绍所吸引，进而忍不住往下看。

情怀是最容易让用户失去防备并且打动用户的，尤其是与青春、懵懂等回忆相关的内容。因此，文章当中打起"情怀牌"（见图5-15），用户很容易陷入其中，引起共鸣。

> 2004年，《七里香》风靡全国
> 当时几乎身边每个小女生的抄歌本上都有这一首歌
> 稚嫩的字迹整齐排列，中间贴着一张明星贴纸
> 翻阅低唱，安抚现在想来有些可笑的年少忧郁
> 就如同那首歌词唱的：
>
> 雨下整夜 我的爱溢出就像雨水
> 院子落叶 跟我的思念厚厚一叠
> ——《七里香》

图5-15 该公众号文章部分内容（1）

不少用户虽然已经步入社会，有了一定的人生阅历，然而关于"青春"的回忆还是会激发其内心的怀念，而该文章则很好地将用户带回了那种场景。通过情怀来降低用户的防备，再逐渐将用户带到引流、营销当中，也就是"造势"。

众所周知，周杰伦的演唱会可谓是"一票难求"，文章当中也不断强调这一点（图5-16），通过大篇幅的文字、图片讲明了"难买"这一点，进而凸显出文章所推的"产品"是非常珍贵的，有钱也未必能够买到，也可以将其视为"饥饿营销"，毕竟花钱都买不到的产品才更让人蠢蠢欲动。虽然大家都知道这一"套路"，然而商家使用起来依然屡试不爽，这主要是确确实实抓住了用户痛点，是用户所需要的产品。

文章的最后才是整篇文章的高潮，也就是标题的内容——免费送周杰伦演唱会门票，说明这个活动是真实的，他们不是"标题党"。当然，也不是每个人都送，而是通过"姓名+电话+关注公众号"的报名方式来参与抽奖。这样一来，用户轻而易举就将自己的基本信息发出去，以此来换取抽奖的机会，而该公众号也收获了一大批粉丝。而且，有的用户为了增加中奖概率，还会号召自己的亲朋好友参与其中，实现裂变传播。而通过这篇文章，短短一天内，该公众号便获得了10W+的粉丝。

事实上，我们可以发现该公众号的成功是有章可循的，具体包括以下4点做

法，商家在引流时可以借鉴一下，进而实现公众号爆粉。

图 5-16　该公众号文章部分内容（2）

第一，事件营销

这篇文章的热度借助"周杰伦南宁演唱会"的东风，给公众号引流奠定了基础。同样的道理，商家可以时刻关注热点事件，将其好好利用，便有成为爆点的机会。这样的事件每年都会发生，因此商家需要懂得抓住机会，并且扩大传播范围，进而实现引流。

第二，情怀回顾

用户认可并且转发文章的前提是内容足够优质，进而引起共鸣，而情怀则是引发用户共鸣的一种方式，能够带领用户进入文章世界，自行转发，实现裂变传播。

第三，减少营销痕迹

很多文章一上来就是通篇营销，但是这样做是无法引起用户阅读的兴趣的，更不要说传播了，即便内容里面提及的优惠力度非常大，也很容易被用户忽视。该公众号的这篇文章一开始便是通过情怀来营造气氛，将用户带入情景当中，基本上不涉及营销，能够起到的效果更好。对于该文章的阅读用户来说，即便抽不到门票，能够回忆青春也是好的。

第四，自我造势

这篇文章的造势迹象非常明显，不断强调门票的珍贵性，给用户制造出非常难得的印象。最后,在文章末尾所提到的获取方式只是通过发一条短信,并且关注该公众号就有机会领取,降低门槛,引发用户的兴趣。

5.7 案例 | 餐饮商圈门店精准积累私域粉丝案例分析

如果你的朋友圈当中有一位餐饮店的老板,那么你几乎每天都能够看到它在朋友圈当中"晒"出自己餐厅当中的美食、美景以及自己的品牌。

像这样的事情大家已经见怪不怪了,但是我们是否能够借助微信朋友圈传播自己的品牌,与顾客之间搭建起沟通的桥梁呢?如果可以的话,我们应该怎么做呢?

在前几年,公域流量可谓是滔滔江水延绵不绝,很多人都从中获取了巨大的利益。但到了2019年,公域流量的"江水"被越来越多的人取用,已经快要"枯竭"了。因此,我们不得不选择另一条路——对私域流量进行深耕细作。

西贝的大部分店长都是顾客的"亲朋好友"

我相信绝大多数人的微信当中都会有一个或几个"店长朋友"。在这里我们以西贝为例,当顾客来到餐厅就餐的时候,西贝的大部分店长都会通过各种各样的方式引导用户,让用户加上他的微信,进而成为"朋友"。顾客与店长的微信聊天框基本上都是空白的,最多也就是刚刚加上好友时的"你们已经成为好友,可以开始聊天了",但是这些店长每天都会在朋友圈当中晒自己餐厅当中的美食或是其他与餐厅有关的信息,在不知不觉间就与用户建立起私人化强链接,如图5-17所示。

大部分微商为了推销他们的产品,都会对顾客的朋友圈进行狂轰滥炸,发布一连串的刷屏广告,这样会导致顾客感到厌烦,直接就把你删掉了。但西贝的"店长朋友"不会,他们发布的内容大多数都是教你如何做菜、几句人生感慨或是"晒出"自己餐厅优美的环境、良好的用餐氛围。通过生活化的方式,发布贴近顾客生活的内容,进而传播自己的品牌。

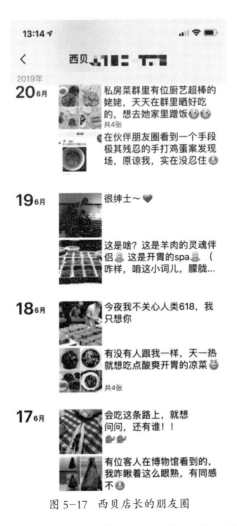

图 5-17 西贝店长的朋友圈

除了借助自己的店长身份与顾客搭建起沟通的桥梁,为顾客提供服务外,这些店长还会在朋友圈当中发布与品牌调性相符,能够满足品牌营销需求的场景内容以及菜品。

这就是西贝倾尽全力构建出来的传播矩阵,并且是拥有"品牌人格"的矩阵。通过品牌人格的群像与顾客之间进行互动,仿佛顾客的好友一样,在朋友圈当中晒出自己的日常生活,这背后所隐藏的,是一个个具有真实生命的人,而不是一串串数字。

楚学友(西贝副总裁)说:"内容是性价比最高的营销投资。""创造口碑比广告投放重要,持续互动比单向推送重要。"

餐饮品牌的"朋友圈"

除了上述方式外,我们还可以使用其他的方式,借助朋友圈进行引流。

微信个人号除了悄无声息地宣传品牌之外,还肩负了很多服务功能。

传统的餐饮行业由于无法与顾客之间建立起有效的沟通方式,当顾客感到不满意时,他们往往会直接选择向有关部门进行投诉,进而会对品牌造成恶劣影响。但是现在不一样了,店长们可以通过个人微信号的方式与顾客建立连接,顾客感到不满意的时候可以直接通过微信与店长沟通,而店长能够及时有效地将顾客的投诉收集起来,并及时解决顾客的问题,让顾客感到满意。这样的方式不仅能够最大限度地减少投诉对品牌的影响,还能够通过微信及时满足顾客的其他需求,让餐厅的服务变得更加全面、及时、直观。

除此之外,部分餐饮品牌还借助微信个人号矩阵,完成了品牌战略的新布局——借助加盟商的力量,将顾客引流到自己的品牌号当中,并从中挖掘出新的品牌。

在2017年前后,有一位餐饮人大胆地进行了一次新的尝试。这位餐饮人做的是一个炒冰连锁品牌。这一品牌有着数量众多的加盟商,于是他借助这些加盟商的力量,对顾客进行引流,将他们全部吸引到品牌的个人微信号矩阵当中,经过长时间的积累,企业从中获取了大量的C端顾客,在60部手机当中存有30多万名微信好友。

仔细想想,这些添加你个人微信号的顾客,是不是都是那些认可你的产品以及服务的人呢?当然是了!否则他又怎么会添加你的微信呢?该餐饮人在这30多万粉丝当中又发展出了大量的新加盟商。

随着粉丝数量不断提高,流量池也越积越多,该餐饮人打算打造一个新的品牌,这些粉丝群体在这时候为他提供了巨大的力量。他打造出了一个新式麻辣烫品牌,这个品牌一经推出就吸引了大量的年轻人,还获得了大量的加盟商,这些人全部都是他当初吸引过来的粉丝。

从最开始的炒冰,到新的麻辣烫品牌,能够取得这样的成功,主要就是因为该餐饮人使用个人号对顾客进行运营,对流量池进行积累。

除了上述餐饮人外，还有大量的传统餐饮人都在尝试开始转型，开始借助微信个人号做起了外卖的生意。

随着时代的发展，外卖的迅速发展对线下餐厅的到店率产生了极大的影响。这也是互联网时代给传统餐饮人带来的巨大挑战。很多外卖平台利用补贴的方式，吸引了大量的商家加入他们的平台，但是经过一段时间后这些商家发现他们"上当了"，当补贴停止之后，他们发现他们的外卖盈利能力急速下降。

在深圳有一家传统的餐厅也同样进行了一次新的尝试。他们在送外卖的时候，通过各种各样的方式让顾客添加他们的微信个人号，开始积累自己的流量池，希望有朝一日能够通过这个流量池为他们带来新的收入。

时间一天一天地过去，添加微信个人号的顾客越来越多。成功地添加了14万微信个人好友之后，该餐厅借助微信小程序开发了一个下单程序，顾客可以直接在这个程序当中下单，从而让该餐厅成功地摆脱了外卖平台的部分制约。

也就是说，该餐厅不仅能够借助外卖平台接订单，微信个人号也可以。经过了一段时间后，商家发现想要更好地盈利，就必须让客单价得到提高。该餐厅拥有14万个人微信好友，这些好友提出了很多具有实质性的反馈，能够让该餐厅从中吸取到很多经验。

另外，该餐厅发布的微信朋友圈让顾客知道了餐厅对于原材料的要求有多么严格，品质不好的一律不要，以及餐厅坚持外卖现点现炒的原则，让粉丝心里有一种"一分钱一分货"的感觉，从而对价格就没有那么敏感了。经过不断努力后，该餐厅的平均客单价已经达到80元左右。

朋友圈能够赋予餐饮行业巨大能量

微信主要是一个提供给用户用来交流的平台，因此业内将微信个人号的流量称为"私域流量"。

到了现在这个时代，不仅仅是只有线上对私域流量进行关注了，很多的线下实体商业也已经开始认识到私域流量的重要性。在线下，餐厅是人流量最密集的地方，民以食为天，人每天都要吃饭，当他们来到餐厅的时候，可以通过各种各样的方式吸引他们添加个人微信号，更有利于商家聚集私域流量。

所有的餐饮品牌都想要能够找出一个最有效、最直接的品牌营销渠道。那么就必须从基础的地方开始寻找，从平台或工具入手，因为这是商家直接与顾客进行接触的地方。

我们认为，餐饮品牌如果想要做品牌营销，最好的方式就是微信个人号，因为微信个人号对于餐饮行业来说具有很大的优势，他们在朋友圈当中发布的内容十分贴近生活，很接地气。除此之外，还有一个很大的优势就是相较于其他行业来说，餐厅通过微信个人号来积累粉丝要方便很多。这主要是因为其他行业并不能引起用户的共鸣，他们需要绞尽脑汁地去寻找传播点，但餐饮行业是人们离不开的一个行业，人们可以不买化妆品，不买新衣服，但是不能不吃饭！所以餐饮行业在日常经营过程当中很多地方都能够引起用户共鸣。

这些内容相当平凡，都是商家日常生活中做的事情，却又十分温暖，如果能够有效地整合这些内容，并借助微信朋友圈等平台将这些内容展现到客户面前，那么我们就能够有效地实现品牌营销的目的。

工具化能够帮助商家更好地通过微信个人号来运营私域流量

如果商家想要让社群裂变更加高效，那么商家就必须使用更高效的社群工具来使得商家的社群运营效率得到提高，例如电商宝SCRM，这个工具为商家提供了一套十分完整的社群管理系统以及相应的管理工具，电商宝SCRM的工具包括：商场促销、会员沉淀、互动营销、口碑管理，具体如图5-18所示。

将微信流量转换成为自己的"私域流量"

在很久之前就已经有人开始通过微信这个平台来销售产品了，大量微商充斥在我们的朋友圈当中，他们卖面膜、卖护肤品、卖美牙仪之类的产品，朋友圈当中充斥着各种各样的招代理的信息，只要成为他们的代理，就可以出售他们的产品并从中获利。这样的方式十分简单，吸引了大量的人群成为他们的代理，导致微信朋友圈生态遭到严重破坏，还让很多人认为微信营销都是"骗人的"，为其披上了一层负面色彩。

虽然很多人认为微商卖的东西都是"骗人的"，但事实就摆在我们眼前，有很多微商从业者确确实实地从中获取了巨大的利润。在互联网时代,很多线下实体店都认识到,不仅仅只有线上才可以借助微信个人号的力量,线下实体店同样可以利用,并且通过健康的运行方式达到最大化的营销效果。

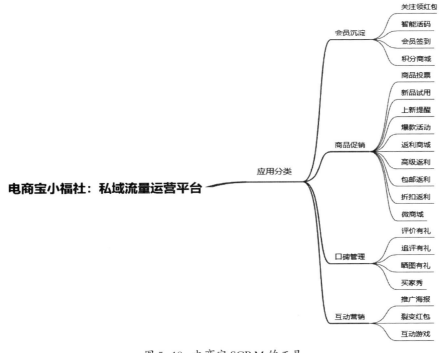

图 5-18 电商宝 SCRM 的工具

以夜莺团队为例,经过7年运营后,拥有的微信个人号数量超过3000个!粉丝数量达到300万,并且其所使用的方式没有违反微信个人号的运营规则,微信团队也认可他们的做法。

夜莺团队的服务对象不仅仅是线上网点,他们同样为线下实体店服务。很多天猫类目TOP商家都曾经使用过他们的服务,线下的大部分餐饮行业同样享受过他们的服务。他们所提供的服务为他们的服务对象带来了总计亿级的私域流量价值。

除此之外,夜莺团队还专门开设了有关微信私域流量运营的培训,让公司的所有员工都参加这个培训,并且还帮助很多家非常有名的企业运营微信私域流量。凭借着对微信私域流量运营了7年的积累,夜莺团队研究出了微信个人号的两个主要功能,还推出了系统的方法论。

夜莺团队表示:"微信私域流量是一个实用性极强的关系管理系统,餐饮品牌在上面能够实现两大功能：一个是链接，一个是多次到店消费。"

我们通过什么样的方式才能够将微信生态当中的流量转变成为自己的私域流量呢？通过什么样的方式才能够保证微信个人号当中的私域流量是安全的呢？通过什么样的方式才能够对数量众多的微信个人号进行高效、安全的运营呢？如何对私域流量进行更高效地运行呢？如何才能够通过私域流量帮助我们提高销售呢？

想要弄清这些问题，商家就必须搞清私域流量的本质。经营关系才是私域流量的核心，卖货是其次；顾客向我们付费购买的是服务，是"会员"，而不是产品。当顾客付费购买了你的会员之后，他们的内心里就会有一种想法，那就是"要把会员费赚回来"，或是想要继续享受会员权益，在这种因素的驱动下，他们会购买更多的产品，从而使得客单价和复购率得到极大的提高。

私域流量是私域电商最核心的东西，也是最基础的东西，就现在的情况来看，并没有太多的私域流量可以提供给我们进行选择，主要有两种：一种是微信生态，另一种就是企业App，微信群、微信个人号、公众号以及微信小程序等都包括在微信生态内，都能够算作私域流量。

第 6 章
用户维护：针对私域流量的留存与促活

许多商家对私域流量存在误解，认为将用户导入私域流量当中，用户就只属于自己了，便可以不管不顾了。但事实上，私域流量主打的是精细化运营好友关系，将用户导入私域流量只是第一步，更重要的步骤在于后续的用户维护。

6.1 分组管理：分组标准与群组管理规则的制定方法

无论你现在的微信好友数量有多少，一定要及时做好客户分类管理，这样有利于以后对处于不同阶段的好友实施不同的营销策略。如果对微信好友不进行区分，无论是谁都是一条群发，这样微友的响应效率是非常差的。但是如果我们已经将好友进行分类整理了，按照不同的分类推送不同的信息，效果很明显就会不一样，这就是精准运营。

对于商家而言，巧妙地利用备注与分组对好友进行管理，效果一定比大海捞针好很多。不进行好友管理，等到每次要群发消息或者拉微友进群的时候，自己再逐个进行查找添加，这样的工作效率非常低。而通过对微信好友进行系统、精细化的管理，才能高效互动、提高转化率。

由此可见，想要将你的微信好友精准地利用起来，将其价值做到最大化，必须对微信列表里的好友进行系统化的管理。以备注分组为例，一般情况下，商家可以通过备注明确对方的身份以及其他信息，进而辅助自己识别重要信息，通常可以按照以下3种标准来实现备注分组，具体如图6-1所示。

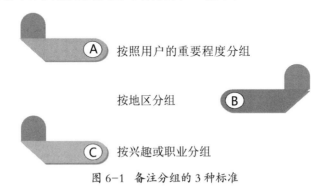

图 6-1 备注分组的 3 种标准

第一，按照用户的重要程度分组

（1）重点客户

商家重点维护互动的人群一般是产品复购率最高的人群，这群用户认同和喜爱商家的产品，同时也是对产品的金额贡献量最大的甚至是经常给商家转介绍其他产品使用者群体。针对这部分群体，商家可以在备注前加"A"来表示，因为微信列表是按照字母顺序进行排列的，所以将这些用户的昵称备注前加个"A"，他们就会显示在商家通讯录的最上端。

这部分用户几乎可以说是不需要任何投入就会有钱赚的群体，商家可以随时发微信通知他们，告诉他们自己出了什么新产品或者是有什么优惠活动了，进行简单的追销就可以。

（2）普通客户

普通客户就是只单纯购买了产品，但因为对产品不是很满意等原因，不会为商家进行转介绍和二次消费。对于这类客户，商家就要采取一些措施让他们记住自己，比如经常与他们进行一些互动，为他们提供一些出乎意料的价值和服务。这类用户的昵称备注前可以加"B"，显示在A类用户下面。对于这类用户，产品的打折优惠活动就是一个很好的消费理由。

（3）潜在客户

对于潜在客户，商家需要提前将他们备注好，如果自己的产品有什么资讯可以群发给他们，对他们进行产品的诱导教育，进而让他们来商家这里进行消费。商家发朋友圈进行产品推广活动的时候，也可以利用朋友圈中的"提醒谁看"的功能提示潜在客户，让他们知道自己的产品动态。通过引导，商家可以与潜在客户建立信任，让他们产生购买的欲望，而这类用户可以统一在备注前加"C"。

第二，按地区分组

按地区分组，有利于提升不同地区的好转化率，尤其是在做当地的产品地推活动的时候，群发消息可以按照地区的备注进行发送，输入省份关键字，这样省时又省力。例如：A-小林-青海，这样就可以把产品资讯导入给青海的朋友。

第三，按兴趣或职业分组

按兴趣或职业分组很简单，大家都会理解。比如，宝妈彤彤、白领娜娜，这样的分组有利于知道微信的职业、兴趣，有利于我们更加有针对性地发布商家产品的相关信息，更加有针对性地实行营销策略。

除了备注分组以外，商家还可以通过设置标签，把不同类型的好友用户放在不同的标签中，点开不同的标签即可看到不同的分类。对好友用户设置标签有助于商家在某些情况下快速筛选匹配出自己所需要的客户，也有助于朋友圈定向精准发布。

为用户设定的每一个标签，都是对用户进行的具体描述。标签添加得越多，描述得就越具体，对用户的了解就越深入，对他们分类就越准确，发送产品信息的时候，才更加具备针对性。俗话说"物以类聚，人以群分"，标签分组做好了，有助于避免对非目标群体的无谓打扰，也就不会引起他们的反感。另外，标签对于群发通知这一需求而言，能够直接进行勾选。

一般来说，标签分组可以根据用户购买产品的类型与时间进行分类，以便商家了解与用户的成交时间，最后选择适当时期要求用户反馈信息，同时还可以引导其进行二次消费。

值得一提的是，星标朋友位于通讯录分组最上面，这有利于商家进行查找，尤其适用于重点客户。重点客户是商家需要经常交流互动的人，在微信好友过多的情况下，可将他们设置为"星标朋友"，以便进行互动。

而对于特别重要的好友或客户，尤其是最近几天需要紧密联系的用户，可以设置"置顶聊天"。当然，对于那些最近会有购买意向的微友，也可以设置为置顶，方便商家随时沟通联系，避免出现太多人聊天而忘记的情况。

另外，无规矩不成方圆，商家可以通过设定群规则，提前为社群的发展打下基础。群规则的内容将在很大程度上影响用户的体验，比如通过群公告表达禁止发广告这一内容，则可以在一定程度上赢得用户的好感。

群规则将限制社群的发展方向，无论商家想要在用户进入群聊后立刻予以用户福利，还是立定相应规矩后再完成其他事，都应该在创建社群之前将群规则的内容设置完整。当然，群规则的内容不宜过多，否则用户会感觉不自在，只要能够起到相应的限制作用即可。

6.2 热情互动：面向不同群组的差异化问候内容、问候频率

私域流量的本质在于对用户进行精细化运营，既然要做到精细化，自然不能

对每位用户的服务都千篇一律,而是需要针对每位用户的差异进行更为细致的服务。然而,还有很多商家没有真正意识到这一点,依然以以往的互动思维与用户进行交互,最后获得的效果并不尽如人意。

站在用户的角度来看,如果我是一个宝妈,我最关心的内容当然是孩子的健康,是与育儿相关的内容,然而商家每次发过来的消息都是"早上好,今天吃什么呀"?久而久之,用户自然而然产生反感。

除此之外,对于不同年龄层的用户,对于问候内容的理解也不一样。举个例子,微笑的表情包在中老年人看来是代表着"友好",然而在年轻用户眼里,这个表情却意味着"嘲讽"。如果商家每天给用户发去的问候信息当中带着微笑的表情,试想一下年轻用户接收到消息后的"心理阴影面积"。

但事实上,上述现象并不少见,具体体现在以下4个方面,如图6-2所示。

无区别、无节制发消息的具体体现	(1)每天群发"早上好"。现在都市生活节奏越来越快,每天日复一日地发早上好,只会让他人感觉你很多余,得不到回应不说,反而招来了他人的反感。试想一下,每天接收无用消息的提醒,除了让他人感到厌烦,其实并不能产生信任
	(2)经常群发心灵鸡汤、励志话语。对于许多微信好友而言,这更像是心灵毒药。心灵鸡汤和励志话语用来安慰和激励自己即可,没必要群发每个人,会让微信好友产生被"教唆"的错觉
	(3)在各种大大小小国内国外假日群发假日祝福。这真的是最大的错误,试想一下自己都懒得看别人的假日祝福,微信好友会想看你的吗?其实大家并不喜欢在享受假日的休闲时间里,被"假日祝福信息"骚扰
	(4)无节制地群发产品广告、产品活动。如果上来就发这些内容,会让对方感觉一点都没有诚意,让人一看就是推销的,长期以往对方就会将你删除

图6-2 无区别、无节制发消息的具体体现

由此可见,商家给用户发千篇一律的内容并不讨喜,甚至会引发用户的反感,因此需要根据自己的群组分类信息,针对不同的用户发布不一样的内容,即便是问候信息,也要具备差异化。

比如,针对宝妈群体,商家可以多发一些关于宝宝健康的问候或者是育儿知识;针对都市女性,商家可以发一些关于瘦身、打扮等这一群体比较感兴趣的话题。话题的具体内容主要根据实际情况来制定,千万不能毫无联系地照搬照抄。问

候内容应该是经过精心设计的，能够吸引他人眼球的，并且产生互动的内容，而不是随意复制粘贴来刷存在感。

需要注意的是，问候内容切忌过于功利。有的商家发消息通常都是让他人进行点赞，不然就是变着花样进行产品的推销。微信好友长期收到这样的消息，会感到十分烦躁。商家之所以发问候内容，是为了引起用户的关注以及互动，而不是反感。如果要做产品推广活动，最好选择一些具备一定信任关系的老客户来发消息。因为商家与老客户进行过交易，从而具备一定基础的信任，双方之间产生互动的可能性比较大。当然，发的内容也是需要注意的，尽量控制在100字以内，过于冗长会让客户失去想要了解的兴趣。

除此之外，问候频率也是一个重要问题。如果商家每天都要发一次甚至两次的问候，那么想必有至少80%的微信好友都会把你设置成"消息免打扰"，将你屏蔽或者直接删除，甚至会由于次数过于频繁，而触发微信管理系统封号，这对于商家而言得不偿失。恰当的问候频率最好是一周一次，这样算是一个比较好的时间点，如此才能产生好的互动效果。

最后，有一个小技巧值得大家参考，那就是建立历史问候小组。比如，这次商家给50个微信好友发了消息，那么下周或下个月你还可以给这些好友发消息保存历史记录，这样有利于后期更具针对性的服务。

6.3 综合维护：从自媒体到社群、个人号的层层递进式维护

从自媒体到社群、个人号，我们能够看出其中逻辑是越来越精细化，微信公众号覆盖范围广，微信社群便于管理，而个人号则更具针对性，商家在微信当中运营私域流量，可以通过层层递进式维护，将公众号的粉丝引入社群当中，最后通过个人号为其提供更为细致的服务。

第一，公众号可通过菜单栏的友好设置来实现交互

微信公众号的日常文章推送，用户通常需要点击底部菜单栏来获取自己想要的信息，比如运营者优惠、历史记录等。菜单栏设置是运营者运营好一个公众号不

可忽视的内容,如果运营者能够设计出符合自己定位与风格,同时能够向用户展示友好的菜单栏,能够有效提升用户体验,为商家将粉丝导入社群奠定良好的基础。

首先来认识一下菜单栏。常见的自定义菜单一般可设置3个一级菜单,而每个一级菜单又可以设置5个二级菜单。设置这一功能比较简单,只要进入微信后台,点击"添加功能插件"功能中的自定义菜单,便开启了这一功能(见图6-3)。

图6-3 开启自定义菜单

完成开启设置后,运营者便可以通过合理设计来提升菜单栏的"颜值"。菜单栏支持的功能较多,比如跳转小程序、网页、消息等,同时还可以作为一个流量入口来使用。目前来看,运营者通过菜单栏可以实现7种交互功能。

① 点击事件:当用户点击菜单栏后,公众号会直接向用户推送一条信息,信息形式可以是图文、文字、语音、图片,这也是用户平时接触公众号最为常用的交互操作。

② 整合页面:将各类文章整合在一起并分类推送,尤其适用于特色活动所需要的长期曝光宣传。

③ view类型事件:用户点击菜单栏后,页面立马跳转到指定页面,页面形式包括网页、H5以及小程序,应用空间广泛。

④ 扫码事件:用户点击公众号中的扫码交互,将会根据二维码内容获得相应反馈。

⑤ 调出相机:用户点击该菜单可直接调出系统相机,用户可以直接进行拍

照，无须退出页面，而运营者可以获得用户所拍的照片内容。

⑥拍照或相册：用户可选择拍照上传图片功能，或者是选择本地图片，这是运营者开展各类线上活动并且需要调动用户的参与所需要设置的功能。

⑦微信地理位置选择器：是运营者获取用户地理位置的菜单，同样需要用户点击。

对于功能如此友好的菜单栏，运营者自然不能放过这一细节。运营者通过设计菜单栏，能够有效提升用户体验，并且只需要根据以下3点小技巧来进行。

（1）设置数量恰当

虽然公众号的菜单栏总共有15个入口，但是入口多不代表符合用户使用习惯，太多的话将让用户陷入选择困难中，不利于其使用体验。因此，除非是电商、品牌这种功能性很强的运营者，否则在菜单栏设置的数量还是恰当为好，一般控制在9个左右。

（2）逻辑清晰，生动形象

有一些运营者的活动栏目较多，必须在菜单栏中一一显示出来，在这种不能适当删减的情况下，运营者必须考虑以后看得舒服的重要性，这就要求运营者设计出逻辑清晰的菜单栏，有理有据能够让用户使用起来更为方便。

另外，沉闷死板的公众号菜单栏也不利于运营者宣传，运营者可以用对话或者生活的形式与用户在菜单栏中互动，建立属于公众号的人格化属性，让公众号运营更为生动。

（3）适当调整

公众号的菜单栏设置并非一次两次，而是需要根据运营者的发展阶段、活动举办的内容等，时不时进行适当调整，保持公众号的生命力。当然，调整过于频繁也不容易，不利于养成用户习惯。

总而言之，运营者可以根据公众号自身的定位、发展到不同阶段所需要举办的活动等，想方设法设计出不同的交互方式，进一步发挥公众号菜单栏的作用。但需要注意的是，必须从用户出发，给用户提供他们最需要的内容。中心原则是对用户友好，才能够发挥菜单栏最大的价值。用户在成为公众号的忠实粉丝以后，商家便可以选取恰当时机将其导入社群当中，比如通过加群有福利、优惠等方式来实现。

第二，社群可通过不断提升活跃度来运营

用户在成为社群成员后，商家依旧要对其进行维护，尤其是不能让社群沉默，否则，社群将毫无意义。如果社群中无人发言，那么社群条件、活动建设的再好也统统不起作用，社群还是一个死气沉沉的"死群"或者"广告群"。针对于此，商家可以通过以下7种方式来提高社群消息活跃度，对用户进行维护。

（1）热烈的欢迎仪式

新人进群，一般都是群组中最热闹的时候。新人进群打招呼，借机熟悉原有的社群成员。如果一个社群连新人入群时社群成员都不出声，那么这个社群也很难活跃起来。

"欢迎××进入××群，撒花。""撒花。新人进群把备注按格式改一下，我们怎么称呼你啊？""撒花。来来来，新人自我介绍一下，以后就是一家人了，好好相处啊。"

以上是某个社群加入新成员的部分原成员发言。事实上，新人在加入一个陌生环境时，都是拘谨不安的，这时候，需要原有成员展示友好来消除彼此之间的陌生感。这就是社群成员之间的初步互动。

（2）群主题群规的告示

对于刚刚进群的新人来说，对于群规和群主题显然是陌生的。这时候，就需要有人将模板在群里重新发送一遍。原有社群成员有序地将群主题和群规分部分发送，也是互动的一种。让成员在熟悉群主题和群规的过程中，起到互动作用，如图6-4所示。

（3）温馨的问候和提示

社群想要保持活跃度，可以采取温馨的问候和提示的方式。这样一来，社群成员可以随时接收到社群温馨的氛围。在互动的同时还能培养社群成员对彼此的亲切感和信任度，同时增加社群的用户黏性。

（4）互动话题

想要社群互动信息活跃起来，商家可以首先制造互动话题。抛出大家都比较感兴趣的话题，或者当前出现的一些热点问题，如儿童教育、如何选择学校、高考志愿如何选择等，这些问题都是现实生活中关注度较高的问题，可以引起社群成员对话题的兴趣，或者是分享欲。另外，也可以采取提问的方式，表达自己急切地想知道答案，让大家积极参与，分享一些亲身经验。

> 欢迎你加入本群（注明群名称），本群皆为###；
>
> 请点击设置关闭群消息和震动提示，以免吵聋你的耳朵、耗干你的、看瞎你的眼睛！
>
> 【本群宗旨】
>
> 制造有价值的移动知识、资讯，拓展有价值的人脉资源；由于本群人数众多……
>
> 【本群禁止】
>
> 1、讨论与群宗旨无关、无价值的话题，让生命在微群绽放！
>
> 2、禁止发"消耗流量"的图片、语音和大表情，刷屏！
>
> 3、群活动：围绕群宗旨的主题分享、培训、项目操作、线下沙龙……

图 6-4　社群群规模板

（5）定时引流或是清人

保证社群互动信息，首先就要保证社群的人员配置。定时开展引流活动为社群拉拢新生力量。商家可以主动邀请朋友或者一些志同道合的人加入社群。当然，也需要鼓励社群成员邀请他们的朋友加入社群。随着群体中人数的增加，每个人都会有不同的想法，各种想法集合在一起，会擦出一些火花。社群中原有成员不常发言的、经常违反群规的、时常发广告的要定时清理。这样才能保证社群健康和谐发展。

（6）巧用群红包提升活跃度

群红包是社群提升活跃度的必备武器，巧妙地利用红包，甚至可以唤起"死群""广告群"成员的活跃度。看上去红包的好处多多，但是，却不能频繁使用。因为群红包建立在直接利益之上，是"弱吸引力"。长时间使用群红包的形式激活成员活跃度，反而会使社群成员产生只要不活跃就有红包拿的惯性思维，效果适得其反。

在马化腾眼中，红包是带着钱的表情包。对于社群运营者而言，红包应当只是刺激成员活跃性的提示性"表情包"，而不是要依靠钱来使成员发言。我们经常在各种群组中看到如图6-5所示的红包。

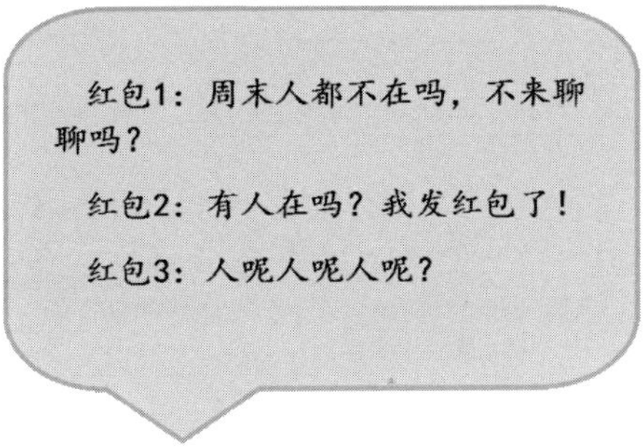

> 红包1：周末人都不在吗，不来聊聊吗？
> 红包2：有人在吗？我发红包了！
> 红包3：人呢人呢人呢？

图 6-5　社群通知红包

这3个红包属于通知红包。这样的红包被发出后，群里立刻活跃起来。领了红包的人出来感谢红包主人，"在呢在呢""人在这儿""我还在上班""今天这么大方吗，钱真多""谢谢发红包，聊吧聊吧"……这种现象真实而频繁。

许多社群群主都会习惯在发布重要通知或者召唤群成员时，先以红包引起群成员的注意。红包会将社群成员的积极性调动起来，在气氛变好之后再发布消息，收到的效果会更好。但是这种情况不能太频繁，社群的主题应当还是兴趣爱好、重要讯息的交流，而不是红包。所以这个方法仅是偶尔使用才好，不能让社群成员把所有注意力集中在红包上。

另外，新人进群的自我介绍，借用发红包的形式吸引大家注意，不仅可以调动社群气氛，而且可以在社群成员之间尽快破冰。这样的介绍红包既打破了新人的生疏和无所适从，又能在原有社群成员中留下好印象。

（7）塑造个人魅力与品牌

提升微信社群活跃度的另一种方法，就是借助社群塑造自身个人魅力和品牌。互联网时代，无论从事何种工作，都需要注重个人的品牌影响力，最好是可以借助网络这样传达速度快的虚拟工具，将自身影响力辐射到微信社群中。

个人魅力和品牌的塑造，是现在"同质化"社会中脱颖而出的好方法。社群也是这样，只有商家自身更有魅力、更有价值，社群才会显得更有价值，社群成员的互动才能更加活跃。

一个充满生机活力的群，才能创造出价值。互动，则是社群保持生机的良好方式。互动可以培养社群成员彼此之间的信任感，更可以培养起成员与社群的信任感,将人与人、人与社群联系起来,进而导入到个人号当中。

第三,个人号可通过遵守交互规则来维护

微信作为社交平台,其本质仍是社交。但是如果商家与好友之间没有进行适度而礼貌的交流,很容易被对方拉黑。在个人号当中应当如何与用户友好相处,前文我们已经简单介绍过,在此我们再来强调3个商家在个人号运营中应当遵循的"潜规则"。

(1)及时回复对方消息

无论对方是不是商家的客户,及时回复他人的消息都是商家需要具备的基本礼貌。当用户有问题需要商家解决时,通常希望能够快速获得答案。商家回答时间越慢,越容易造成用户的不满。时间一长,用户的耐心消失殆尽,会对商家感到十分失望。与此同时,如果商家没有及时回复用户,造成用户的问题没有获得及时解决或者是被他人解决,商家有可能因此而失去一位潜在用户。

如果商家真的无法及时处理用户信息,在事后应当以温和的语气来解释缘由,以便安抚用户的情绪。要知道每个人都有不便的时候,但是商家在事后的态度以及处理方式才是重要的。这种事情不能常发生,次数多了,用户的信任度也随之而下降。

(2)拒绝狂轰滥炸

"亲,在吗?"

"亲,能回复一下吗?"

"亲,有事跟您说一下,您方便吗?"

"亲,了解一下我们的产品吧?我们的产品来自……"

以上信息一下子涌现在用户眼前,极容易让用户产生焦躁的情绪。除此之外,以上内容没有快速说出重点,只是期待微信好友能够给出答复,这种狂轰滥炸并且缺乏重点的聊天方式,极容易引发用户的反感。

(3)注意发送时间与内容

商家在发消息给用户时,需要注重时间点,不能下午两三点或者凌晨两三点给用户发消息,打扰用户工作和生活。除此之外,商家发送的信息内容应该是积极正面的,不能包含侮辱性内容等。

6.4 活动促活：设计高效运营活动的8条标准

通过活动的形式完成预期目标，是运营活动的起点所在，而执行这一活动的团队也被称为活动运营。对于活动运营这一岗位的定义或许是模糊的，但是对于运营活动的标准却是明确的。通常来说，商家设计运营活动，需要做到以下8大标准。

第一，目的明确

运营活动的目的主要是根据商家的要求或者是自己的运营规划而确定下来的，大多数情况下，商家运营活动的目的以拉新用户为主。除此之外，运营活动的目的还包括促进活跃、用户转化、挽留流失用户等。

第二，重视主题

运营主要从产品的角度出发，因此如果能够将产品的功能融入运营活动当中，同时能够满足用户需求，那么这一活动成功的概率便很大。比如，商家主要是为了推广产品，那么在确定主题时可以考虑如何结合产品功能。

第三，规则简单

当下的运营活动各种各样，但是真正能够取得成效的少之又少，其中很大一部分原因是没有意识到当下社会人们浮躁的心情，不再愿意去参与流程复杂的活动，除非奖品具有非常强的诱惑力度。简单的规则方便用户进行理解，如果还能够使其利用碎片化时间进行参与，那就再好不过了。

第四，宣传到位

活动如果没有宣传，基本上是达不到目标效果的。如果商家的预算比较低，可以通过一些低成本的方式来增加宣传效果，比如通过增强用户参与活动的仪式感来吸引用户，又或者是通过简单的激励来引导用户转发，或是手绘活动宣传单来吸引用户注意等方式。

第五，控制成本

即便商家的预算足够，活动的花费也不能毫无节制，成本需要控制。尤其在运营方面，通过最低的成本达到最佳的效果，才能叫作有效的运营，举办活动也是如此。针对于此，商家可以根据不同方式的产出比进行试验与比较，最后总结出性价比最高的运营活动方式。

第六，参与过程

商家不能做好活动策划，引导用户参与活动当中就撒手不管，或者只盯着数据看。事实上，商家在整个活动当中都要参与其中，要不断与用户互动，了解用户想法，解答用户的疑惑等，让用户在参与活动当中获得更好的体验。

第七，把控风险

每一场运营活动都会存在一定的风险，且有可能发生在活动前或者活动后，甚至活动进行时，无论哪一环节发生风险，稍不注意就很有可能导致此次活动失败，甚至影响商家的全部运营，因此一定要注重风险的预防并且做好把控措施。

第八，总结结果

复盘是每一个活动都必须着手的，商家要做好活动数据的存档，通过多个维度去分析、总结活动当中的优点与不足，总结规律，在今后运营活动当中不断改进。

6.5 品牌化：积累到一定程度后4类品牌化营销手段不可少

用户需要对品牌价值有所认知以及产生信任，才能在此基础上汇聚为私域流量池。商家如果不具备品牌意识，即便能够获得流量的渠道有很多，也很难形成自己的私域流量池。与其他流量的入口场景相比，品牌入口是最稳定的，是存在于用户的心智当中的。只要品牌链接还在，入口场景即便发生改变，流量依然会自动汇聚于品牌当中。因此，当商家发展到一定程度时，可以借助4类营销手段获得持续发展，进一步深化品牌化战略。

第一，品牌本身的营销

众所周知，品牌的建立绝非一日之功，是需要长期投入的。奔驰、耐克等一众品牌，都是经过数年发展而沉淀下来的"赢家"，换句话说，品牌都是持续投入大广告而培育成的。但是，近年来，随着互联网的发展，品牌却不一定非要经过数十年的沉淀，有许多横空出世的品牌都是迅速起势，而这些品牌都具备一定的特征。接下来我们以"喜茶"为例进行分析。

"喜茶"原名为皇茶，起源于2012年的一家位于广东江门的小店，其名称来源于一条叫江边里的小巷。因其原名的皇茶无法注册商标，故在2015年改名为喜茶，并于同年注册品牌。在茶饮品牌相继成为网红后，喜茶是如何守住自己的市场份额，卖得如此火爆呢？除了它的口味、包装、营销，还有一个小细节不容忽视，那就是标签。标签虽然改变不了茶饮的味道，但对茶饮品牌的脱颖而出至关重要。喜茶品牌在一开始的品牌标签选择中，为自己贴上了文艺的标志。这在茶饮品火爆初期，众多奶茶品牌中的定位是新颖独特的，而又密切联系产品，抓住了产品特色。并且购买群体呈现以年轻人为主体，这类群体有着尝鲜、猎奇、不落俗套的心理特征，喜茶早期的品牌标签命中了消费群体的心理与需求。相关资料显示：2017年2月，喜茶进入上海市场，受到空前的欢迎。喜茶平均单月单店营业额为100万元以上，最低的门店也可达到50万元。2019年4月18日，喜茶更是获得了第八届"中国食品健康七星奖"。

喜茶火爆后，通过学习借鉴，不少品牌按照同样的办法也获得了成功。同类饮品的流行不仅为喜茶带来了更大的竞争，同时也能看出几年前的路子已经不再新颖，喜茶需要尽快转变自己的营销手段与品牌标签。很快，喜茶推出了一系列新的方案。黑白灰简约现代风格是喜茶的标准门店风格，在不断扩张门店数量的同时，也相继推出不同主题的店面，标签转变同时配合外观的转变。喜茶开始与独立设计师合作，开启了"白日梦计划"。独立设计师保证了原创性，喜茶早期用于标签上的独特性此时也得到了更好的放大。从目前开出的两家DP店来看，喜茶提出的概念是打破社交空间封闭，让客人们能在店里有更多"遇见"的可能。除此之外，喜茶还推出了三里屯的黑金店、深圳的PINK主题店。喜茶意识到费者过多引起的排队过久问题，造成顾客的流失，新方案正是针对此应运而生。品牌目标除了针对消费群体提出更加年轻化，也站在更高的角度，提出了茶饮行业要全球化、科技化。以上举措都可以看出，喜茶改变后的品牌标签不再是单一的"文艺"，新的标签加入了"灵感""酷""设计""禅意"等新元素，这些成为喜茶的新关键词。

除了喜茶外，卫龙也是在这几年来迅速走红的代表。卫龙的品牌虽然早已存在，但是通过这些年来的跨界营销、无厘头文案等，多次引起刷屏，迅速受到年轻人的追捧，其产品价格也从原来的"5毛"迅速上升到"5块"。

第二，产品营销

以产品作为品牌化的代表永远都不会错，用户至少会记得某产品就是某品牌做的。用户百度一搜"崂山白花蛇草水"，与之相关联的关键词当中永远都有"难喝"一词（见图6-6），然而这一产品却做到了短短半年内销量上涨25倍。究其根本，还是因为该产品利用了用户的猎奇心理（能有多难喝？）以及逆反心理（大家都觉得难喝？我非要试一下！）。但事实上，能够如此一致地获得"难喝"的评价，背后也有商家联合媒体大肆宣传的功劳，通过"难喝"这一关键词来引起用户注意，出奇制胜，也是成功的营销套路。

图 6-6 百度搜索"崂山白花蛇草水"

第三，人物营销

在移动互联网时代，品牌形象与其创始人已经深度捆绑在一起了，甚至有许多品牌的知名度正是由其创始人带来。创始人就是品牌最大的代言人，因此为品牌创始人设立一个讨喜、正能量的人设，能够在一定程度上提升品牌知名度。

除了品牌的创始人，竞争对手也是提升品牌知名度的一个选择。比如马云与王健林的"一个亿"赌约，又或者是雷军与董明珠的"10亿元"的赌约，都使得双方备受关注。除此之外，宝马成立100周年之际，奔驰发布了一则广告，大致意思为："感谢100年来的竞争，没有你的那30年其实感觉很无聊。"随后，宝马迅速反击："君生我未生，我生君已老。"双方轮流跟进，话题热度不断上升。

第四，事件营销

① 借势：也就是跟上热点事件的脚步，将其所具备的高关注度嫁接到自己身上。比如蒙牛通过"神舟五号"事件，从此成为"航天员专用牛奶"；汶川地震发生后，王老吉捐款上亿元，品牌形象与产品销量都迅速得到提升。

② 造势：意思是指创造新的概念，进而引发关注，最为经典的案例莫过于张瑞敏的"砸冰箱"事件，从此让海尔"产品质量过硬"的标签固定在大众心中。

除此之外，2018年支付宝的"锦鲤"营销事件也同样是经典案例，刷新了品牌微博社会化营销的纪录：单条微博阅读量达到2亿以上，周转发量达到310万以上，粉丝增长量达到200万以上，互动总量达到420万以上。

以上便是品牌化营销的4种"套路"，我们可以看出，在移动互联网时代，想要打一场"成名之战"，最为重要的还在于创意。

6.6 案例｜酒店行业私域流量留存、激活案例剖析

随着社会的进步，人们的生活水平也得到大幅度提高，出门旅游的频率越来越频繁，特别是节假日期间，出门旅游的人数有增无减。以2019年国庆节为例，文化和旅游部官网的数据显示，出游人次高达7.82亿。在此背景下，为了能够让出门旅游更为舒心，提前安排住宿是出游人群的必备攻略，于是经常会通过电话、网

站、软件等提前预订酒店,但在此过程中一些问题的存在让用户的体验不是很好。

比如,有的用户通过官网来预订酒店,因为认为官网更靠谱。但实际上,只有大品牌酒店才建立有属于自己的官网,因为自行开发、维护官网或App的费用较高,不是一般品牌能够负担得起的;有的小品牌酒店虽然建立了官网,但是更新信息少,很难获得用户的信任。另外,也有的用户通过第三方平台、网站来预订酒店,但是往往需要用户通过注册、验证、付款等多项流程,导致用户心生反感,而且对于商家来说,入驻第三方平台、网站的成本也比较高。

以上难题让酒店很难实现个性化营销,对此,能够承载私域流量的酒店小程序或许是不错的选择。

酒店对于用户而言属于刚需消费品,但是使用频率却很低,因此用户不是很愿意为了偶尔一次的消费而下载第三方软件。而微信小程序依托于微信而存在,不用下载,即用即走,与酒店的特质非常契合。

对于酒店方而言,与自有App相比,小程序的开发周期短,成本相对较低;与入驻第三方平台相比,能够展示自身独特服务优势,并且流量为己所用。无论是星级酒店还是民宿客栈,都可以开发自有的小程序。除此之外,酒店小程序还可以智能链接线下场景,具备如图6-7所示功能。

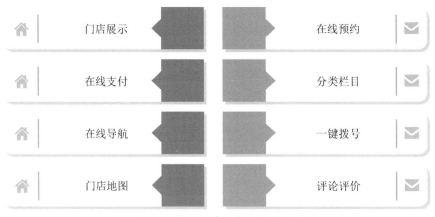

图6-7 酒店小程序的部分功能(1)

通过这些基础功能,小程序能够帮助酒店实现线上线下的有效互通,具体体现在以下3个方面。

① 全方位展示:酒店的环境、位置、价格等信息都可以在小程序上得到充分

展现。

② 操作便捷：用户无须下载即可在线预约，可查看评价，消费过后自己也可以点评，一键拨号、导航进而获得相应服务。

③ 打开流量入口："附近的小程序"功能能让附近用户迅速搜索到酒店，有助于酒店引流。

与此同时，在个性化营销方面，小程序还具备以下功能，进而帮助酒店为用户提供更好的服务，拉动订房需求，具体如图6-8所示。

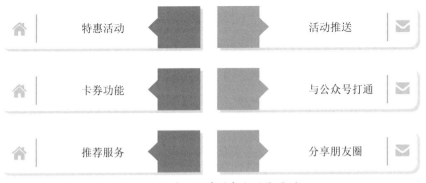

图 6-8　酒店小程序的部分功能（2）

值得一提的是，小程序还可以帮助酒店实现更为方便的管理，具体体现在以下方面，如图6-9所示。

综上所述，我们可以总结出微信小程序能够为酒店行业起到留存、激活的作用，具体体现如下。

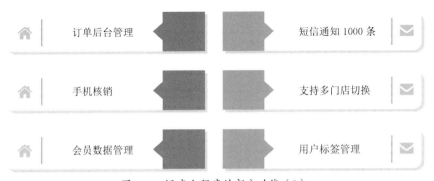

图 6-9　酒店小程序的部分功能（3）

第一，增加用户量

对于酒店行业而言，引流的重要性不言而喻，而"附近的小程序"则是很好的引流功能，附近用户能够迅速定位到酒店。

第二，个性化服务

对于用户而言，整体的消费体验是非常重要的，只有在消费体验好之后，才能产生满意度，并且对酒店产生信任。因此，酒店想要增加用户留存率，还需要增强自己的个性化服务，而小程序则能够帮助商家分析用户数据，进而为其提供更好的服务，提升用户体验。

第三，线上线下相互作用

小程序可以帮助酒店线上流量引导到实体门店，用户获得良好服务后，又可以通过分享功能，进而帮助酒店带来更多的用户，实现线上线下流量的互通。

酒店行业的竞争异常激烈，因此必须通过优质的服务以及良好的宣传，才有机会获得用户的青睐，在激烈的竞争当中脱颖而出。而微信小程序作为私域流量的重要载体，自然而然成为各大酒店品牌争相获取的重要资源。

第7章
流量变现：以销售方式转化私域流量购买力

私域流量的运用方式多种多样，但是由于其火爆的时间短，大家还不知道如何运用。事实上，当下许多流行的商业模式都可以套用在私域流量上，并且通过私域流量本身所具备的特征，获得更高的转化率与购买力。

7.1 私域电商:私域电商概念的兴起与当前发展状况

用户的信任是私域电商的核心所在,如果用户能够充分信任商家,并且商家还能够将其变现,那么商家就能够很好地建立起属于自己的私域电商。

许多商家认为,在最近几年里,生意是越来越不好做了。电商平台当中的商户,特别是中小商户,他们很难吸引到新流量,各个商户之间为了流量争的"头破血流"。在这个时候,私域电商应运而生。

部分自创品牌商户开始认识到对外扩张流量是十分困难的,在2015年,他们开始探索私域流量,企图找出一个新的吸引流量的方式,最常见的方式就是在用户购买的产品的包裹当中放入一些小卡片,上面附有商家的私人号或是微信公众号,将平台的流量吸引到自己的社交平台当中。在以往,商家们只关注购买人数,也就是所谓的"转化率";后来,商家们的运营思维发生了转变,开始关注客单价,也就是所谓的"复购率",千方百计想要使得客单价得到提升。

至此,私域电商的概念也就明确了:私域电商就是能够让商家不再过度依赖电商平台,而是借助微信等社交软件,直接与客户进行联系,并促使商品交易完成的商户。

至于传统电商与私域电商之间有什么不同,我们可以通过表7-1来进行观察。

表7-1 传统电商与私域电商之间的区别

	私域电商	传统电商
交易环境	熟人或半熟间的"热环境"	陌生人间的"冷环境"
营销模式	社会化营销(熟人经济、粉丝驱动)	流量营销(推广驱动)
渠道	微信、朋友圈、微博、微店、App等	电商平台App、网站等
影响购买因素	熟人推荐、产品口碑、粉丝效应	产品质量、价格高低、粉丝数量
消费决策	信任驱动决策	价格、品牌驱动决策
主销产品	美妆、保健品、母婴、保险、知识产品等	全品类

除此之外,私域电商还具备许多属性,如社交属性、服务属性、IP属性、圈层属性以及角色属性,其中最重要的两个属性是社交属性以及IP属性,具体如表7-2所示。

表7-2 私域电商属性

属性	介绍	结果
社交属性	"热环境"是指由"熟人"或"半熟"连接构建而成的环境，在微信等移动社交平台上表现得尤为明显，通过分享而进行传播，用户黏性相较而言比较强	高传播、高转化
IP属性	商家本身由于知识、技能、人格魅力等而吸引了一批粉丝，并且形成定位，而粉丝信任并认可私域电商，甚至会主动分享来帮助商家进行传播	加深信任感、精准运营
角色属性	商家既是对产品与服务进行消费的终端消费者，也是将产品与服务进行推广的经销商，甚至还有可能是传播者，同时兼顾多重身份	销售者、消费者、传播者多位一体
服务属性	在交易前为用户提供细致入微的咨询服务、经验分享服务等，交易后为用户提供完善的售后服务，进而形成用户的依赖性，提高购买率和复购率	提高购买率和复购率
圈层属性	指商家在进行项目营销时，以不同依据来将目标受众分为不同圈层，并且与相应的圈层进行互动形成信息传递，最后在同一圈层中形成口碑效应，进行精准化营销的经济效应，私域环境最容易形成圈层，圈层属性使得私域电商的交易额显得隐秘和不透明	通过代理模式，快速触达下沉市场

从商业模式的角度来说，私域电商与传统电商也有很大的差别，私域电商降低了筛选代理商/经销商的标准，从前只有企业才能够成为代理商/经销商，但是现在个人也能够成为代理商/经销商，并且还将代理商/经销商由先前的线下转移到线上。

从销售模式上看，私域电商完成商品交易的过程是建立在双方相互信任的基础上。代理的方式发生了裂变，该销售模式主要具备3种优势，具体如图7-1所示。

接下来，我们介绍私域电商经常使用的商业模式。首先将产品分为两种类型，一类是高复购产品，另一类则是非高复购产品。

如前述，在私域电商当中的产品应该满足3个条件：复购率高、毛利率高、成本不透明。能够满足这三个条件的产品，通常都是私域电商的"香饽饽"，比如面膜。这3个条件当中，最重要的是成本不透明以及毛利率高，同时这两个条件也是必要条件。

图 7-1 私域电商销售模式所具备的 3 种优势

根据高复购产品以及非高复购产品的特点，通常会使用分销商模式以及代理商模式这两种方式，私域电商如果能够将这些方式运用到炉火纯青的地步，那么他们的产品质量绝对是非常好的。

在最开始的时候，高复购产品的销售主要是依靠各个层级的分销商，如面膜等产品。随着时代的快速发展，互联网、移动支付以及物流业迅速崛起，在这个时代当中，该模式具有一个很大的优势，那就是高效快捷。除此之外，分销商模式还具备以下特点，如图7-2所示。

图 7-2 分销商模式特点

而对于乳胶枕头之类的非高复购产品来说，代理商模式更加适合商家运营，更能够满足其需求。具体来说，代理商模式具备以下特点，如图7-3所示。

总的来说，私域电商具备3个优势，具体如下。

第 7 章 流量变现：以销售方式转化私域流量购买力

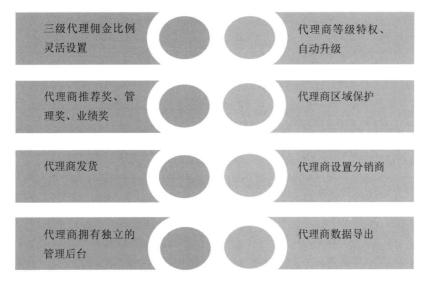

图 7-3 代理商模式特点

第一，获客成本相当低

私域电商是由社交来驱动的，借助社交的优势，私域电商的获客成本得到极大的降低。如果你曾经对比过京东、天猫/淘宝、云集还有拼多多等电商平台，那么你就能够了解到，这些平台当中获客成本最低的是云集，如图7-4、图7-5所示。为什么？这主要得益于年轻宝妈们的私域社交。

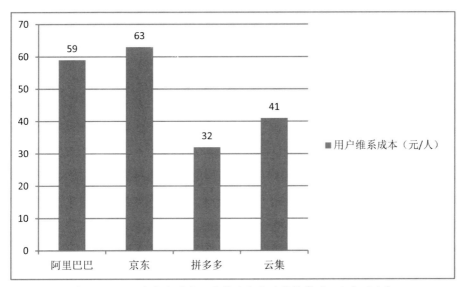

图 7-4 2018年各大平台用户维系成本（营销费用／全部用户）

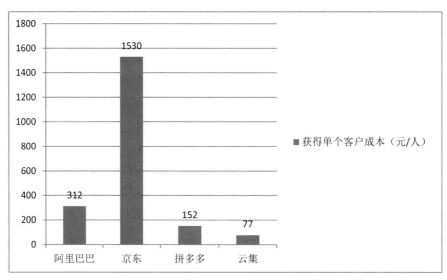

图7-5 2018年各大平台获得单个客户成本

第二，针对不同类别的用户，精准提高每一位用户的消费额以及年单量

在这里，我们以平台型电商为例，云集吸引用户的手段主要是通过私域社交的方式，与唯品会的人均年消费额相比，云集略胜一筹；与唯品会、京东等传统电商相比，云集的人均年下单量同样高出一截，具体如表7-3所示。从数据我们可以看出，云集的会员用户与整体用户相比，无论是消费额还是人均年单量都要比后者高出不少，因此可以看出，云集的用户精确度也是做得相当好的，具体如表7-4所示。

表7-3 2017年私域社交方式下的各平台数据

项目	云集会员	拼多多	京东	唯品会
活跃用户数(百万)	6.1	418.5	305	60.5
人均年消费(元)	2,471	1,127	5,492	2,165
人均年单量(单)	16.7	26.5	8.3	7.2
客单价(元)	148	42.5	536	299.5

表7-4 2017年云集会员用户和普通用户消费对比

项目	云集整体	云集会员
活跃用户数(百万)	23.2	6.1
人均年消费(元)	978	2,471
人均年单量(单)	6.6	16.7
客单价(元)	148	148

第三，得益于私域流量红利，GMV增长率一路飙升

从图7-6数据当中我们可以看出，云集依靠私域流量，在2017年GMV增长率高达433%，虽然2018年降到了136%，但与京东相比仍然高出不少。

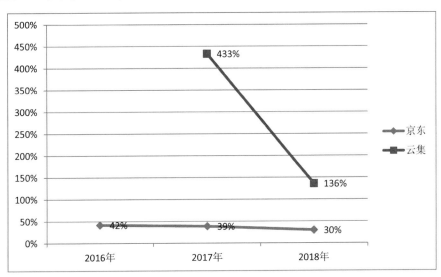

图7-6 京东、云集GMV对比

由此可见，基于社交、信任而发展起来的私域电商大有发展，接下来将会发展到怎样的规模，值得所有人期待。

7.2 付费会员：打造类似Costco的付费会员制模式

在当今时代，不管公司的规模有多大，都必须思考一个问题，那就是通过怎样的手段才能够培养出忠实的用户，通过怎样的方法才能够提升会员黏性。如今流量成本越来越高，用户流失率也在不断增长。尤其是商超行业，近几年来的增长率几乎为零，甚至有负增长的趋势，但Costco却凭借一手"独门绝技"，在商超行业当中脱颖而出。即使是在这样的时代背景下，Costco一年收取的会员费金额仍高达32亿元。除此之外，在过去的10年里，Costco的市值增长了5倍！

Costco于2019年8月27日正式入驻中国，它在中国的首家门店位于上海闵行区。在刚开业的时候生意十分火爆，短短5个小时Costco的门店就被前来购物的客人挤满了，为此Costco不得不暂时停止营业并采取相应的措施来限制人流量。在Costco刚刚开业的前三天里，办理付费会员卡的人数就达到10万。既然Costco的付费会员制能够取得如此巨大的成功，我们能否模仿出一个类似的模式？隐藏在其背后的逻辑是什么？

很大一部分人可能并不熟悉Costco，在这里首先简单为大家介绍一下。Costco是全美最受推崇的大型连锁零售企业之一，相信大家对它的会员制有所耳闻，但是如果问大家，Costco为什么能凭借会员制取得如此巨大的成功，它是通过怎样的方式来创造出最高的用户黏性以及企业利润，相信绝大多数人都答不上来，在这里我们可以参考图7-7来分析Costco为什么能够击败所有同业对手。

	沃尔玛	COSTCO	
售价	100	85	售价定在"营业净利=0"，销售无敌！
成本	78	75	SKU少，集中效应，大包装，商品成本低
毛利	22	10	
费用	15	10	SKU少，管理较容易，运营成本低
营业净利	7	0	
业外收入	0	20	虽然营业净利为"0"，但业外收入(会员费)高，使得最终净利高
最后利润	7	20	

（单位：元）

图7-7　Costco击败同业对手的原因

首先我们来看成本一栏，Costco的销货成本为75元，但是它的竞争对手沃尔玛的销货成本却为78元，究竟是什么原因导致Costco卖同样的产品，价格能比竞争对手便宜呢？主要原因还是因为Costco的SKU（Stock Keeping Unit，库存量单位）少，从而引起了集中效应，而这也正是它的商品策略。

举个例子，同样是出售某件商品，Costco的竞争对手认为只有商品数量够多，才能够给消费者更多的选择，从而提高销售额，一件商品可能有30~40种款式给消费者选择。但是Costco却反其道而行之，它认为只需要提供几种款式给消费者即可，要让用户知道他们的商品都是精挑细选出来的，质量绝对上乘，一件商品他们只提供5~10种款式，而消费者在购买商品时不会因为商品数量过多难以选择。

正是因为Costco提供的商品款式少，商品数量集中，因此其在单一的SKU上具有很大的采购量，在与厂家进行谈判的时候具有更大的优势，从而使得它能够拿到更低的进货价。

我们再来看费用一栏，它的竞争对手沃尔玛的运营费用为15元，而Costco的运营费用仅为10元，在这方面我们可以看出Costco仍然是具有优势的，可是它的运营费用是怎么做到比竞争对手低的呢？归根结底，还是Costco的SKU少，正是因为这样，Costco在采购、商品管理以及库存等方面并没有太高的复杂度，从而使得他们能够降低运营管理的费用。

接下来我们来看售价一栏，同样的商品，它的竞争对手沃尔玛的售价为100元，而Costco仅为85元。可能看到这里有些人会感到疑惑，为什么同样的商品Costco的售价能比竞争对手低那么多？不会亏本吗？没错，Costco的商品的的确确是在"亏本"，严格来说Costco压根就没有想过从商品上面赚钱，这是它们的定价原则，商品的毛利只需要能够与运营成本持平即可。像Costco这种企业，它们根本就不打算从商品上盈利，那么它们的商品价格肯定是会比其他竞争对手更低。试想，作为消费者，同样的商品它的竞争对手卖100元，而它只卖85元，你会选择哪家呢？Costco正是通过这样的方式实现了极高的用户黏性、极低的用户流失率。

综上所述，Costco的商品成本低，又不打算从商品上盈利，与同行相比，它的价格自然而然会低上许多，因此，它在市场当中"打遍天下无敌手"自然也就不足为奇了。

不过，即使Costco能够拥有很高的市场占有率，但是它不从商品上赚钱，它是怎么维持企业正常运转的呢？对于这个问题，我们可以看业外收入一栏，Costco采用的是付费会员制模式，拥有会员费的收入，这就是它能够正常运转的原因之一。

从Costco公开的财务报表当中我们可以看到，它的税前利润十分接近于会员费收入，换句话说，它与其他同行不同，同行赚钱的方式是通过商品差价来赚取利润，而它赚钱的方式是通过付费会员制来赚取会员费。而且Costco与其他同行相比，价格要低上许多，消费者自然而然地会选择到Costco购买便宜的商品，为了能够获得购买商品的"特权"，消费者会心甘情愿地支付这笔会员费。

支付了会员费后，消费者可能就会有这样一种心理："钱都交了，一定不能浪费，一定要通过购买商品来赚回这笔会员费。"并且Costco的商品价格确实很低，会让消费者产生一种"买到就是赚到"的感觉。因此，当消费者有购物需求的时候，肯定会再次来到Costco购物，使得用户黏性得到提高，用户流失率也能够大幅度减少。总而言之，Costco的付费会员再次购物，主要目的就是为了能够"赚回本钱"。

说完了国外，我们来看看国内。阿里巴巴在2018年8月推出了一款88VIP服务，被定义为阿里巴巴的"一号工程"，该项目涉及的范围极其广泛，涵盖6亿多电商用户，5亿多阿里文娱用户。另外，京东也推出了京东Plus会员服务，该服务成功为京东打造出1000万名付费会员。而顶新紧随其后，推出全家尊享卡服务，付费会员数量上升到700万。

从中我们可以看出，不管是大规模公司还是小规模公司，都已经展开了对会员体系的探索，推出了会员服务。但是很大一部分企业推出的会员体系活跃度低，更有甚者只不过是打出了打折付费会员卡的旗号，在卖套餐卡、储值卡而已，可谓是换汤不换药。

有如此多的公司取得了成功，我们应该学习哪个公司的成功案例呢？在成功建立了自己的会员体系之后，应该通过怎样的方式进行运营，才能够使得用户黏性得到提高，续费率得到保证呢？下面将为大家——解答。

第一，明确"用户是上帝"这一概念

建立会员体系的目的是什么？在商业领域当中，一直流传着这样一句话："用户就是上帝。"但是，在此提问几个问题："上帝"究竟是什么人？"上帝"的家住在什么地方？"上帝"在你这里购买过什么样的商品？购买的时间是什么时候？购买的地点是在哪里？他还会再来你这里购买商品吗？假如"上帝"已经很长时间没来购买你的商品，你是否知道？你有没有什么手段能够挽回你的"上帝"？对于这些问题，假如商家哑口无言，只能说明商家根本就不了解自己的用户，"用户就是上帝"只不过是说说罢了。因此，想要真的能够做到"用户就是上帝"，一定要先对"上帝"有充分的了解。通过怎样的方式才能够了解"上帝"呢？最主要的方式就是数据。

第二，会员其实就是有数据的用户

只有留下了数据的用户才能够被称为会员，如果只是在商家这里购买了一件商品，并没有留下任何数据，那么这类用户我们只能够将其称为"过客"，而不能称为会员。为什么这么说？没有数据的用户，你想要找他也找不到，他想要找你同样是找不到的，甚至你根本就不知道它是否会再次购买你的商品。

传统的线下门店如果想要得到用户的消费数据，可以借助POS机等方式，但是POS机是不可能得到用户行为数据的，因此这类用户并不能够称为会员。只有留下了数据的，能够回访、能够触达的"电子会员"，才能够被称为真正的会员。

第三，建立大数据会员标签

在成功地获取了用户的数据后，就需要根据收集到的用户数据建立起一个大数据会员标签。在对用户进行细分，打上了"标签"之后，我们就可以根据用户的行为特征，针对不同的场景，比如用户是什么样的人；什么时间；在什么地方；用户跟什么人在一起；用户的内心在想些什么等，向用户推荐"量身定做"的产品，才能够使得用户的转化率得到提高。

第四，根据会员标签来进行精准营销

在成功地根据会员数据打上标签之后，商家应该通过怎样的方式来留住客户，降低流失率呢？

举个例子：某个便利店拥有这样的一群用户，基本上每个月都会来到便利店进行4次消费，每次的消费金额平均30元，在上个月这群用户依然来到这个便利店消费，这群用户属于333用户。但是在这个月，这群用户差不多已经有两个星期没有来便利店消费了，马上就要变成133用户了。在这时候，我们应该怎么做才能挽回这些用户呢？马上给用户发送一条促销短信吗？其实并不需要，我们可以去观察这群用户，看看他们的消费类型是什么，然后根据这些用户的消费特点，对他们进行细分。

一般来说，客户细分主要分为两种类型，一类是差旅型客户，另一类是非差旅型客户。前者往往会消失一段时间，然后再次来到便利店购物，针对这种类型的客户，商家可以先观察一段时间，再确定其是否已经流失了。针对另一种类型的客户，也就是非差旅型客户，商家可以马上就给其发送一条促销短信，告诉他："在今天12点至13点的这个时间段购买盒饭，可以享受7折的优惠。"该用户在收到短信后，可能会马上来到你的店铺购买盒饭，在这时候店员会通过POS机扫描该用户的"会员识别码"，然后可以提问用户："先生/女士，要不要买一瓶可乐回去喝呢？"为什么要突然问这个问题呢？这是因为POS机中会记录下用户的相关数据，发现这位客户经常购买可乐，那么在这时候询问他这个问题，向他推荐可乐，会有很大概率可以销售成功。除此之外，POS机还具备另一个功能——"识别付费会员"，如果判断出这位客户是付费会员，并且恰好有相应的促销活动，那么店员会根据相关的数据向其推荐商品，就能够使得客单价得到进一步的提升。

第五，搭建付费会员体系

搭建付费会员体系的目的是什么呢？主要就是为了使用户与企业之间的心理关系得到改变。举个例子，你来到五星级酒店打算吃一次自助餐，进入自助餐厅需要花费200元，你通常会吃掉多少食物呢？

经过观察，我们发现花费了200元进入自助餐厅吃自助餐的主要有三类人：第一类人吃掉的食物很少，并且这些食物的成本都是很低的，他们会觉得花费200元来吃这些不值得；第二类人吃的比第一类人多一些，并且专门找成本高的食物下手，他们认为他们花费200元来吃这些东西已经回本了；第三类人吃的是最多的，已经吃不下了还要硬着头皮去吃，往往会吃的肚子都涨起来，这类人是最常见的，他们认为他们不仅回本了，还赚了。

但是不管是哪一类人，他们进入自助餐厅之后都会有一个目的——捞本。换句话说，这些人认为他们为了能够进入自助餐厅所花费的这200元钱是固定金额，属于沉默成本，无论进入自助餐厅吃得多还是吃得少，花费的都是同样的价钱，因此他们会有一个共同的心理，不吃或是没有吃够就亏本了，从而导致他们产生一种捞本心态，一定要吃到自己吃不下了才停下来。

事实上，这也正是我们为什么要搭建付费会员体系的原因，当消费者为了能够成为你的付费会员而花费掉一定的金钱，在这时候消费者就掌握了一定的特权，如果把这个特权丢在一边放着不用，他就会认为花费金钱购买这个特权有点浪费，消费者在购买了付费会员之后就会觉得自己"花费的越多就越划算"。售卖付费会员的本质就是将一定的特权出售给消费者，但是像出售套餐卡、充值卡等传统方式仍然停留在出售商品上，而这也正是会员思维与商品思维两者之间最大的区别。

7.3 内容电商：最佳的成本不透明商品售卖场景

在现今这个时代，流量可是一个"抢手货"，不管是谁都十分迫切地想要得到它，而其中最为迫切的就是电商。电商的最终目标是：成本低、转化率高、活跃度高。然而在现今这个时代，电商的获客成本一天比一天高，所有商家都在积极探索一条新的道路，一条能够真正使得成本降低、转换率提高的道路。除此之外，各个商家都开始下沉用户，它们的视线开始盯上了"90后"，甚至是消费水平还不是很高的"00后"。

移动购物行业虽然在2018年的TOP3平台合计用户数量已经达到8亿，但是这并不意味着用户的渗透率提高了，反而是降低了，在去除掉重复的用户之后，用户渗透率从先前的86.9%下降到现在的82.1%。而这也表示在现今这个时代当中，出现了许许多多的机会。"机会是留给有准备的人"，对于中小平台来说，应该做好什么样的准备才能够抓住这些机会，从而得到巨大的发展呢？

现今这个时代流量已经变成了"奢侈品"，不管是什么类型的应用，只要该应用能够吸引并占据用户的注意力，那么就肯定会导致其中一方能获取的流量多了，另一方能够获取的流量自然就少了，最终使得各个应用之间处于一种竞争关系。

在这些应用当中，内容类的应用永远是佼佼者，因为内容类的应用其实是一道"桥梁"，能够将商家与用户之间、用户与用户之间联系起来，从近代的报纸、十年前的电视及广播、到现在的各种手机App都是如此。

对于新生代用户来说，单纯的电商根本无法满足他们社交、娱乐的需求，私域流量通过减去"货找人"这样一个环节，使得获客成本得到降低；而各种小程序、App、短视频以及公众号之间强强联手，各方相互关联、相互转换、相互促活就成了关键。手机淘宝推出了一个新的板块——淘宝直播，通过这样的方式打造出一个新的消费场景；蘑菇街在首页靠前的地方展示各种内容元素，如直播、图文等，成功引起了许多年轻女性用户的注意，并且将她们吸引过来；除此之外，还有各种各样的自媒体以及短视频都推出了自己的购物小程序，允许用户在应用当中直接带货。

其实，早在2016年的时候，所有的媒体以及平台都将视线转移到了内容电商。它们站在消费者的角度进行思考，开始追求品牌、内在文化以及品质等方面的提升，并且"90后"以及"00后"已经开始追求个性化，在这种趋势下，电商的运营在未来会逐步简化为两个部分，一个是"打造内容"，另一个则是"建立连接通道"。在当今时代，内容电商悄悄萌芽，它的载体并没有发生任何变化，但是它的模式却发生了很大的改变，从先前的软广告植入转变为强推荐，可以预见未来电商的主要形态绝对会是内容电商。

内容电商究竟是什么

所谓内容电商，其实就是通过内容的方式将消费者与商品连接起来的一种电商模式。内容生产者会将消费者的特定需求作为依据，为特定的用户创造个性化内容，并且根据内容推荐相关的商品或是服务，然后再将这些内容交给平台，让其通过相应的技术手段推送给目标受众群体，借助内容来向消费者推荐相应的商品或服务从而获取利润。

内容电商，顾名思义，内容是其最核心的地方，根据消费者的需求来创作内容，然后再去推送这些内容，最后对这些内容进行转化，这样的内容供应链才是一条完整的供应链。

在根据消费者需求来创作内容的这个环节，有许多成功人士的经验可以提供给我们进行参考，他们创作的内容得到了许多消费者的认同以及追捧，例如：微博当中的龚文祥、万能的大熊等"大V"；微信当中的吴晓波频道、罗辑思维以及年糕妈妈等；小红书当中的BeanBean等；淘宝当中的科技蟹、虎扑识货等。这些成功人士都拥有一个共同的特点：他们都是KOL。不仅如此，许多品牌商也开始意识到容的重要性，纷纷成立内容工作室，如百事、红牛以及欧莱雅等品牌。

推送内容环节主要就是看各大平台如何"各显神通"。各大平台都想要通过内容的方式来扩大自己在电商市场当中的占有率，例如：天猫/淘宝、京东等综合性电商平台；小红书、蘑菇街等垂直电商平台；微信等社交平台；知乎、网易以及今日头条等咨询平台。

对内容进行转化环节其实是一场持久战，是各大平台为了争取用户浏览时长以及用户的碎片化时间而发起的一场战争。为了能够打赢这场战争，各大平台正在不断开发"新武器"来帮助他们更好地对内容进行转化，如AR购物、短视频以及网红+直播等。

本书在最开始的时候就提到过如何借助短视频来创造出更好的内容，并且，淘宝、小红书、蘑菇街、网易考拉、蜜芽宝贝等平台都已经开始使用网红+直播的模式，这似乎已经成为各大平台的标配。

不得不提的是，内容电商在最近研发出了一把新"武器"，能够帮助他们更好地提升商品的转化率，这个"武器"就是AR。在2019年，苹果IOS 11增加了一个新的功能，并根据这个功能开发出了一款全新的AR App，现有的App都能够使用AR功能，消费者在挑选商品的时候，借助AR能够有一种身临其境的感觉，使得他们的购买体验大大提高。各个电商平台以及品牌都已经开始应用AR，如Overstock（美国电商网站）、宜家等。

平台厮杀杀出新局面

"内容"其实并不只是指狭义的阅读消费品而已，而是一种场景以及形式，包括场景电商、社交零售、知识付费、平台经济、人工智能、短视频、直播、网红以及虚拟现实等关键词。

在2016年，电商之间的竞争进入一个全新的局面，流量去中心化是不可避免的，因此，各个平台以及媒体都开始通过内容电商的方式抢占先机。

一些垂直电商平台，如小红书、蘑菇街等都已经进入到新的时代，属于内容电商的时代。曾经有一段时间，Pinterest（图片分享平台）十分火热，这类平台吸引了国内的许多购物达人，他们开始在平台上分享一些购物心得以及穿衣搭配等内容，并且他们在这些平台上还能够得到购买商品之后的分成。慢慢地，这类平台吸引到的购物达人数量越来越多，随之而来的是数量众多的消费者。

各种各样内容电商平台当中，蘑菇街可以说是一个内容电商的"原住民"了，凭借这一优势，蘑菇街迅速发展，推出了全方位的时尚内容，如自制短视频、全球街拍数据库、专题活动、直播等项目，还采用了一种对内容进行分层运营的方式，即"红人UGC直播+PGC精品栏目+主题内容策划"。成功地形成了一种内容多元互补的局面。根据现在的情况来看，蘑菇街有很大可能会转变成为一个由内容进行驱动的"新时尚全媒体"。

推动内容电商进入一个新的高峰的是微信，微信当中的自媒体有许多的变现途径，内容电商、知识付费以及广告变现等是最主要的途径。其中，许多自媒体都在进行转型，最主要的转型方向就是从内容到电商。除了一些大型微信公众号，如吴晓波频道、年糕妈妈以及罗辑思维等，还有一些小型微信公众号都在做这件事情，如"物道""黎贝卡"等。"十点读书"等也开始尝试使用"社群+电商"的模式使得转化能够提高。自从自媒体被要求整改以来，许多公众号开始增加了一个新的职位——"电商运营"。

相较于传统电商来说，内容电商具备一个巨大的优势，那就是传统电商在商品详情页当中所展示的信息不足以打动消费者，无法让消费者下定决心购买产品，如果在这时候有第三方KOL来对消费者进行引导，介绍商品并说服消费者，那么消费者很有可能就会被打动，进而购买商品。并且，传统电商最大的劣势就是不具备社交行为，大多数人都有从众心理，而这也是人类的本能，因此第三方在微信当中从开始说服消费者，到消费者下定决心购买产品其实并不需要花费太多的时间。

蘑菇街以及微信等平台开始探索内容电商的道路转型，使得阿里巴巴、京东等电商巨头感受到了压力，有压力就会有动力，于是他们开始全面进行内容化。淘宝推出了各种各样的方式来进行内容化，如直播、头条、社区等渠道，并且还支持淘宝达人分享PGC和UGC等内容，除此之外，UC订阅号当中还推出了一个商品推广功能，成功地将天猫、淘宝以及阿里妈妈三者的商品资源打通了，阿里巴巴还全力推动VR购物以及内容消费等方面的布局。

除此之外，阿里巴巴还加大了力度，比如在2017年"双十一"晚会的时候，致力于打造一个超级IP，在各个平台当中进行矩阵直播，如明星阵容+优酷土豆、虾米音乐、天猫魔盒、天猫客户端、UC头条，甚至是高德地图等平台。

不难看出，阿里巴巴是十分重视内容电商的，阿里巴巴从前的中心是商品，区隔的方式是渠道，而现在的中心是用户，区隔的方式是内容。阿里巴巴做出了极大的转变。

除此之外,京东对内容电商的布局也是极为重视的,为了对内容入口的不足之处进行弥补,京东与网易、今日头条进行合作,推出了"京易计划"以及"京条计划","京易计划"主要包括3个方面的内容,如图7-8所示。

"京易计划"	第一,在网易新闻当中,特意为京东开设了一个一级购物入口——"京东特供"
	第二,网易与京东强强联手,共同打造一个大数据平台,根据用户的个性化数据来为京东提供帮助,根据用户特征准确地推送广告,有利于京东平台当中的商家以及京东的品牌合作伙伴销售商品
	第三,在内容方面,京东与网易将会进入更为深入的合作,京东会推出一些方式来帮助网易创作者,使得他们的内容变现能力得到提高,如分佣、导购等方式;而网易则特意为京东建立了一个直播频道

图 7-8 "京易计划"

趋势已定如何抓住这波红利

内容电商时代在2016年已经悄悄来临了,商家应该通过什么样的方式才能够抓住这波红利呢?我们可以从4个方面入手,如图7-9所示。

图7-9所示的4个方面是主要的,除此之外,商家在内容方面还应该根据消费者现在的习惯来进行内容创作。

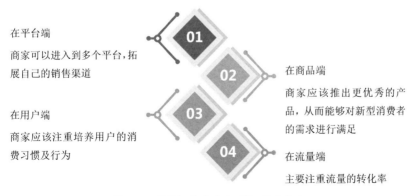

图 7-9 商家抓住内容电商红利的办法

针对第一个方面，首先阿里巴巴正在不断完善他们的电商供应链，相对来说淘宝/天猫的服务已经十分完善了，并且它的基础功能是不收费的，完全免费使用。除此之外，阿里巴巴正在不断探索内容电商的道路，逐渐布局内容电商，如果中小商家想要参与到内容电商当中，是绝对绕不过阿里巴巴这个大平台的。

除此之外，还有微信平台，如果商家的产品是主打文化教育类的，那么微信绝对会是最好选择，因为微信拥有微信群以及朋友圈这两大功能，前者是一个相当方便的互动工具，而后者是一个良好的阅读场景，并且因为直播行业的火热，微信的直播工具也在不断发展逐渐成熟，微信能够帮助你很好地将内容变现。

最后，商家想要进入到内容电商的领域当中，还可以通过京东+网易+头条这一入口；以及一些垂直电商，如小红书、蘑菇街以及蜜芽宝贝等，这些平台具备更精确的用户群体，商家在选择的时候，可以按照自身的实际情况与需求来选择最适合自己的平台。

除了上述几个平台之外，还有很多新的短视频平台以及垂直电商直播平台想要在这个领域分一杯羹，这些虽然是新平台，但千万不能因此而小看了他们的实力。

针对第二、第三方面，商家应该推出更优秀的产品，从而能够对新型消费者的需求进行满足，现今这个时代的消费者所追求的是个性化的商品，因此商家应该从优质内容推送、精准痛点追击、消费欲望养成、高频多渠道投入、帮助实现购物、消费行为触发等方面去培养用户的购物行为。

商品端应该进行一次变革，商品应该具有一定的生活态度，并且商品的品质也应该做得十分优秀。商品的品类也需要进行改变，逐步向小众化、个性化的方向发展，新型消费者的关注点主要在那些能够承载生活态度以及价值观并且拥有强烈主观性的商品上。

针对第四个方面，有很多的方式能够帮助我们吸引流量，使得转化率得到提高，主要可以借助网红+直播、短视频以及AR购物等方式。随着时代的发展，直播变得十分火爆，推出了直播入口的不仅有淘宝、网易考拉、蘑菇街等平台，就连京东也在今日头条以及网易的帮助下推出了直播入口。在先前，直播仅仅是一种营销手段罢了，而现在它已经发展成为电商平台的基础设施，与店铺、收藏以及购物车等设施处于同等地位。

除此之外，AR以及短视频等都已经悄悄地渗透到购物场景当中，可以预见在不久的将来，内容电商的主要形态当中，肯定会有AR电商以及短视频电商的一席之地。

最后，商家需要创作出什么样的内容才可以成功吸引到用户的浏览以及碎片化时间呢？对于这个问题，商家需要根据不同的人群来进行分析，不同的人群所具备的人群特征是不同的，商家要能够将其发掘出来，并针对这些特征进行内容创作。

在当今时代，"90后"以及"00后"这些年轻群体十分追求个性化，商家要抓住这个机会，对这些群体进行细分营销。例如VANS，它是一个极限运动品牌，曾经有一段时间美国的年轻人十分热爱滑板这一运动，VANS抓住了这个机会举办了一场VANS职业公园滑板赛，这场比赛为它吸引了一大批忠实用户。在各种各样的极限运动当中，这些年轻人都十分热爱VANS这个品牌。接下来，VANS借助微信、微博等社交平台对他们的文化进行传播，成功地将VANS的品牌形象传达给年轻群体，产生了巨大的影响力，并且通过各种手段将这些影响力转化成为销售额。

7.4 直播电商：短视频 + 直播电商最适合满足冲动性消费

电商通过短视频直播营销，最能够有效针对冲动性消费者的消费心理来调动他们的购买欲望，并且也能让消费者产生满足感。

在直播平台上已经试过的方向大致有直播+电竞、直播+造星、直播+社交、直播+旅游、直播+体育以及直播+综艺等。不过就现在来看来，以上这些直播方式，最热闹、最备受瞩目、最受大家看好、欢呼的非直播+电商莫属。在2018年，电商+直播的浸透率正处于快速上升的阶段，愈变愈热，这说明直播早就被商家当成是愈来愈重要的一种销售途径。为什么商家会选择直播来作为销售的一种渠道呢？

从第一方面来说，电商面对的问题是没有足够的商品信息去提供给消费者，让他们做出购买商品的决策。然而通过电商直播这样一个模式，在较大可能、层次上突破了对于网上的货物消费者感触不了、看不了、摸不到的僵局，相比网上货物的华丽包装、文字与图片，直播时视频的信息程度更为充足，支撑消费者做出购物决策的信息更为充分，丰富消费者的眼球，经过视频直播可以让消费者较为直观同时全方面认识到服务信息和产品信息，减少试错带来的后果，使得消费者更容易融于购物场景当中。

一份源于美国的视频电商Joyus的统计表明：通过高质量的视频向大众普及、宣传的商品与以传统图文展示的方式相比较，视频推广的转化率要高出5.15倍；并且，通过观看视频的人，他们下单、买下商品的次数是未经过产品视频观看人的4.9倍。

从第二个方面来说，直播电商形成了热闹的互动氛围。消费者要是对产品有什么问题，可以经过实时"问与答"的互动方式，向主播咨询了解有关产品方面的信息，出现和形成了卖家和消费者之间多频率再强调的互动情景，直播和图文相比，群体效应在视频中更能调动消费者购买商品的欲望，刺激他们入手。在融入这样特殊的社交属性之外，也能够很大程度上在购物方面使得体验增加，同样还可以触动消费者对于商品的购买的取向，能够较好地吸引顾客眼球，激起前来购物的兴趣。

从第三个方面来说，针对电商而言，流量也就说明消费的概率大小。处于电商流量获取成本忽高忽低的实际状况之下，一种自带速度吸引流量特性的媒介——直播产生了，商家通过构造一些新鲜的能够提起人们兴致的直播内容、网红或者明星，给自身吸引了许多的人气流量，从而能够立马就见到成效以致达成精准营销。

执掌诸多货源不一、数量不一的商家们利用主播的人气持续营造别具一格的消费模式，在直播间主播与消费者的多方线上互动氛围中，使得线上购物与线下购物时的情景贴近。例如，几千斤的水蜜桃在短短的几分钟就卖完了；借助主播人气售卖洗面奶，不超过十秒钟就销售出去10000支洗面奶等销售神话被广为流传。

电商早就把直播当成是营销标配之一

以往传统的、大众的电商流量红利时代已经过去，如今获客成本的提升愈来愈快，直播+电商作为一种非间接性联系商品销售与顾客的新模式越来越受人们欢迎，对于营销者来说也越来越重要。然而伴随着人工智能技术还有5G的日趋创新、先进，更是让电商直播的未来还有很多设想和发展的空间。

据数据统计，在2018年，淘宝直播月增速度达到350%的增长值，这一年拉动的GMV突破了1000亿，65%的进店转化率超过之前的转化率，一共有81名淘宝主播于2018年引导销售额超过亿元，数百名主播的月收入已至百万级。诸多消费者于主播淘宝直播时购物数额达至千万级，平均每人"剁手"两千四百元。此后，淘宝直播立下"三年GMV突破五千亿"的志愿。

依据之前所统计的行业数据来看，淘宝直播一天的活动次数大概是800万至1000万，一天直播的主播人数就有4万人左右，带动了1.7亿的GMV。然而淘宝一天内的活动次数在1.5亿以上，2018财年阿里零售GMV为4.8万亿。也就是说，直播在淘宝总流量的占比为6%，但是也就是这小小的6%却推动了2%的销售额。"三年GMV突破五千亿"的目标，即打算在未来的3年再次拉动大概10%的GMV，虽然从这一目标的电商层面来看并非激进，可是于直播行业而言，实际上却是一剂猛药。

在2019年3月底的淘宝直播盛典上，淘宝内容部门总经理闻仲说："通过这3年来的探索经历，直播早就成为电商的标配而并非选配。"闻仲认为，与商家之前的以图片展示产品的营销模式相对比，如今商家利用短视频与直播等方式，可以用较为直观、较为细致、互动性较高的形式，激起和调动消费者的购买欲望。

"看"与"买"同时进行，调动式消费推动流量转化

从本质上来说，电商+直播实际上是电商+电视，也就是我们所说的TV to Online模式(缩写T2O模式)，即以往的电视购物。直播+电商是一种销售形式的转换，给大众电商带去了前所未有的价值。其中一点是由于太过抽象的平面信息，达不到今天消费者想要更深入地认识产品特征的欲望，传统的销售模式过于笼统导致消费者想要了解产品的需求不足，然而在直播过程中的信息层次是比较丰富的，与以传统图文展示的方式相比较，电商+直播可以让消费者较直观、具体地了解到服务信息和产品信息，减少试错带来的成本，因此可以在移动端上引起井喷趋势的产

生。另一方面，经KOL主播针对产品有了较深入、较全面的测试和评价，消费者与主播的多方互动形式，在融入某些社交属性之外，还能够在很大程度上增加消费者对于购物带来的体验感，使得消费者在许多的评价与产品中释放出较多的时间，带着愉悦的心情结束消费过程。

资本合伙人刘博说过这样一个概念——唤醒式消费："大部分人的购物习惯是受到'两式'的思想作用：启发式与唤醒式，也可以说是懒惰式的，你要将商品摆至他跟前，他也许就是谜于盲目从众的感觉。这样的模式就好比社区团购，他们看重的都是购物模式的转变，举个例子，有的顾客也许未有想好今天吃哪一种水果，可是团长一而再、再而三的在群里推销特价水果樱桃，有的人想都没想便下单了。"

两力的结合才能有好的直播：商品力和内容力

商业模式有很多种，创新且兴盛的现代商业模式非直播电商莫属，其内容的生产力是目前直播电商很重要的一个点。内容生产力的构建，能够较好地促进电商和直播两者的结合。除去导购功能的吸引力、能够一眼看见的特点以外，还给用户提供了全新的购物体验，随着主播购物的脚步，与主播进行实时交流，往往会伴有类似于亲密好友之间手牵手一起游逛、购物的喜悦、轻松感。

对于直播电商而言，直播只是被商家当成一种向外界展示产品的媒介、工具，若是想不断完善营销局面，应该在内容价值化上投入更多心血、做妙文。要想做好文章就应该了解和掌握直播电商的核心和关键之处。其中复购为核心、选品为关键，同时还要了解和分析消费者的选品特性，多次数、反复购买的新鲜水果、日用品、家庭及时性消费用品以及具备性价比和刚需性等选品特点，乃是直播推动复购率和购买的选品热销环节。

除此之外，也要关注线下产品的服务与品质。同时包含九大学科门类的著名大学——中南财经政法大学营销管理系主任杜鹏说，如今的直播+电商模式归根结底终究属于一种营销模式，产品能够迅速卖出与人气、流量主播所提供的"冲动购物"存在很大关系。如若想形成一种可持续发展的远景模式，并非仅仅是一时风光，归根结底，依然要依赖于产品物流与品质等线下服务有过硬的底气，切实提升消费者的黏度。

7.5 社群拼团：在私域流量人群中开展拼团的主要玩法

要想知道社群拼团的玩法是什么，我们就得先了解私域流量是什么。通常来讲，它是指那些人们不需要花一分钱、能够随意控制、可以被循环利用的流量，而要想在网上的聊天软件中找到最适宜发展私域流量池的，非社群莫属——一个因为有着相同需求、相同爱好的人汇集于一起的微信群，这里的爱好和需求是有指向性的。

那么社群拼团的玩法是什么，应该如何玩呢？有了这样一个最适合发展私域流量池的社群，商家或者自身应该如何依靠社群去销售产品呢？就现在的情况来说，经过市场上诸多社群销售产品玩法的对比，相较而言比较火的是社群拼团。社群拼团是经过拼多多的不高的价钱以及云集的社交手段促进商家进行商品售卖的模式，能够帮助化解商家因为进店率低、运营成本高、店员不易招也不易留、竞争同质化、引流成本高等所带来的困难，是达成店铺私域流量发展与保障的较好的销售手段。

根据目前收集到的信息得以了解，目前做社群拼团的团长，一个月的收入可以赚到30000~40000元，在这一行做得更好的团长甚至可以在一天内成交订单突破万数，交易数量突破百万，不单单能够赚到卖出产品的费用，还可以赚到拼团的"奖励的资金"。那些社群拼团做得不俗的人，大致上来说，都是知道怎么去运营社群的，就连选品也都随着火爆潮流的点来选。比如，李佳琦在直播间介绍商品不久，甚至刚过去一秒，社群拼团就火热起来，大量的商品卖出。玩社群拼团的人都明白，要想抢占红利，其中的关键就是要懂得如何社群运营，哪个人可以留下较多的精准客户，哪个人就可以在售卖当中获得极大的收益。接下来我们以跨境商品为例，具体说明在私域流量人群中进行拼团的关键玩法。

随着时代的进步与科技的日益创新，我国人民的生活质量得到很大的提高，人们于跨境商品的需求早已成了一个极大的消费市场。

我们知道，在新闻上"中国大妈"全球扫货这一消息，是常有的报道，可是实际上对于中国百姓来说那仅仅是冰山一角，诸多部分的消费隐藏在我们不易发现的视野以外偷偷地滋生着。特别是最近十多年来，人民币持续稳固，这导致国人财富因为购物变成了通行世界的消费新局面。

不过，可以出到别的国家消费的人极为少数，大部分因为资金能力不足没有能够去到别的国家的国人也存在着极大的消费进口品的需求。亿邦动力公开发布的2018年的数据显示，中国跨国进口电商规模超过4000亿的范畴。

在之前的几年里，海淘、海外代购等手段跟中国境内主要以微商为代表的交易模式相同，野蛮生长。这样一种跳脱监管的外贸手段，于国家贸易税收有很大的影响。因为国家会针对个人的消费额度免收税费，因此大部分商家会钻空子，利用跨境电商购物的手段将保税区、外国的商品买到境内，接着又采取二次销售模式实施零售。

一家律师事务所合伙人表示，因为政策引起的跨境电商额度、身份信息会被他人盗用概率更高，导致个人的风险程度会愈来愈大。另外，应该约束对跨境电商购买的进口商品进行零售的商家，强调不可以二次销售。

2018年以来，海关总署按时间顺序下发多份文件，以加快跨境电商行业的合规化。这些政策规定最终的过渡期于2019年3月31日终止，4月1日后，"合规化"将是跨境电商企业的根本条件。

使得跨国进口电商进到创新模式阶层，是由于用户需求的快速进展、跨境阳光监管策略的保证。与内贸电商发展趋势差不多，因为中心化电商平台第一波红利的取得，以社交电商为代表的私域流量运营模式也成为过去，变成跨境电商的历史舞台。

2019年后，社交电商区域、范围涌现了许多高频模式，直播+电商、会员制电商还有社群拼团是诸多创业者想要走到的高能领域。

当走到严厉监管跨境购买产品阶段以后，许许多多小商户与传统模式的商家遭受最沉重的打击，是由于处于新的监管新政策背景下，需投入费用开发技术平台来达成"三单"（订单、支付单、运单）互碰的通关监管，还需用代理人或是货主的名义开通境外第三方支付、收款账户，经过技术平台来完成服务费的快速发放。

社群拼团想要使得跨境商品完成对接，便需达成技术开发实现支付、物流与商流的一系列解决办法。以下是社群拼团实现跨境商品对接的商流、物流、支付的整体解决方案，具体包括4个步骤。

第一步，跨境商品上云的搭建

大部分人都知道，社群拼团需要每日上新的滚动团品来拉动社群的"群效"，因此单一或者数十个跨境商品无法支撑跨境商品直供拼团的需求。GPSL（全球采销联盟）的首席执行官范国志说，早在2018年12月，公司就已在众多数量的跨境商品的需求方面有了预判性布局。

全球采销联盟早就将我国十多个保税区内的跨境商品经不收取费用的形式实施云服务，对于数量1000以上（包括1000）的货主商品库存经过云计算开发的ERP系统服务器端来开展实时管理。GPSL的首席执行官范国志表示，就现在来说，全球采销联盟能够对一万多个进出库存的商品数量和拼团、商城实施对接。

第二步，对接拼团渠道与跨境商品

记账熊的创始人陈永清表示，"作为当代创新类零售途径之一的社群拼团，它对拼团的商品质量的掌控、售后服务乃众多运营方正在面对的瓶颈"。

通常社群拼团方是不能够"一个人"对接跨境电商平台的，"更是没办法做到合规化，所以许许多多跨境商品与拼团永远隔有一条鸿沟"。

每一种营销模式、系统技术都有它的提供方，而社群拼团系统技术也是有它自身的提供方，那就是记账熊。记账熊持续不断地为给拼团和跨境商品这条"鸿沟"构建一座桥梁而奋斗，经过技术形式帮助用户接入跨境商品以达到消除团品难点。如今，记账熊早就接入一百余个拼团，能够切实连接社群的超过十万个。

第三步，选择商品与进行策划

社群拼团购物是需要多个人进行拼团的，正是因为这个特性导致拼团方根本不可能从数量众多的跨境商品当中进行选择，这其中所需花费的时间以及精力是不可想象的。

陈永清表示，在选择商品的时候，公司会与全球采销联盟共同成立一个联合采购小组，专门负责拼团商品的选择与采购，该联合采购小组拥有十分丰富的经验，无论是对跨境商品进行分类还是锁库，或是选择社群拼团商品，该小组都能够完成得十分出色。

范志国表示，全球采销联盟将和中国社交商业大会、记账熊一起进行策划，同时也将诚邀拼团创始人对各国的企业总部，还有各国的商品原产区进行学习、参观、访问（包括日本、英国、美国、澳大利亚等多个国家）。闻名社群拼团的Eagle's Eye创始人杨乐表示，全球优质商品溯源活动很有意义，如此"游学、访问"活动将会给社群拼团的反响、出货带来极强的动力与素材。

最后一步，实现全部商品销售环节的打造，包括平台展示、零售、结算、通关以及发货。

依据海关新出政策的要求，在电商平台上购买商品货物的人，包括其身份信息在内的商品货物信息、第三方支付记录人不得有任意更变，并且在确保达成这两点要求之后切实送到平台审核（海关平台），获得保税仓库发货单号后还要实施集中审核，保证实际商品与购买者、支付人三个关键点切实存在、出现、发生，详细流程如图7-10所示。

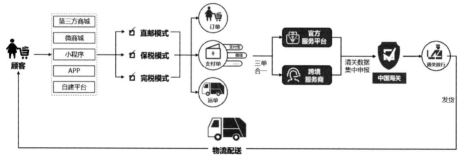

图7-10 平台审核详细流程图

以上流程需在诸多平台协作达成，这在两个方面有极大的要求，即对接资质方面、技术研发方面的硬性要求。

这一系列最终构建完成，那么这些看起来复杂的流程也是能够在短时间内完成的，不仅在很大程度上节省时间，还缩减了社群拼团发货时长，尤其是还可以提高消费者的购物体验。

在之前的十几年里，跨境商品只是经过中心化流量的电商平台这一渠道来实施销售，在私域流量寻求方面始终未能寻得更好的渠道。

处于社交新零售背景之下，单单依靠中心化电商这一平台进行销售是跟不上时代的，也将受到很大的冲击；当处于有限流量背景之下，从平台跨境商品的销量来看，最近几年的销售量呈现出增长乏力的趋势。与国内零售业态相类似，社交新零售的突起，也一样为跨境商品带来了新的契机，跨境商品也出现了新的发展机遇。不过在过去，无论是社交电商平台或是微商于跨境商品而言，还是选择保留下来、不会将其淘汰，只因多级分销返利需要足够的拨比支撑，然而跨境商品的拨比却不足以支撑。

社群拼团则是经过"少利多销"的形式，利用社群这个渠道，且不需要通过其他复杂的手段将保税仓货主和消费者进行连接，当然身为连接两者的渠道向消费者提供服务肯定会收取一定的合理服务费用的。

7.6 案例｜"花姐食养"基于私域流量的品牌发展过程

2014年的"双十一"，银耳产品全网搜索排名第一的是一家名不见经传的店铺："花姐食养"。花姐食养是一家持续生产食养原创内容的店铺，发展至今，花姐食养已经形成了个人IP——"花姐"，也就是该品牌的创始人，并且获得了66万店铺关注粉丝以及18万朋友圈粉丝的信任，不得不说，在私域电商当中花姐食养已经成为领军人物。

当然，起步得早并不意味着能够轻松坐拥红利，因此花姐食养也在不断探索私域流量的可能性，稳固自己的地位。通过结合生活实际的原创内容，与用户成为相互信任的朋友，这是花姐食养在私域当中的经营之道，也是推动其不断发展的有力武器。

第一，让用户相信自己

花姐食养品牌创立于2013年，到2014年的"双十一"，银耳产品全网搜索排名直接蹿升到第一，2018年成为金冠店铺，2018年获得四金冠，花姐食养一路走来，可谓传奇，如图7-11所示。

当然，虽然花姐食养获得了不少优秀成绩，但在经营过程中也踩过不少坑，这是任何创业者都会经历的事情。

从2013年创业开始，花姐食养通过各个渠道运营试水，为其之后大胆创新的运营风格奠定了基础。后来开始尝试私域流量，在这方面也是接触得比较早的一家店铺。在私域流量运营过程中，花姐食养的运营是从两部手机开始的，通过创立一些个人号来不断接触用户。截至2019年2月，花姐食养用来运营的手机达到42部，朋友圈粉丝数量高达18万。运营个人号并不简单，运营过程中要不断挑战自我，不断超越自我，具体来说要求做到以下3点。

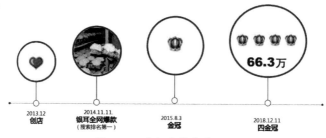

图7-11 花姐食养发展历程

（1）要设置专门的客服来针对微信用户进行专业的服务

花姐食养的种子用户主要是在初期从淘宝店进行导流，并且针对不同的用户将其进行分组。与其在淘宝店铺的运营相比较，花姐食养在微信个人号上的运营更加精细化，因为微信个人号的用户数量较多，必须通过整理、划分，才有助于与用户进行交互。与此同时，用户的信任并不是一朝一夕建立的，必须通过实时倾听、了解用户的想法，及时关注他们的动态，进一步明确其需求，只有在了解其所需所想的情况下，才能为用户提供更加精准的产品，并且为用户所接受。

不仅如此，当对用户的了解到了一定程度，用户会逐渐沉淀下来，对商家产生的信任也会逐渐加深，这时候用户会更加愿意与商家产生交互。花姐食养就是这样的，比如，当创始人花姐遇到一些生活难题时，可能会在朋友圈里吐槽几句，但意想不到的是得到很多会员的建议，这种公众号难以企及的私密程度，也证明了用户对其充分信任。而只有用户信任商家以后，才会去相信其产品。

（2）内容坚持原创，紧紧围绕价值

优质的内容一定是有温度的、具备感染力的，而原创内容是最具备这种特质的内容。花姐在坚持原创的过程中，会添加一些个人生活内容进去，让内容更具真实性。除此之外，还会加入一些育儿经验，让内容更具备价值。比如，花姐的孩子有一段时间咳嗽不停，于是制作了纯梨膏喂给孩子，最后发现效果相当不错，于是将这件小事分享到朋友圈当中,结果这条朋友圈出乎意料地火爆。花姐食养抓住此次商机,迅速推出梨膏产品,并且广受用户的欢迎。

梨膏产品之所以受欢迎,并且成为爆品,主要是因为花姐所遇到的问题是大多数宝妈都会遇到的难题,而在微信个人号上发布这些内容,让大家看到商家自身与家人都在使用该产品,并且获得了成效,能够让用户感到更加真实,更加认为产品是可靠有效的。

当然,需要注意的是,在做原创的过程中,不是为了真实性而想发什么就发什么,其实自身所发布的任何内容都是为了后续的转化率,因此对文案内容进行细致策划是非常有必要的。

原创内容要做到有温度,就必须源自生活,结合生活,而不是刻意而为之。因此,微信个人号当中除了宣传、广告,还可以发布一些生活常识、问题求助,这往往能够在一定程度上吸引用户进行交互,促进双方交流。根据花姐的介绍,花姐食养品牌的原创内容主要包括以下3个方面,如图7-12所示。

图7-12 花姐食养原创内容的3个重要方面

(3)打造好个人IP

花姐食养的个人号虽然多,但是头像都是固定的,这样做既方便打造自己的IP,同时也能够更真实地展示出自己的产品。除此之外,用户所产出的优质内容与评论都会在花姐食养的个人号当中得到传播,进而能够让更多的用户相信产品的成效。

另外,还可以通过偶尔的求助让用户感受到自己的无助与情绪,让IP更具真实性。比如,花姐的耳朵曾经因为耳钉问题而变得红肿,于是将这一问题发到朋友圈当中,用户纷纷建言献策,花姐与许多用户也因此而产生交集,双方的信任得以加强。

在维护与运营用户的过程中,花姐食养不建议采取单一的方式,而是通过多渠道来实现多元化的维护，店铺微淘、淘宝群以及个人微信号的朋友圈等，都是花姐食养的渠道，但其沟通方式与用户进行一对一的直接交流。

在内容运营上，花姐食养对店铺内容进行详细规划，每天所推出的内容都会与规划相对应，以保证团队节奏处于一条线上。除此之外，花姐食养还制定了一份"新媒体内容黏性自检表"，有助于在复盘时及时针对现有问题予以完善，进而快速推动工作人员的成长以及项目的发展，如表7-5所示。

表7-5 新媒体内容黏性自检表

项目	得分	更好的内容可操作的做法
信息核心(能明白你的点)		是否与我们的使命相符； 找出最重要的单一核心信息，拔起杂草，删除不相关的观点； 用下面的技巧转化观点，产生黏性
简单		类比:利用观众心里已有的知识，用简单描述复杂
意外(集中注意听)		吸引注意:打破观众的预期，让他惊讶，让他意外； 保持注意:利用好奇心，提出问题，保持悬疑
具体(听懂并记住)		把要讲的事情形象化(比如湿气的例子，比如饼干越少越好吃)； 实际化、图片化
可信(同意并相信)		用权威或反权威(更有用)； 实际体验过的可信度是最高的； 生动细节增加可信度； 用数据时放到人性化环境中(30%粮食吃掉，40%做饲料喂猪)； 希拉特纳测试——瑞士公司发明的制衣流程； 最强:让顾客自己验证得出结论
情感(使人在乎自己)		一人胜百万； 人最在乎的是自己，别强调产品和特点，而是要诉诸人的需求(生理、安定、归属、尊重、学习、审美、自我实现、超越)，诉诸身份认同、群体利益
故事(使人行动)		是否可以讲一个故事来做模拟和启发？ 属于哪一个类型的故事:挑战? 联系? 创造?
图片		图片占到50%的重要度(图片天生就是具体、可信的，拍得好还可以有情感和故事)； 要与核心信息一致； 真实可信； 如果图片已经能够表达很多信息和内容了，那么文字可以减少
其他		试试去掉第一句，试试去掉最后一句，会不会更好？如果会，就这么做——记得是来自某位剧本大师对于剧本永恒的建议

第二，将用户当朋友来运营

花姐食养曾经通过微信公众号的方式来进行运营，进而赢得与用户之间的互动，但是后来发现在运营过程中，真正能够与用户进行有效互动的频次较低。另外，为了能够让微信公众号发挥出最大的优势，花姐食养曾经花巨资，专门聘请了专家对其进行运营，然而效果却远远不如预期，除了布局以外，增量问题并没有得到改善。后来，花姐食养选择私域流量，将用户当作朋友来运营，进而获得更强的交互，增量问题得到解决。

（1）明确朋友圈本质，分组推送

想要做好微信个人号的运营，首先要明确朋友圈的本质。朋友圈的本质在于社交，在于让大家及时了解自己所关注的人的近况与动态，进而帮助自己找对角度与用户产生交互。了解了朋友圈的本质之后，有助于提高商家发送的朋友圈内容的精准度。

但是这并不是说可以在朋友圈当中不分时候地发布广告，要知道以前微商暴力刷屏的方式已经引起许多用户的反感了。因此，花姐食养根据不同属性的用户进行分组，再根据这些用户的性质推送相对应的内容，这种方式更受用户的欢迎，而且更精准的内容效果也更好。

（2）不定期举办活动，建立品牌认知

花姐食养会不定期举办一些活动，比如"花粉节"，让用户在活动当中获得物美价廉的产品的同时，能够对品牌有进一步的认知。基于活动的力度以及自身的参与，用户也会自发地帮品牌进行传播，最后完成裂变。

（3）展示真实的自己，完成有温度的交互

在个人IP打造上，以花姐本人为例，她十分乐意将自己的生活状态进行分享，用户能够感受到的是她最真实的样子，双方甚至能够成为很好的朋友。通过信任的逐步加深，花姐食养与用户之间产生的连接也越来越多。

不局限于微信个人号，花姐食养一直都在改变的路上不断探索着，比如在2017年的淘宝直播、淘宝社区社群化运营，2018年的淘宝短视频、抖音短视频运营等。

花姐食养认为，虽然平台与渠道是会随着时代以及消费者的需求等诸多因素而不断变化，但在社交电商当中，私域流量必然是占据了重要比例的一部分。因此，商家在对私域流量进行运营时，一定要结合自己的优势找准定位，并且创造独树一帜的风格，才能在这个迅速变化的时代当中立足。

第8章
数据思维:私域流量全运营环节的数据分析与优化

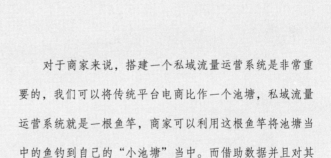

对于商家来说,搭建一个私域流量运营系统是非常重要的,我们可以将传统平台电商比作一个池塘,私域流量运营系统就是一根鱼竿,商家可以利用这根鱼竿将池塘当中的鱼钓到自己的"小池塘"当中。而借助数据并且对其进行分析与优化,能够使得这根鱼竿的吸引力更强。

8.1 数据评价：优质私域流量运营数据指标应满足的维度

我们可以将运营视作打游戏，你在玩游戏的时候想要升级想要变强，就需要完成一系列的任务，去打BOSS，找出BOSS的弱点，然后杀死BOSS才可以升级，变得更强。运营也是如此，你需要从初级运营努力升级为中级，再到高级，如果你想要升级那么你就必须知道运营究竟是什么，要做的事情是什么。对于私域流量的运营者来说也是如此，想要升级变强，就需要能够充分了解公域流量的运营方法，并将其融入私域流量中，充分发挥出两者的协同性。

常用数据指标

有一个前辈曾经说过这样一句话："没有运营之前，电商是笨的，有了运营电商就是聪明的公司了。"为什么这样说呢？因为运营对于电商的帮助是非常大的，它能够对电商的数据进行分析，进而找出存在的不足之处以及痛点，然后系统地、有目标地去解决电商存在的问题。身为一名私域流量的运营者，你一定要了解你应该做什么，以及一些数据指标。

GMV、成本、利润、ROI、活动交易用户数、UV/PV、K因子、用户获客成本、MAU/DAU、病毒传播等数据标准是商家在做运营过程当中不可避免会遇到的，而对于社群运营方面以及私域流量方面，常见的KPI指标通常有：复购率、转化率、社群活动举办次数、用户新增量、朋友圈点赞数、每次活动的参与度等，具体如表8-1所示。

表8-1 私域流量需要关注的数据指标

活动复盘	活动数(应用)	参与活动总人数	新用户数	参与活动次数	活动UV	短信发送量
用户转化	个人号新增	公众号新增	平台新增	绑定会员	复购人数	复购金额
复购转化	GMV	订单量	下单人数	客单价	笔单价	

用户运营思维

商家在与用户进行接触的时候，会产生出大量的数据，商家要做的就是对这

第 8 章 数据思维：私域流量全运营环节的数据分析与优化

些数据进行分析。处在不同的阶段，分析的数据也不一样。数据产生的过程实际上就是用户接触—用户认知—用户兴趣—用户行动这样一个过程。在这之后，商家所要做的就是想尽一切办法提高用户的活跃度，增加用户进行复购的频率。

第一，接触用户

在这一过程中，商家应该主要关注的数据指标大多数都不是在网站中产生的，而是在渠道产生的。主要分为付费渠道以及免费渠道两种。

付费渠道主要有：SEM（如谷歌、百度、360、搜狗等搜索引擎），一些能够对流量进行追踪的DSP平台，传统的线上以及线下的广告投放，最近非常火爆的信息流广告，明星代言，广告赞助之类的。SEM也是有区别的，主要有以下4种，如图8-1所示。

图 8-1　SEM 的 4 种类型

免费渠道主要有：社交平台、搜索优化工具（主要有SEO以及ASO两种），双方换量合作之类的。在现今时代，流量可是抢手货，价值不菲。因此主要推荐大家使用双方换量合作这一方式，合作的对象最好是那些与自己体量相差无几，用户群体一致的平台，当然，最后是否要建立合作关系还要看有没有契机。

私域电商要做的最主要的事情就是将公域流量转变成为自己的私域流量，在此过程中，商家最主要的就是对以下3个数据指标进行考核。

① 渠道转化率：主要对各种渠道所能够取得的效果进行考量，或者是考量各个渠道相互之间的收缩；在做新渠道投放的时候也会进行一定的参考。

② ROI：也就是我们常说的投入产出比，这里商家主要看的就是自己的投入是否能够获得相应的产出，也就是两者是否匹配。不同的公司计算方式不一样，大多数都是按照自己公司内部要求来进行计算的，可以是投入/利润额，也可以是投

入/销售额。通常情况下，如果商家想要对利润进行对比的话，推荐将基础成本也加到里面。

③ CAC：也就是用户获取成本。对于这方面，主要是按照各个公司的指标来确定要对什么内容进行考核，各个公司的考核内容也是不同的。有些会对注册进行考核，有些会对流量进行考核，有些仅仅对使用进行考核，而有些会对下单进行考核。

第二，用户认知

通常情况下，在用户认知这个阶段，用户已经来到私域流量内，但有时候也有可能仍然在私域流量外，但是这种情况的比例是很低的。

在这时候，用户进入到你的私域流量内，能够对你的产品有更为直观的了解。用户直观地认识商家或是商家的品牌，最主要的表现形式就是商家的产品以及相关体验。通常情况下，私域流量会在建立的时候就设下相应的埋点。在这一阶段，商家需要知道以下运营指标。

① 退出率和跳出率：大部分人都不清楚两者的区别，在这里为大家简单介绍一下，所谓退出率指的就是用户直接退出了私域流量池，而跳出率指的是用户从A产品跳到了B产品，但还在商家的私域流量池当中，用户并没有退出。前者表示的是流量的质量，而后者表示的是产品的吸引度。

② 功能使用率：就是用户使用产品功能的频率，主要是针对一些新功能或者是小小的改动。对这个功能的使用频率或者这个功能产生的效果进行关注。

③ 用户访问时长：用户访问的时间并非越长越好，用户访问时长其实是有一个平衡点的，商家要做的就是将这个平衡点找出来，然后用来对同类的标准进行衡量。

④ PV/UV：这两个指标的出现次数较多，也是商家常常会遇到的，PV指的就是浏览次数，UV指的就是点击量，UV还分为单一用户UV。

对于电商行业来说，社群运营以及私域流量的"转化率"以及"复购率"是具有一定的可操作性的，数据具有很高的可落地性，针对于此，我们总结了一些核心指标，如表8-2所示。

表8-2 社群运营以及私域流量的"转化率"以及"复购率"核心指标

个人号数据	新增好友数据	微信号1	微信号2	微信号3	微信号4	微信号5	总数
	绑定会员数据	微信号1	微信号2	微信号3	微信号4	微信号5	总数
	互动消息数	接收消息数	发送消息数	朋友圈回复数	朋友圈点赞数	群发好友数	群发朋友圈
	复购数据	GMV	订单量	下单人数	客单价	笔单价	
公众号数据	粉丝数据	新增人数	净增人数	粉丝总数			
	绑定会员数据	人数					
	图文数据	阅读人数	分享人数	收藏人数	回复人数		
	群发消息数据	发送人数	接收消息数	互动人数（赞、收藏、转发）			
	客服消息数据	接收消息数	发送消息数				
	复购数据	GMV	订单量	下单人数	客单价	笔单价	
平台数据	会员数据	平台1	平台2	平台3	平台4	平台5	
	短信发送量	客转粉	店铺群发	指定号码	订单关怀	ROI	
	复购数据	GMV	订单量	下单人数	客单价	笔单价	

第三，用户兴趣

在这一阶段，商家应该关注与活动策划有关的数据指标。针对用户是如何产生兴趣的，在这里我们主要以活动为例。虽然有些片面，但是有很多事物都能够引起用户的兴趣，我们不可能一个一个列出来，只能从中选取一个有代表性的事物，也就是活动。商家判断一个活动是否成功，不能只是去关注这个活动给商家带来了多少销售额，这种方式实在是太落后了，商家应该从多个维度对数据进行精细查看。主要包括以下4大标准。

① K因子是传播类活动必须关注的数据，我们会在后面对其进行详细介绍。

② 活动参与率：进入到网站当中的用户，看有多少名用户参加了活动。

③ 用户分享率：参加了活动的这批用户当中，又有多少人会将这次活动分享给他的亲朋好友。通常情况下，用户是否会进行分享与分享的客户心理有关，主要取决于利益属性以及社交属性。

举个例子，luckin coffee以及滴滴的用户之所以会分享，是因为利益，这些用户的分享主要是因为能够给自己以及朋友带来利益，这就是利益属性。而抖音用户发现某件好东西或是好活动时，就会分享给他的朋友，这是社交属性。假如你的活动没有让用户感觉到良好的体验，或是只能够自己获利，朋友无法获利，他可能就不会去进行分享了。

④ 病毒传播周期：通常情况下，只有口碑传播会做病毒传播，传播方式通常为S型，主要分为三个阶段：第一个阶段是潜伏期，第二个阶段是高潮，第三个阶段是低落期。之所以称为"病毒"传播，是因为它爆发很快，但消退也很快。为了保证病毒传播能够发挥出足够的影响力，通常情况下都会进行2~3波。

第四，用户行动

在进行了前面的铺垫后，用户就会进一步行动，在这一阶段商家应该了解的数据指标主要有：

① 转化率：对于一个品牌来说，转化率是一个很重要的指标，它能够判断商家是不是应该开源节流，运行状态是否健康，商家还可以根据自然订单转化率，来判断公司的产品是否健康，人力资源是否高效。因此商家在对转化率进行关注的时候，主要有两个方面：一个是自然订单转化率，另一个是人工订单转化率。

② ARPU：这个数据所表示的是平均每一位用户能够给商家带来多少收入，影响ARPU的因素主要有两个，一个客单价，另一个是每一位用户的订单数量。如果商家想要让ARPU值提高，那么商家就需要想方设法提高用户的客单价，通过某些方式如做促销活动等让用户进行复购，甚至多次购买。身为运营，我们可以尝试使用增值服务或是交叉营销等方式来提高ARPU值。

③ 用户数据：商家判断某个网站的用户是否健康，主要是通过用户活跃度、用户复购、用户流失等几个标准来进行的，假如一个公司一直都在使用各种各样的方式来吸引新用户加入，而不关注其他方面，那么该公司就难以对净利润进行把控。

因此商家在思考究竟是否要做活动吸引新用户时，一定要对老用户的运营进行参考，如果能够很好地对老用户进行运营，那么商家就没必要花大力气去拉新，反之商家就应该要下足功夫去吸引新用户的加入。比如亚马逊、京东的plus会员、携程、考拉，最近两年来的付费用户做的是越来越好了，因此他们的精力主要放在提高老用户黏性上面，不再将主要精力放在拉新上。

如何对指标进行拆分并且能够知道指标所对应的目标是什么

① 销售额：该指标的计算公式为销售额＝订单数×客单价，从中我们可以看出，影响销售额的因素为订单数以及客单价。因此，如果想要让销售额得到提升，主要可以通过两个途径来实现：一是买流量，吸引更多的用户来购买你的产品，从而提高订单数。另一个是通过一定的手段来提升客单价。必须使用一些运营策略，如价格策略等。

② 利润：该指标的计算公式为利润＝销售额×利润率－成本，而成本又包括两个方面，一方面是运营成本，另一方面是获客成本。获客成本的计算公式为获客成本＝总推广费用÷新用户数。从上述公式当中我们可以看出，成本对于利润的影响因素还是很大的，我们在考虑利润的时候，一定要对成本进行考虑，尤其是获客成本，只有这样我们才能够更有针对性地进行运营优化以及渠道投放。绝大多数公司都不是融资性的公司，对于这些公司来说，怎样去衡量利润是一件相当重要的事情，必须对有效渠道进行更进一步的关注。

③ 订单数：在判断用户价值以及渠道价值的时候，我们可以借助订单数这一指标进行衡量。它的计算公式为订单数＝新用户订单数＋老用户订单数，一个渠道能够给我们带来的订单数越多，该渠道的价值就越高，反之则越低。对于订单数这一指标，绝大多数人都没有进行更进一步的关注，大多只是看一眼就过了，但是如果我们对数据进行细分，就可以制定出更为详细的运营策略，能够更高效地对老客户进行运营。

流失回访率＝已经流失的用户再次回访的数量÷

已流失用户的全部数量×100%

LTV一定要大于CAC+COC，也就是用户生命周期价值一定要大于用户获取成本+用户运营成本，否则就会亏本。

④ GMV：也就是总收入。在衡量一个公司价值如何的时候，我们主要就是看这个公司的总收入如何，判断一个公司是否具有快速上升的空间，主要是通过其他数据来进行判断。总收入的计算公式为GMV＝销售额＋拒收订单金额＋取消订单金

额+退货订单金额。

从本质上来讲，社群以及私域流量的自运营就是将运营数据指标作为基础，帮助商家将每一位客户的价值挖掘出来。站在商家的角度来说，每一位客户至少有3个方面的价值：

第一个方面是复购，不管是线上用户还是线下用户，都一定要想尽一切办法留住他们，引导他们进行复购，流量的成本是相当高昂的，千辛万苦才得到的一位客户，如果只购买一次，那真是亏大了。

第二个方面是社交裂变，如果客户能够在你这里得到良好的购买体验，那么他就会向他的亲朋好友分享，从而使得一名客户能够为你带来多名新客户。

第三个方面是关联消费，作为商家，你可以分析你的客户所需要的产品是什么，以他们的消费半径为依据，进一步扩大你的经营品类。举个例子，假如你是一家服装店，经营的主要品类为衣服，那么你可以根据客户购买衣服的喜好，为其推荐合适的裤子、配饰等，进一步提升客单价。

8.2 核心意识：一切数据指标均向 CAC 与 CLV 贴近

在谈论商业模式的时候，我们一般会假设这么一个例子：老陆一家子都是卖早餐的，老陆在家族影响下，学会了做早餐的手艺，并且他自身又具有互联网思维，于是他打算在市中心的繁华地带开一间早餐店。老陆吸引一位新顾客平均需要花费200元，当这名顾客成功被吸引后，接下来的一段时间内该顾客每天都会到老陆的早餐店购买早点，我们假设合理收入为1000元。在这时候，如果老陆能够得到600万元的融资，那么老陆就可以利用这笔钱去吸引3万名新顾客，顾客数量越多，他能够得到的利润也就越多。

商业逻辑当中有两个最简化的指标，分别是CAC和CLV。上述例子当中，老陆为了能够吸引顾客而花费的200元就是所谓的CAC，顾客被吸引后，接下来所进行的一系列消费就是所谓的CLV。

如果CAC的数值大于CLV的数值，那么老陆就会倒闭，但是如果CLV的数值大于CAC的数值，那么老陆的这家早餐店就可以一直开下去，并且还可以得到投资人的青睐，吸引到融资，获取更大的利润。

我们可以借助这两个指标对所有的互联网产品进行一次粗略判断，看看该产品以及运营是否具备可行性。在后面的内容当中，我们还会提及COC（Customer Operation Cost），也就是运营成本。

为了方便读者能够更容易理解CAC、COC以及CLV三者相互之间的商业逻辑关系，通俗易懂地介绍三者与运营之间的关系，在此将商家的运营划分为增量期、成熟期、收割期、衰退期4个时期。

第一，增量期

在增量期这个阶段，有一个明显的特点：CAC低，CLV低。

所谓的增量期，有一个更通俗易懂的称呼，就是红利期。在Web时代过渡到移动互联网时代的时候，是存在巨大的用户红利的，最早的电商多多少少都能够享受到这一份红利。虽然说与数年前相比，现在的移动用户的数量已经高出了几倍不止，但是在现今时代获取用户的难度也加大了不少。

当一个全新的时代来临时，这个新时代的开拓者往往能够拥有巨大的优势，凭借自己先手的地位先发制人。无论是早期的微博，还是早期的微信公众号以及朋友圈，以及早期的淘宝都是如此。先来的吃肉，后来的喝汤，再晚一点的连汤都没得喝。这些平台正是依靠自己的先发优势，只需要花费极小的成本就能够获取到大量的新用户，而现在这个成本可是翻了几倍不止，也就是我们常说的用户红利。

假如说某种产品以用户的需求作为切入点，开辟一片新天地、新市场，而刚好这个时候市场上没有任何一款产品能够满足用户的这种需求，市场是真空的，只有你的产品可以满足用户的需求，那么你只需要花费很少的CAC就可以吸引到新用户，这就是我们常说的市场红利。

站在运营者的角度来看，不管是产品恰好压中了赛道，开辟一个新市场，还是在时代变更时早早进入新的渠道，都太过于依赖运气了，没有机遇是无法实现的。因此，这样的模式基本上是不可能复制的。并且在现今这个时代，互联网的普及速度难以想象，互联网的用户规模早已翻了几倍，从前那种很低的CAC就能吸引到新用户的时代早已不复存在。像那样的好时期，基本上不会再次出现了。

如果商家的产品处于增量期这个阶段，那么在这时候商家应该想尽一切办法吸引新用户，提高用户数量，进而提高市场占有率，这是运营阶段最核心的工作。

但千万不能一味地只追求用户数量，而忽视用户的需求。否则就算你吸引了大量的新用户，但如果他们的需求无法得到满足，他们立即就会离你而去。

大多数情况下，只有新领域的产品才会有增量期，在这个时候运营仅仅凭借先前积累的经验以及技巧可能无法面对新领域的挑战，关键之处在于运营是否具有强大的学习能力以及应变能力。

除了上述两个红利外，运营玩法也是有红利的，例如朋友圈集赞送福利，微博抽奖送iPhone。但是运营玩法已经渐渐被人们玩"废了"。

第二，成熟期

在成熟期这个阶段，有一个明显的特点：CAC高，CLV低。

大部分产品在刚刚被开发出来的时候，就已经处于成熟期了。当某个领域或是某个模式被人们证实了是具有可行性的时候，或者是仅仅因为资本热，就会有数量众多的玩家被吸引入场，进而出现大量的竞争对手，"蛋糕"被一块一块瓜分。

如果某个产品的市场竞争相当激烈，那么用户红利也会受到极大的消耗。通常情况下，对于相同类型的产品，用户只会选择其中一个来使用，基本上是不会同时使用两个同类型的产品的，这是一场没有硝烟的战争。同类型的产品不管是争夺用户的份额，还是烧钱补贴打价格战，都会导致CAC数值飞速提高。相信大家都对滴滴与Uber，滴滴与快的之间的价格战有所耳闻，它们之间的战争简直可以称得上是疯狂！疯狂的烧钱补贴，导致CAC以飞一般的速度提高，就算是其他领域里完全不相干的产品，也受到了极大的影响，互联网整体的CAC都随之提高。

也正是因为这个原因，绝大多数产品在进入市场的时候就需要与其他产品进行竞争，根本就没能够享受到红利期所带来的红利。

针对上述情况，商家必须对CAC进行优化，尽可能使得CAC降低，寻找新的用户渠道。如果广告费的价格极其高昂，那么我们可以尝试利用别的方式来吸引用户，如长尾关键词等。如果用户达到一定的基数，那么我们可以利用这些用户去为我们吸引更多的新用户，鼓励用户分享、传播。

用户在挑选产品的时候，不一定会去挑选哪些质量好的产品来使用，但是绝对不会挑选质量差的产品来使用。因此，商家一定要与PM进行合作，共同对产品进行打磨，提高产品质量，进而提高与其他产品的竞争力。

如果商家吸引新用户需要花费很大一笔钱，并且在很长的一段时间内都不会降低，那么就需要将注意力转移到用户黏性以及用户留存的问题上了，尽量避免用户流失，导致花费的资金打水漂。

尽量少花不必要的钱，在与竞争对手进行竞争的过程当中，能够比对方存活的更久其实也算得上是一种胜利，例如美团。

另外，尽可能对用户进行精准运营，想办法让用户的价值可以变现。在现今这个时代，绝大多数互联网企业都不会再像从前一样，先划出"地盘"，然后将用户吸引到自己的"地盘"上，最后再从用户身上赚钱，而是多方面同时进行。认清现状，就算拥有高超的运营技术，在高额补贴的优势面前也是没有任何作用的。

第三，收割期

在收割期这个阶段，有一个明显的特点：CAC+COC高，CLV高。

在成熟期，各方势力都在争相抢夺地盘，攻城略地。但是到了收割期就发生了巨大的转变，经过长时间的"征战"，一个又一个势力倒下了，大部分玩家都会选择退出这场"游戏"，只剩下一两位获胜者加冕称王。导致这种情况的主要原因是成本水涨船高，而盈利毫无踪影，在早期通过烧钱补贴这种方式进行竞争已经行不通了，一家又一家企业被成本压垮了，整个市场当中就只剩下一两家巨头公司还能够生存下去。

对于用户来说，在长时间使用某一产品后，就会产生黏性，例如电商产品的会员、社交产品的关系链以及等级体系、用户积分等都会让用户产生黏性，最终使得用户经常购买。在这时候，用户的商业价值就开始慢慢地发挥出来了，这个时期称为收割期。

从严格意义上来讲，在这个时期CAC开始变得没那么重要了，CAC的数值也会随之降低。运营在这时候应该要以COC（运营成本）作为工作的重心。例如维护用户活跃度所需要的成本、具备各种各样的营销活动所需要的成本，以及商家需要花费的大部分人力成本都可以算到运营成本里面。随着公司不断发展，用户规模会变得越来越大，COC也会变得越来越高。除此之外，CLV也是尤为重要的。经过分析、简化之后，可将其分为3个阶段，如图8-2所示。

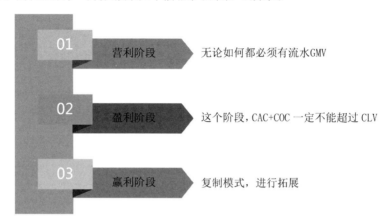

图 8-2 收割期 CLV 的 3 个阶段

对于商家来说，三个阶段的运营要求是不一样的，每提升一个阶段要求就更上一个台阶。对于绝大多数品牌来说，都有一个无法逃离的"C轮魔咒"。简而言之，就是公司没能够活到CLV提升的时候，或是无论如何也无法使得CLV提升。

CAC与COC以及CLV三者之间的区别在于：CAC是一次性花费，比如说为了吸引某个新客户花费了50元的成本，那么所花费的也就仅仅是这50元而已，不会再增加；而COC是持续提高的，从理论上来说只要用户没有停止使用你的产品，那么你就一直需要花费COC，而且用户规模越大花费越多；CLV是持续累计的，比如说某件产品第一天能够从用户手里赚到20元钱、第二天能够赚10元……只有用户不断使用你的产品你才能够赚钱，有可能需要花费很长的一段时间才能够赚回本钱，而如果哪一天用户直接放弃了你的产品，那么你就是亏本的。这是极其复杂的关系，我们只有在运营过程当中不断尝试、不断挑战才能够弄明白。

挑选一个模型来对CLV进行计算，如果找不到一个合适的模型，那么我们可以从以下问题着手思考，并且对有关数据进行密切关注：我们想要从用户身上赚回本需要花费多长时间？我们能够从用户手中赚到多少钱？用户多久之后会放弃这个产品？还有多少用户是具有商业价值的？

在收割期，我们不再感到迷茫，有了清晰的用户分层、运营策略、用户分群以及CRM等。在这个阶段，我们不会只对CAC进行关注，而是关注多个方面的因素。用户的活跃度仍然是重要的，用户的数量仍然是重要的，但是与CLV相比，都没有那么重要，运营的核心KPI变成盈利。

除此之外，至少需要选择一个盈利点作为商业的核心，广告、游戏以及电商这三个盈利点是最常见的。在进行运营的时候，一定要围绕核心盈利点进行。明显的是，广告会关注CTR、曝光量以及转化率等方面，电商会关注购物车、SKU、复购率等方面。

绝大多数指标在这时候都已经变得不那么重要了。例如微信公众号阅读数，人们基本上不会再去单纯地关注阅读数了，假如阅读数与订单的转化率有关或是与广告挂钩，那么人们还有可能去进行关注，这是不争的事实。在这个阶段，运营者需要学会对数据进行取舍，分清什么数据重要，什么数据不重要。

一款产品除了本身拥有的功能以外，还会衍生出各种各样的功能。这些衍生出来的功能多多少少都会与商业挂钩，这时候就需要运营来进行推动。

数据在现今这个时代已经变得越来越重要，随之而来的就是精准化运营，而进行精准化运营就表示能够对成本进行合理控制。

第四，衰退期

在衰退期这个阶段，有一个明显的特点：COC高，CLV低。

所有人都想让自己的产品能够长时间"活"下去，但是产品和人一样，都有衰退期，有"死去"的那一天。当市场已经饱和的时候，用户的数量基本上也已经固定了，不会再有源源不断的新用户持续地为产品输血了。各大企业都听过这样一句话：吸引新用户速度最快效率最高的办法是什么？开拓一个新国家的市场或新地区的市场。虽然这只是一句玩笑话，但事实确实如此。在这一时期，用户的数量仅仅是表示一个数字罢了。在早期，如果用户数量上升了2000，有可能就表示用户的总量提高了20%。但是到了后期，就算是用户数量上升了20000，用户总量可能也只不过提高了0.2%。

与此同时，不管是在哪一个阶段，用户流失的情况都是不可避免的。我们假设某一产品每月的用户流失率为3%，该产品刚刚诞生，仅有一万名用户的时候，3%的流失率也只不过每个月流失300人，影响并不是很大。但是产品不断发展，拥有一百万名用户的时候，如果用户流失率仍然是3%，那么就表示每个月要流失3万名用户，这个损失可是巨大的。一个产品的用户数量越多，就会越在乎流失率。老用户的数量不断减少，而新用户的数量又难以增长，在这种情况下用户体量就会变得越来越小。但是我们很难去降低流失率。

在外部，需要面对各种各样变革者的创新。在内部需要面临不断上升的成本以及各种各样的挑战，包括细分垂直领域的挑战。用户不可能一辈子都使用一款产品，也不可能在很长的一段时间当中一直都使用一款产品。我们来看看QQ，它的关系链是如此强大，但是最后却还是不得不转移到微信。在现今这个时代当中，运营者们开始逐渐意识到想要将用户钱包当中的钱放进自己的口袋已经变得相当困难，这不是运营的问题，也不是产品的问题，而是市场的问题。

可能某件产品在面临新的风口时，就会土崩瓦解，或是经历很长一段时间的衰退期。不管是哪一个时期，运营者都需要面对各种各样的困难，面临着巨大的挑战。

因此，商家需要尽可能地想办法使得产品的生命周期得到延长，与PM共同合作对产品进行优化以及改进，对用户的流失率进行重点关注，特别是那些具有高价值的用户，要抓住机遇，创新变革。

8.3 关键指标：量化分析私域流量表现的 4 个关键指标

通过私域流量来进行经营的效果如何，需要商家及品牌方根据获取的相关运营数据来进行准备评估，这就需要通过定量的指标来进行分析。通过私域流量也好，公域流量也好，都一样是通过运营手段来达成交易，实现盈利和品牌发展。最终的目的是一致的，不同的只是达成目标的方法和手段，即所谓"术"的不同。因此，针对私域流量实际表现的评价性指标，与一般的电商运营会有很大程度上的重合。指标需要计算简单、易理解、可广泛使用而非针对特定情况。关于量化评估私域流量的表现，以下4项是对于商家经营具有比较大的参考价值的关键指标。

第一，转化率

尽管从定义可以得知，通过私域流量是可以直接触达用户的，但是信息引起目标客户的注意，引发他们对于商品的兴趣才更有意义。点击转化和成交转化是对于私域流量表现有价值的分析指标。商家首先需要了解，对于他们的一次产品推广，在他们的私域流量池中发生了多少概率的实际进入商品页面以及商品购买，由此可以对商品的推广效果进行评估，不断调整自己的推广策略。同时商家可以复盘已有的用户画像是否准确，持续进行实时改进，再进一步根据修整后的用户画像进行策略的调整。

第二，用户忠诚指数

复购率对于电商是非常重要的一项核心指标。对于私域流量而言，用户是已经筛选过、对自身有较高认可度的，具有很大的复购潜力。但是私域流量不代表已经完全属于该品牌，情况仍处于不断变动中，用户流失仍会是持续发生的。因此，分析私域流量的表现需要监测用户的忠诚度，此项属于一种对于用户活跃情况的量化，也与运营及电商都非常关注的留存和复购相关。一定周期内用户忠诚指数既是对于以往成果的测算，还可以帮助商家预估未来的发展形势。如果用户忠诚度降低，可能是对于持续良好发展的预警，商家需要及时发现并做出反应。具体分析时应注意，越临近的消费越能体现出当下的忠诚度，对于现状及短期内预期越有价值。

第三，用户获取成本（CAC）

用户获取成本即CAC，是Customer Acquisition Cost的简写，一个计算公式是CAC=C/M，其中C代表流量支出，M为获得的实际用户数。商家必然希望尽量降低成本，为此即需要注意获取新客户时渠道的选择和运营操作，包括用户初步转化进私域流量后的维护，成功的运营可以帮助商家降低成本。一般来说，加进个人号的获客成本最高，关注公众号和拉进群的则低一些。用户大体上也是从各种"公域"，比如抖音、微博、头条等转化而来的，不同的渠道需要进行具体的分析。

第四，用户生命周期价值（CLV）

用户生命周期价值即CLV，是Customer Lifetime Value的简写，用来衡量一个用户在一段时期内对商家有多大价值。这项量化指标与收益直接相关，衡量的是用户生命周期内的长期价值。通常来说，提升CLV需要关注以下5大要素，如图

8-3所示。

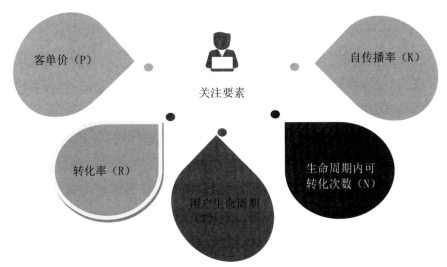

图 8-3　商家提升 CLV 需要关注的 5 大要素

以上要素的提高可有效提升CLV，CLV与CAC结合，可以帮助商家测算投资回报率（ROI），得到最终实际盈利的部分。

对于私域流量，还有一些通常在电商运营中有意义的指标，比如DAU/MAU、日增用户数、客单价、用户运营成本等，这些也是在根据不同的需要分析数据时应该参考的，但是相对而言，以上四项是在评估私域流量的表现上更为关键的指标。转化率监测私域流量池中实际完成交易的概率，CLV显示用户可以为商家带来的收益，再减去成本，即可以计算大致盈利情况。忠诚度也很重要，私域流量中已经是长期经营、反复触达、高复购率的用户，关注复购等具体量化数据对于监测流量表现自然重要。如果不断流失客户再持续进行拉新明确显示"私域"的价值没有得到充分发挥，也会使商家对于净利润很难把控。

通过私域流量来进行经营的重点是需要持续地进行私域维护，商家及品牌不仅要不断向客户提供产品和服务信息，还要建立打造一个稳定形象让客户信任，针对客户的特点及兴趣点发布内容，根据反馈和数据适度调整，这样才能保证私域长期存在，并具有一定规模，最终达成良好的效果。

8.4 转化模型：私域流量 AARRR 转化模型中的 K 因子

我们在判断推荐是否取得了良好的效果时，主要就是看推荐能够获得什么样的数据。而最主要的两个指标就是"K因子"以及"NPS分值"，我们先介绍"K因子"。

"K因子"还有另外一个别称，叫作病毒系数，主要作用是判断推荐取得了什么样的效果。简而言之，就是某一用户在发起推荐的时候，他能够吸引多少位新用户。

K因子的计算公式为发起邀请的用户数×转化率，假如商家通过计算后得出K因子等于0.8，那么就表示一位发起邀请的用户能够为其吸引来0.8名用户。

用户推荐的前提

只有商家的产品质量好，用户才有可能向他的亲朋好友推荐商家的产品。我们以相亲为例，假如一个人每天都无所事事，这个人的亲朋好友有可能推荐他们认识的人给他做对象吗？产品也是如此，假如产品质量不够硬，甚至是劣质产品，用户用一次就不想再用第二次了，他有可能将商家的产品推荐给亲朋好友吗？

马克思曾经说过这样一句话："一有适当的利润,资本就会非常胆壮起来，只要有10%的利润,它就会到处被人使用；有20%,就会活泼起来；有50%,就会引起积极的冒险；有100%,就会使人不顾一切法律；有300%,就会使人不怕犯罪,甚至不怕绞首的危险。"

有些人赞同这个观点，认为即使产品质量很差，但在利益的驱使下，用户仍然愿意将其分享给亲朋好友。但是我们换个角度想，如果这个用户为了自己能够获得利益就去蒙骗自己的朋友，他吸引过来的用户，商家敢要吗？通过高利益驱使用户进行推荐，这样的方式能够获得很高的转化率，但往往让商家陷入一个误区，就是让商家自以为产品质量非常好，然而这都是假象罢了。在没有物质利益的情况下，用户是否愿意去推荐商家的产品呢？如果用户仍然愿意推荐，那么就表明商家的产品质量足够好，值得他们去推荐，反之则表明商家的产品质量不足。针对于此，我们总结了能够让用户进行推荐的驱动力，具体包括以下3个方面。

（1）产品驱动

如果商家的产品质量不错，那么用户将其推荐给他的亲朋好友，他会认为自己是在帮助亲朋好友避免踩雷，直接可以用到好产品，会打心底里产生出一种满足感以及幸福感。但是如果商家的产品质量糟糕透顶，就算是商家给他足够的物质利益，他都不会想要将这件产品分享给他的朋友，因为与这些物质利益相比，朋友之间的情感更为重要。

（2）利益驱动

所有的人都有一个特点，那就是趋利避害。假如商家的产品质量相对来说已经很不错了，在这时候我们可以通过给予用户一定的物质奖励的方式，对用户进行激励，让其更有动力去推荐商家的产品，使得产品的口碑传播速度变快。但是在这里我们必须注意一个问题，除非已经到了万不得已的地步，否则不要轻易直接给用户返现，主要原因如图8-4所示。

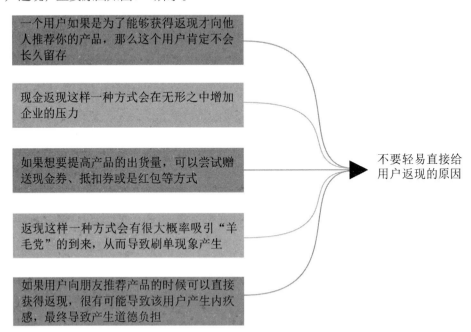

图8-4 不要轻易直接给用户返现的原因

因此，如果想要使用利益手段驱使用户进行分享，尽量通过赠送优惠券、打折等方式让用户获得利益,而不是直接返现。

(3)情怀驱动

以网易云音乐为例,其之所以能够有如此之多的忠实用户,很大一部分原因是因为它有一个评论功能,每一个热门评论都会给听歌用户感同身受的感觉,从而打动用户。当用户被精彩的评论打动时,会很乐意分享给亲朋好友,通过这样的方式去驱使用户主动进行传播,被吸引过来的用户在听音乐的时候也会自然而然地打开评论,去欣赏评论当中的故事,就这样一个接一个传播,最终使得越来越多的用户使用网易云音乐并养成听歌时进行评论以及看评论的习惯。

设计推荐流程

在确定了通过什么样的方式去触发用户体验之后,下一步就是按照驱动因子来制定推荐的方式以及步骤。通常情况下可以设计这样3个步骤,如图8-5所示。

图8-5 设计推荐流程

通过以上3步就完成整个推荐流程了,如果想要使得推荐的转化率得到提升,那么商家就应该尽可能做到每一个环节都简单、易用,具体有以下几点。

(1)让用户能够轻而易举地明白推荐流程

在设计推荐流程的时候,千万不能设计得太复杂,否则用户会很难理解应该如何进行推荐。尽可能通过图表的方式或是流程图的方式展现给用户,能够让用户看一眼就知道应该如何进行分享的流程。

(2)及时给予用户一定的奖励

在用户完成分享后,一定要及时给予用户奖励,最好不要拖欠,否则会让用户心里感觉不爽。及时给予用户奖励刺激,能够使用户进行推荐以及分享的主动性、积极性更高。

（3）要有多个分享渠道

用户进行分享的渠道不能过于单一，尽可能对接更多的第三方渠道，让用户在分享的时候更加方便，如QQ、微信、新浪微博、朋友圈等。

（4）操作简单，易于用户分享

分享操作不能过于复杂，尽可能做到人人都能用的地步，分享的入口一定要设计在显眼处。比如曾经有一个产品，该产品拥有一个排行榜，部分用户在这个排行榜当中位列第一，他们想要将这个战绩分享给朋友炫耀一番，同时吸引一些新用户的加入，可是由于该产品根本就没有设计分享按钮，而这些想要分享的用户嫌弃截图的方式太慢、太麻烦，最终不了了之。因此，商家一定要设计一个简单易懂、入口明显的分享方式，能够让用户随时随地想分享就能够分享。

（5）做好分享页面，提高用户的体验

有那么一部分产品在设计的时候，往往只关心分享者的感受，忽略了被分享者的感受，分享页面做得一塌糊涂。试想如果你是被分享者，你看到如此糟糕的画面，你会想要点进去看吗？答案是肯定的：不会。那么转化率自然就提不上去，因此我们一定要对分享页面进行优化，使得被分享者的体验能够提高，在分享页面当中简洁易懂地告诉用户，自己的产品是一款什么样的产品，成为这款产品的新用户能够得到什么样的好处，同时也不能够设置过高的门槛，更不能直接让用户去购买自己的产品，否则会让用户反感。可以让用户先在分享页面当中进行注册领取新人红包，然后再通过购买产品将红包提现。

8.5 数据优化：以提升ROI为目标的各运营环节数据优化技巧

企业的最终目的是盈利，计算投资回报率才可以得到净利润，因此提升ROI才是企业提高运营能力的核心目标。

ROI的计算公式为：ROI=转化率×客单价/单次点击花费（PPC），因此若要提升ROI，就需要提高转化率与客单价，降低PPC。其中客单价=成交金额÷成交用户数,成交金额越大,成交用户数越少,客单价越高。当然,提升客单价不是要追求商品售价提高及减少成交用户数,而是让单个用户产生更高的交易额。单次点击花费放在整个运营中则更难以通过一两项数据来计算,需要关注广告、转化等整体情况。

因此,这几个变量在实际运营中并不仅仅是几个数值,而是受到运营中各个环节持续影响后得到的最后结果。为了提升ROI,需要考察整体运营情况。AARRR模型是行业中一种常用的分析模式,它显示出用户生命周期中5个重要环节。分明对应Acquisition(获取用户)、Activation(激活用户)、Retention(提高留存)、Revenue(增加收入)、Referral(传播推荐),具体如图8-6所示。

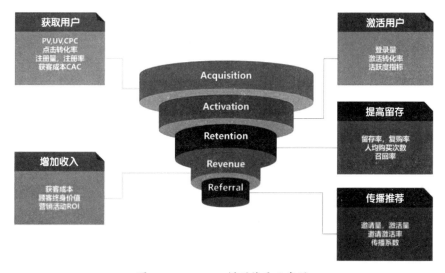

图 8-6　AARRR 模型简要示意图

KBR(key business requirement),即关键业务需求,根据《商业词典》(Business Dictionary)的定义,它是为了解决一个组织当前面临的问题而必须做出的可估量的改变,一旦确定,关键业务需求就可以成为业务流程改进项目的重点。一家企业发展到不同的阶段,关键业务需求是不尽相同的。企业需要首先确定自身目前的KBR,根据需求有针对性地进行运营数据优化。下文将根据AARRR模型,分析每一环节中可以进行的优化以达到ROI提升的最终目标,商家可根据运营情况选取当下适合的技巧。

第一，Acquisition获取用户

在此阶段进行数据优化的主要目标是降低获客成本，即以更为划算的价格使得更多的潜在用户认知到自己的品牌，并愿意进行订单交易。此阶段可以进行的手段包括：在平台付费获取流量，媒体上投放广告，与自媒体合作引流，SEO/SEM营销，开展用户间传播邀请活动等。在获客期间需要关注的相关数据有：UV、点击率、注册量等。其中，与具有一定影响力的自媒体合作及与其他有相似目标用户的商家进行资源置换是具有较高性价比的方式。撰写软文发布在合作方，文章的最后设置自己的商店与活动页面入口，重点提示一些新用户福利，引导目标人群成为新客户。由于这种资源是可以长期互利的，长期计算下来的广告成本会比媒体投放及付费获流更低廉，帮助提升转化率的同时降低成本，对于最终ROI的提升很有效果。

第二，Activation激活用户

当目标受众已经成为用户之后，引导他们建立与品牌的长期关系，成为活跃用户，有助于提高下单的转化率及客单价。商家根据用户心理、行为持续去调整产品设计、文案等，提高用户满意度及对品牌的信心，还要对客户可能需要的产品进行广告精准投放。

为了提升在用户心中的存在感并调动他们的积极性，多种多样的活动必不可少。这就涉及另一运营类别——活动运营。首先需要制定好活动的运营策划，建立工作表，标记在什么日期需要准备以多久为周期的活动。根据日历，在一些节日及具有特殊意义的日子，比如情人节、中秋节、"双十一"等需要应时做活动。但商家要切记首先明确自己的活动目的，根据目标再配合时机，不可盲目跟风办活动。

此外，由于"私域"的形式，商家可以更加自主、形式更为多样地与用户产生更紧密的联系，比起传统的进行新手引导、界面上凸显优惠等方式，互动性更强，更容易获得用户的好感，降低广告排斥感，从而提升用户活跃度。

第三，Retention提高留存

用户黏性与忠诚度的提高可以帮助商家提高订单转化率及降低成本。如果发生用户快速流失的情况就需要商家不断进行拉新，增加了获客成本，对于大量新用户了解不清晰，净利润预估困难，因此提高用户留存和忠诚度对商家提升ROI

很有价值。

商家需要在用户完成一次交易后继续维持与客户的联系，方式有在商店建立积分体系、进行信息推送、客服后续跟进等。在此期间需要关注复购率、人均购买次数、忠诚度等指标。用户行为从点击直到付费是一步步进行的，我们都知道漏斗模型，中间每一步都存在着转化率。商家需要分析转化较好的特征，回顾对应的运营策略，提升策略覆盖率。在此也可通过活动来提高数据。活动需要结合产品特征及用户需要，具有趣味性、易上手，步骤合理，突出用户收益。

私域流量在这个阶段也可以很大程度上发挥效用，实现转化率提高，单次点击花费一定程度上的降低，可以整体提升ROI。

第四，Revenue增加收入

商家希望在用户的生命周期之内获得其更大的价值，提高客单价。提高每位用户的交易额就要利用策略增加用户的购买欲望，单纯的打折促销不一定能很好地提高客单价，满减、加钱购、搭配产品、赠几天内有效优惠券等方式，利用用户希望更划算的心理，在适度让利的情况下引导他们更多购买，提高单个用户产生的订单金额，提高客单价，从而提升ROI。

第五，Referral传播推荐

这一环节，需要充分发挥老用户的作用，让用户进一步对品牌与产品进行推广，吸引更多的潜在客户。这也再一次进入到获取客户的步骤，整个模型可以实现多次循环，业务可持续地良好开展起来。进行好的传播推荐可以降低获客成本，成本数据的优化有利于提升净利润。

8.6 案例｜教培行业私域流量ROI优化分析

通常情况下ROI指标主要分为两种，一种是直接ROI，另一种是间接ROI。前者指的是直接使用单一投放产品能够为商家带来多少销售额来计算的ROI，这样的计算方式通常会导致获得的数据较低，有可能对商家进行营销策略判断产生一些影响，因此直接ROI的可参考性并不是很高。而后者指的是在计算ROI的时候，除了投放的产品自身能够为商家带来销售额之外，还需要将与该产品相关联的销售所产生的销售额计算其中，除此之外还需要考虑很多其他因素产生的销售额，如该产品的销售不断增长为商家带来的搜索权重最终产生的自然搜索量为商家带来的销售额。什么行业最适合玩"私域流量"呢？其中之一当然是教培行业！

我们站在营销本质的角度来思考几个问题：为什么招生以及营销如此困难呢？为什么转化用户的流量如此困难呢？最主要一个原因是在大部分的推广场景下，用户的价值与商业价值两者之间是完全不契合的。

简单来说，就是在大部分推广场景下，用户与商家之间根本无法达成一致的利益，都是各取所需。一般情况下我们所使用的方式都是通过数量众多的用户来"洗"一遍，进而筛选出与商家价值相符的用户。

在这里，我们用最经常遇见的"拉群加群"作为例子。吸引用户的关注是商家以及机构建群最主要的目的，他们想要将他们的产品信息以及服务信息发布在群当中，从而让用户能够阅读到这些信息，最后可以使得那些潜在用户成功转化成为付费用户。

而如果我们站在用户的角度来看，在这样的场景当中，用户可能根本就没有什么想法或是需求与商家的产品相对应，他们加入商家的群可能仅仅是因为想要与其他的真实用户聊聊天，交流交流使用产品的心得体会，也有可能是想要打发无聊的时间罢了。

真实用户往往有很多奇怪的想法以及复杂的需求，如果契合度低于界限值，那么用户就会离开这个群或是直接无视这个群。这也正是为什么那么多商家都想要打造一个属于自己的微信群，但是最后都"死"掉了的主要原因，如图8-7所示。

图8-7 大多数教培社群发展不起来的原因

但是教培行业就不一样了，该行业的用户与商家之间有一个完美的契合点，用户服务与营销需求完美融合在一起，这个契合点就是督学。现今这个时代的流量成本水涨船高，但是由于教培行业具有这样一个完美的契合点，从而让它得到了一个全新的红利机会。

教培行业是一个非常古老的行业，自从教育出现开始，基本上所有人都认为学习是一件非常枯燥乏味、相当困难的事情，正是因为这样，人们才会想要让老师来监督他们学习，来辅导他们、督促他们。

所有人都认为在老师的帮助下，才能够真正地学习、高效地学习。这也正是我们前面所说的商家的利益与用户的价值完全一致。

通过建立班群的方式，班主任或科任老师能够在群里督促学生学习，在互联网时代并没有那么发达的时候，人们遇到问题只能是等第二天看见老师再向老师询问，或是打电话与老师联系，但现在可以直接在微信群当中向老师提问，老师及时进行解答，帮助学生解决问题；班级微信群还能够让学员们轻而易举地在群内进行交流、相互之间进行鼓励；教师可以通过微信公众号发布习题的答案以及课后的练习资料等，学生可以轻而易举获取到这些资料……

在这样的一个"督学"环节当中，商家除了能够对用户的需求进行满足之外，还能够实现"私域流量"以及"流量池"的商业价值。

最为重要的一个方面，就是私域流量既能够满足商家的需求，又能够满足学员的需求，使两者达到完美的契合，并且它使用的转化方式是高频打低频这样一种典型方式：学员相互之间进行交流、教师辅导学员做作业、学员获取课外资料等都是使用频率非常高并且刚需的场景，再加上续课、订购新课这样的营销方式能够做得相当高效、自然。那么，通过怎样的方式才能够将课程内容与私域流量结合起来，从而打通流量闭环呢？

第一，将课程内容作为核心，并围绕这一核心来展开

想要让商业价值得到满足，有一个必要的前提条件：提供用户价值。

在这里，我们以英语口语课程为例，商家围绕课程内容提供的用户价值主要有以下几点课后环节：辅导学生作业、解答学生的疑问、通过短视频软件发布口语小视频、设计一些与课程内容相关的每日测验、发布一些具有话题性或是有争议性的话题让学员进行讨论、每日打卡学习等。

在设计好全部的价值点后，商家就开始考虑应该以怎样的形式来呈现这些内容是最方便的。

比如，学员相互之间进行交流主要是依靠微信群等方式来进行的；假如学员的客单价较高，那么商家可以向其提供一对一的教师辅导；假如学员客单价较低，那么建议最方便的方式还是建立一个微信群，在微信群当中解答学员们的疑问以及辅导学员们；商家还可以将习题答案以及课后练习、课程资料等文件发布在微信群当中；如果课程内容较为严肃，那么建议最好是多发布一些轻松有趣的视频。

在这里商家要注意一个问题，如果自己能够为用户提供"独到价值"，自然是更好的。比如根据用户的学习情况制定的学习报告，根据用户的兴趣爱好向其推荐一些冷门小知识等。

第二，将用户引入微信生态当中，并建立起流量池

如果能够做到将督促学员学习、辅导学员、与学员进行交流等服务成为我们为用户提供的"独到用户价值点"的话，那么就可以通过一些方式将数量众多的潜在学员转变成为我们的付费用户，例如体验课、试听课、9.9元课活动等方式。

对于老学员来说也是如此，通过举办一些活动吸引老学员添加助教微信。当做完上述内容后，我们就已经成功地获得了流量并将其聚集起来，但这仅仅是建立流量池的第一步而已。

当成功地引导用户进入到我们微信生态当中的"流量池"后，就应该开始考虑一个问题：应该用怎样的方式去承载这些用户？用户的类型不同，承载的方式自然也不同。举个例子，如果学员的层级不一样，那么他们的需求也是不一样的，潜在学员与老学员两者之间具有不一样的需求，学员的关注点与家长的关注点也是不同的。

到了这一步，我们所应该要做的事情就是尽最大努力去给每一位学员准确地贴上专属标签，方便我们通过这个标签对学员进行跟进以及查询。最后尽量将同一个类型的学员拉入同一个微信群当中。

第三，借助私域流量来完成指向增长的用户运营

所有服务型产品的最核心追求都是用户增长，但是假如商家在做任何一个运营策略的时候都紧紧地盯着用户增长这一指标,那么商家很有可能忽略掉中长期价值。

在商家通过各种各样的方式成功地对用户进行了分级以及分层之后,商家应该将大部分精力放在两件事情上:第一件事情是通过不断地、高频率地对用户进行日常维护,从而使得用户能够更加认可你的产品,用户黏性更高;另一件事情就是进行周期性裂变活动,这种活动相对来说频率较低,但是需要在事前制定好严密的计划,从而能够让用户价值"变现",最终使得用户能够成功地转化成为付费会员,并且将产品推荐给他人,为商家带来大量的潜在学员。

那么商家应该用怎样的方式来进行日常维护呢?对于这个问题,商家可以参考前面我们所说的第一点。但是在这里商家应该关注一个问题,不一样的用户,他们的需求也是不一样的,所以商家应该尽可能针对不同用户的需求,为他们提供不一样的服务以及内容,这就是商家经常会说到的"精细化运营"思路。

通常情况下,商家都是使用"梯度转化"的方式来进行学员价值的"变现",以及潜在学员的转化。简单来说,就是让那些愿意为服务付费的用户成为商家的付费用户,如果用户不愿意付费,那么商家可以让其进行转发;如果用户不愿意转发,那么商家可以让其加入商家的微信群或是关注商家的公众号;而如果用户连公众号也不愿意关注的话,那么商家应该尽量让其进行浏览。

另外,想要实现"精细化梯度转化",商家主要可以借助两种方式:一种是通过体验课加上销售转化,然后再进行流量积累的方式来完成;另一种就是借助流量池的方式来进行病毒裂变增长。

在推广并且获取新用户上,商家主要可以通过9.9元试听课,或是免费体验课的方式,利用广告、微信群、微信公众号、今日头条以及新浪微博等渠道进行推广。另外,商家还可以在自己设计的页面当中完成全部交易支付流程,其中的关键之处在于用户在完成支付后,最好不要让用户能够直接听课,应该通过其他方式引导用户添加助教老师的微信,然后才能够听课。

与此同时,商家可以建立一个微信群,将所有的同一时间进行试听的用户拉入其中,再借助打卡学习、学员之间相互交流、学生与老师互动、教师辅导、解答困惑、课外知识等方式来对这些用户进行运营,同时与学员进行私聊,督促那些没有在微信群当中打卡学习的成员进行学习；参与学习的人数越多，在用户试听阶段结束后，就会有越多的人购买全价课，从而得到较高的用户销售转化率。

在体验课程结束之后，商家可以在微信群当中@全体成员，通过限时折扣的手段吸引用户购买全价课，促进第一轮的转化，然后根据用户的参与程度，在限时折扣活动结束后将这一"课程体验群"解散。在完成这一系列步骤之后，就已经搭建起了一个相对来说较为简单的推广—转化这样一个闭环，能够通过这样的方式持续进行推广宣传。

用户在体验课程这段时间当中，对课程的价值开始有了一定的了解，并且能够了解到他能够享受到什么样的服务以及感受到交流社群的学习氛围，在这种情况下，课程转化率自然而然会提高不少。

还有一个值得商家注意的地方，就是除了那些已经直接转化成为付费用户的学员之外，商家还可以得到数量众多的潜在学员，商家可以借助私聊的方式对这些潜在学员进行跟进，询问其为什么要购买试听课，是什么原因导致其不再继续购买全价课。在得到学员的回复之后，为其精准地贴上标签，方便商家下一次的推广活动。

在现今时代当中，像这样的操作方式已经成为推广的标配，除了那些各种各样的商家所熟悉的在线教育产品外，已经开始有各种各样的在线教育平台在制定"一站式"教育计划了。以短书为例，用户如果想要对课程进行学习，那么他就一定要添加老师的微信，否则他就无法学习课程。

除了SaaS外，还有大量的第三方工具能够帮助商家实现"精细化梯度转化"。借助第三方工具好的地方是，假如商家没有选择使用短书，而是选择使用其他平台或是自研的系统，商家仍然能够借助其他工具来实现"精细化梯度转化"。例如建群宝、星耀任务宝、小U管家、爆汁裂变等，这些工具都能够帮助商家实现"推广—转化"闭环。但是在某些细节当中会出现一定的差异，主要原因是仅仅凭借这些工具只可以让用户在扫描二维码之后跳转到商家个人的微信账号当中，而不能够跳转到商家自己设计的页面当中。

总而言之，针对私域流量营销，最核心的3个销售转化点就是：招生、续课、裂变。

如果说教培行业的私域流量是以微信群以及微信个人账号作为核心的话，那么"督学"这一环节就是他们的优势，能够让商家价值与学员价值达到完美的契合，除了能够完成一次转化之外，还能够为商家积累大量的流量池资源，有利于商家之后的裂变增长。

最后告诉大家一件最重要的事情：不管是什么样的工具或是什么方式都千万不能够直接照搬，商家必须做到理解私域流量背后的核心逻辑。

第9章
风险规避：私域流量运营风险清单与相应规避方法

风险无时不在，对于私域流量也是如此。私域流量虽然火爆，但是由于模式新等原因，在许多方面都需要注意，否则很有可能造成各种各样的风险，进而为商家带来损失。

9.1 养号风险：注册过多账号带来的账号产权风险

对于想要搭建私域流量池的商家而言，养号是开启营销活动的前提准备，因为只有具备能够承载用户的容器，才能开启后续的导流、运营以及转化活动。就当下而言，商家养号的方式主要有3种类型，如图9-1所示。

图 9-1　商家养号的3种类型

第一，自己养号

自己养号也就是商家及其员工准备好手机工具，并且自己注册微信账号，商家无时无刻都需要随身带着手机，做好准备将自己的客户导入微信账号当中。这种养号的方式相对来说是最为合规的，也就是每个员工掌握一定数量的账号，任何操作都是自己的行为，是符合商业逻辑的。

对于许多中小商家而言，通过商家自身及其员工进行养号来搭建属于自己的私域流量池，已经足够应付日常的商业活动了。比如，一个微信账号能加5000人，如果有5名员工，能加的人数就已经有25000人了。

第二，通过其他渠道购买老账号

事实上，市场上的老账号销售渠道的可信性有待考究，但可以明确的是，即便账号真的是老账号，是实名操作，各种数据都正常，但是如果购买大批账号，再加上员工操作不当，被封号是很容易发生的情况。而且更换登录IP地址本身具备一定的敏感性，商家通过购买老账号免不了要迁移，自然会更加受到微信系统的关注。

第三，虚拟号

虚拟号也就是通过第三方软件形成无数个虚拟账号，能够在一定程度上形成规模化，但是存在非常高的风险。

养号在一定程度上关系到私域流量池规模化发展，一般情况下，商家运用自己养号的方式便足以应对日常的商业活动，但也有不少商家为了形成规模化而大量养号，因此会引起微信官方的注意，最后引发封号。

2019年7月，针对涉及违规的微信账号，腾讯开始了一次大规模的清理活动，只要被自动检测出来，就会被腾讯官方警告提醒。

微信对于批量养号的灰色产业的管理，毋庸置疑引起相关从业者的不满，与此同时，这场清理活动也让大家不得不对2019年突然火爆的"私域流量"进行理性思考。

事实上，早在2014年5月，微信官方就已经发布过公告："将对部分通过大量添加好友从事商业营销的个人微信号进行联系人数量限制，并对用户举报较多、涉及假货及商业侵权的微信号，依据有关法律法规进行处理。"从那以后，微信一直在打击个人营销号。因为在微信看来，微信这一社交平台的重点在于社交，是基于熟人关系链而形成的私密朋友圈，而不应该成为营销号聚集地。因此，为了净化平台环境，进而保证用户的良好体验，微信陆陆续续进行多次清理违规营销号活动。

比如，2019年5月13日，微信发布《关于利诱分享朋友圈打卡的处理公告》，在公告中指出了一些经常在朋友圈当中出现的产品，包括流利阅读、薄荷阅读等。

2019年6月18日，微信发布《关于打击"微信营销"外挂的公告》，指出："微信安全中心发布了《开发、推广'数据精灵'外挂干扰微信运营 法院一审判赔500万》，再次申明了微信严厉打击外挂行为的态度。近日我们发现，仍有部分用户使用基于Xposed、substrate等技术框架开发的第三方外挂软件，对微信的流程和数据进行了侵入，篡改微信客户端数据、逻辑，以实现恶意营销、欺诈等目的，对此，微信安全团队将进行专项清理并持续打击。"

微信陆陆续续的行动所传达的意思是一致的，就是对于影响用户体验，破坏微信环境的恶意行为予以惩戒。

但事实上，微信对于"私域流量"本身绝非抵制状态，甚至在合理、合规的范围内，微信还会为商家提供一定的支持和鼓励，帮助商家能够更好地搭建起属于自己的流量池，并且进行更优质的运营。微信所抵制的仅仅是破坏平台生态的行为，与私域流量本身无关。

因此，微信虽然在持续打击利诱分享行为以及第三方外挂软件，痛击违规者的行为，但是我们也不难发现，微信也在不断开放更多流量运营工具，进而帮助商家实现更好的运营，比如公众号直播、企业微信机器人等。

除此之外，结合微信之前的开放平台功能动作来看，比如朋友圈放开第三条广告位、公众号开通门槛降低等，微信其实一直都在鼓励商家使用官方营销工具，实现更高效的用户触达，进而获得更高的转化率。

由此可见，微信对商家所释放的信号是要求在"标准化、合规化、用户本位"的范围内进行流量运营，这不仅仅是商家所需要注重的着力点，同时也有可能成为微信未来的生态方向，因此商家必须遵循微信生态原则。

9.2 封号风险：因触碰微信平台红线管理规则而触发的风险

2019年5月15日，腾讯控股公布了财务报告，当中显示微信月活用户已经达到11亿。作为坐拥如此多用户的流量阵地，微信自然也成为商家挖掘流量的重要途径，尤其是微信个人号、朋友圈所具备的高触达特征，更让商家趋之若鹜。在如今流量水涨船高，私域流量兴起的背景下，这种趋势越发明显。

然而，私域≠私有。许多商家将用户导入自己的私域流量池当中，便开始肆无忌惮进行营销，甚至对用户进行骚扰性质的营销。然而，需要明确的是，商家的私域流量池是完全搭建在微信等平台当中进行的，如果对平台而言，商家的行为不是合规的，那么被封号是毋庸置疑的。接下来，我们简单了解一下，商家怎样的行为是触发微信平台红线并且引发封号风险的，具体包括以下4个方面，如图9-2所示。

第一，发布低俗内容信息

这是任何平台都绝不姑息的行为，一经发现且核实，微信平台会立刻将账号做封禁处理，在这方面，腾讯是尤为关注的。以漂流瓶功能为例，这一功能一直以来备受用户喜爱，然而也有不少用户利用这一功能发布了大量低俗信息，微信为了创建良好的绿化网络交流环境，2019年5月正式下线了漂流瓶功能，可见微信坚决打击低俗信息的决心。因此，商家在账号运营过程中，不应该出现这类信息，否则即便被封号也不为过。

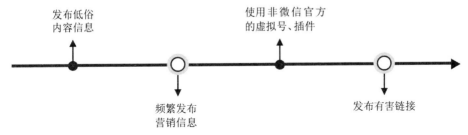

图9-2 触发微信平台红线并且引发封号风险的4个方面

第二，频繁发布营销信息

自从微商兴起之后，许多用户都深受其害，这主要是因为微商发的营销信息频率过高，在一定程度形成骚扰性行为，给用户带来很大的困扰。因此，为了维护用户的良好体验，在后续过程中，微信一旦发现滥发广告信息的用户，经查实后会禁止该账号使用相关功能，严重情况下还会封禁其账号。

当然，封号后也可以卷土重来，但如果被微信团队发现是同一用户，也会限制新账号加好友的数量，因此短时间内是无法添加大量好友的。当然，不管是新用户还是老用户，短时间内增加大量好友的行为同样会引起微信系统的关注，因为对于正常使用微信的用户而言，短时间内根本不需要大量添加好友。

第三，使用非微信官方的虚拟号、插件

从前文介绍当中我们可以看出，使用非官方的插件版本几乎可以说是微信这些年来封号的重中之重。非微信官方的虚拟号主要是针对微信双开、微信多开或者其他途径的账号，也就是在同一个设备当中登录多个微信账号来进行营销的行为。除此之外，营销过程中不免会通过发红包的形式来激励用户，有的商家为了获得更佳的激励效果，会选择第三方插件来执行这一操作，这也同样是微信团队所不允许的红线范围。

第四，发布有害链接

不可否认的是，微信平台为用户带来便利的同时，也给一些不法分子可乘之机，进而谋取"不正当利益"，而在微信平台当中发布、传播一些有危害的链接则是侵害用户权益的手段之一。有的用户在点击链接过后,很有可能引发一些不良影响,因此微信非常注重关于有害链接发布方面的整改。除此之外,有的商家可能只是想通过一些链接引来更多的流量,但会涉及用户的个人信息,这种情况下也同样触犯了微信的红线。

微信的本质是"用户本位",因此商家在运营过程中应当尊重用户需求,遵守微信平台所制定的规则,否则一旦触发封号危险,之前所做的努力就会功亏一篑。

9.3 交易风险:目前尚无服务信任保护机制的私域电商

商家利用信任涉及"传销"

2019年以来,私域流量成为大众关注的焦点,创业仅仅4年便在美国上市的云集,又或者是"从0到1"迅速发展,并且从创立到上市仅仅花了3年时间的拼多多,无疑是私域电商当中的优秀代表。但与此同时,广州市监管局对花生日记开出7456万元的天价罚单,理由是"涉嫌传销",另外还有不少私域电商同样面临或者正在涉及这样的风险。

有一张图片在2018年3月18日,疯狂刷屏朋友圈,以极快的速度进行传播。这张图片就是新世相的营销课程图片,在用户A购买了这个课程之后,就会自动生成一张海报然后发送到朋友圈当中,如果这时候用户B看到了这张海报,通过这张海报来购买课程,那么用户A就可以得到一定的收益。在短短一个上午,这种可以称为"病毒式营销"的方式就已经吸引到9万多名用户的参与,该课程最开始的价格只需要9.9元,在不断的传播之后,涨到了54.9元。用户购买了这个课程之后,生成的海报可以看成是发展"下线",而用户也成为盈利者,有很多网友对此提出了质疑,他们认为为知识进行付费变成了"知识传销"。

然而到了第二天,也就是2018年3月19日,这场病毒式传播却突然悄无声息地停止了。有一部分用户在扫描海报上的二维码的时候，发现会显示出"已停止访问该页面"的提示，此课程已经无法进行购买，与此同时，当新用户想要对"新世相营销课"公众号进行关注的时候，也会出现"该公众号因违规无法关注"的提示。

为什么要对新世相的营销课进行封杀呢？这个问题微信官方在当天发布公告进行了解释，在公告当中表明对于多级分销等违规行为，微信团队是会进行严厉打击的，"在《微信公众平台运营规范》等规则中也有明确规定，新世相通过多层抽成等方式，推广网络课程，违反了微信平台规则。目前微信团队已对相关公众号进行了处罚（图9-3）"。

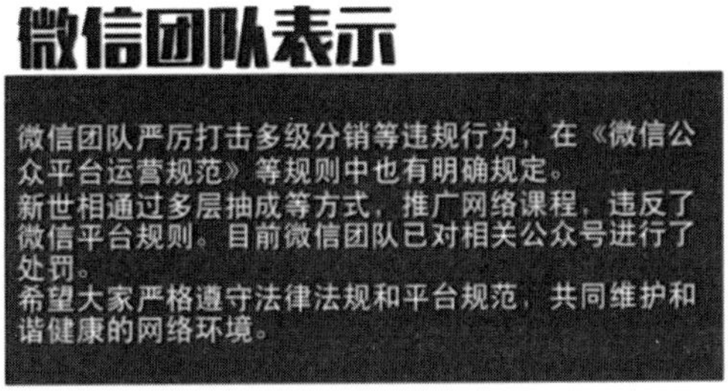

图9-3 微信团队对于新世相营销行为的表态

就这样，新世相的行为被微信官网下了定义，认为是多级分销，然而新世相的官网同样在2018年3月19日发布了一则公告，声称对于微信的举动他们已经注意到了，对于处罚，新世相愿意接受并且已经开始了相关的整改工作，并称，之前参与了这个活动的用户依然可以提现通过活动所获得的收入。

新世相的营销课在极短的时间内，就从刷爆朋友圈变成了受到处罚，而且购买热度大跌。这件事情虽然已经结束，但是对于这种营销方式的争议却越来越激烈，有很多网友讨论，新世相营销课这样一种多级分销的方式是否属于传销呢？

微信官方将新世相这次的营销活动定义为多级分销，这种方式并不新鲜，实际上就是一种类似于金字塔结构的准传销方式。

对于这种情况，微信官方早就准备了预防手段，2016年9月12日，微信官方发布了《关于整顿非法分销模式行为的公告》。在这个公告当中，提及了"有用户利用微信关系链，通过微信公众账号实施多级分销欺诈行为，发布分销信息诱导用户进行关注、分享或直接参与。此模式多数包装为新型商业模式、创新金融产品、互助扶贫、国家帮扶计划等，本质在于利用关系链发展人员，形成多级上下线关系，按照下线人数或者销售业绩计算盈利，与传销行为类似，一定程度上具有金字塔欺诈、庞氏骗局等特征"。

微信官网还列举了两个非常典型的案例，第一个案例是虚拟商品，没有实物，这种方式就是通过成为会员，然后不断去发展下线，但如果想要成为会员有一个前提条件，那就是首先需要交200元的入会费，在交了入会费成为会员后，就可以通过不断发展下线从而获得收益，这种方式在传销当中，被称为"拉人头"传销。另一个案例是某个出售茶叶的微商，通过会员销售的业绩来给予提成。意思就是说，A发展了B作为下线，而B又发展了C作为下线，那么当C获得业绩的时候，B就能够获得分成，而A则能够获得B和C的业绩分成。新世相此次使用的方式就和第二种方式相似。

按照新世相的规定，用户每邀请到一名新成员报名营销课程，就可以得到40%的现金返现，邀请得越多赚得越多，没有上限；另外，用户A邀请了用户B之后，B又去邀请了C报名该课程，那么A也可以得到10%的返现，而且该笔返现可以实时到账微信零钱当中。

事实上，传销行为正是利用信任作为起点，尤其是在互联网发达的今天，用户一旦掉以轻心就会不经意间陷入这一模式当中。

产品质量问题难以得到保证

在直销时代，有很多品牌所生产出来的商品质量还是很不错的，获得了一定的声望，比如玫琳凯、安利等品牌，虽然这些品牌称不上有多么完美，但是也并不是很差。然而发展到微商时代，绝大多数微商在对于产品质量方面的把控力度并不是很大，如图9-4所示。

有很多微商品牌都曾经出现过质量问题，例如韩束，在前些年，韩束着重发展微商渠道，然而在国家食品药品监督管理总局的质量黑榜上，韩束榜上有名。《北京商报》2016年9月7日的报道显示："国家食品药品监督管理总局在全国范围组织开展的化妆品监督抽检中，发现79批次防晒类化妆品实际检出防晒剂成分与产品批件及标识成分不符。"有很多知名品牌都被列入质量黑榜当中，比如春纪美白防晒乳、韩束防晒乳等。

图 9-4　某消费平台上的投诉问题

私域电商不是微商，但是与微商存在一定程度的共同之处，比如二者都是需要基于信任才能完成的交易活动。但是，如果一个企业不能将产品质量做好，那么就不能算是一个真正的私域电商品牌。从私域流量的定义来看，商家是要能够对用户进行精细化运营的，但这种运营方式一定要能够将优质产品提供给消费用户，让消费用户认可自己的产品、喜爱自己的产品。

然而实际上，只有很少一部分企业没有产生服务质量问题或者是产品质量问题。有很大一部分具有相当的知名度、拥有相当的用户数量的品牌都有消费者进行投诉的情况发生。

信任是私域电商的灵魂

与传统电商相比，私域电商是依托于各大社交网络，与用户进行高效触达的商业活动，具备粉丝黏性强、互动效果好、用户精细运营等特点。事实上，透过现象看本质，我们可以发现，私域电商的商业活动并不仅仅是基于社交关系而构成，更为重要的是具有偶发性的、朋友之间的信任关系。

在私域电商的交易过程中，由于"信任"而成为朋友，而当代消费主力的圈子比较固定，因此朋友是引导其进行消费的核心要素。中国电子商务协会政策法律委员会副主任阿拉木斯对此表示:"如果利用好这种关系,就能起到推荐和传播产品、服务的作用。如果存有不正当的目的和手段,就会变成'杀熟'。"

事实上,惊鸿书箱的印刷成本绝对没到499元,这一点是"罗辑思维"的粉丝都清楚的,然而粉丝依然愿意购买,主要原因在于对罗振宇的信任。同样的道理,私域电商之所以能够发展起来,很大原因就是由于信任,甚至可以说信任是决定性因素。因此,如果信任遭到恶意利用,相当于不懂私域电商的本质,最后就会导致自身走向灭亡。

私域电商的核心在于真实体验、用心分享,在此基础上再去思考利益。商家在运营过程中,还需要保持初心,坚持将优质的内容、产品、服务提供给用户,这样才能避免基于信任而存在但是尚且不存在保护机制的交易风险的发生。

9.4 老化风险:如何保持引流自媒体活跃状态避免老化

如果你是一名运营者,那么你在做自媒体的时候肯定会遇到粉丝积累的难题,但这仅仅是"噩梦"的开始,接下来你还会遇到更大的难题——通过什么样的方式才能够使得自己粉丝活跃度得到提高。同样的道理,做私域流量也一样会遇到这样的问题,因此,我们在此介绍如何保持引流自媒体活跃状态。

第一,定期输出内容,让用户养成阅读的习惯

在商家设计内容的时候,必须考虑一个问题,商家的内容是否能够定期输出?例如罗辑思维,它的内容输出就是有固定时间的;网红,几乎每一个网红每天都会开直播,这也是一种定期输出。因此,从本质上来讲,一定要在设计内容的时候就考虑这个问题,并将其解决。除此之外,商家还要想方设法地将商家的内容推荐给用户,让用户养成定期阅读的习惯。在这方面,罗辑思维所用的方式就非常不错,在每天早上六点的时候,罗辑思维会对它的内容进行语言输出。所以,我们必须能够做到定期输出内容,并在此基础上让用户养成阅读的习惯,犹如生物钟般,时间到了用户就会自动地去看商家的内容。

另外,商家所输出的内容必须能够让用户产生极强的黏性。换句话说,就是

商家输出的内容必须有一定的价值，听起来像是虚无缥缈的东西，但详细一说，大家可能就明白了。举个例子：今天广州的温度会骤降，大约在5~10摄氏度，这就是所谓的信息，但没有任何价值。如果我们换一种说法：今天广州的温度会骤降，大约在5~10摄氏度，用户要开始防寒保暖了，要开始穿厚衣服了，应该开始使用护肤品了，这就是我们所说的内容，有价值的内容。商家甚至可以说得更详细一些，比如，在饮食方面，应该注意食用什么，什么在冬天最好不要吃；在护肤方面，敏感肌肤的女生要注意冬天应该使用什么样的护肤品，最好不要使用什么护肤品，这些都是有价值的内容。

从本质上来讲，我们所说的内容就是那些具有价值的信息，没有价值的信息只能够称为信息，而不能称为内容。内容一定是那些可以给用户带来启发或是引导的信息。

如果我们想要将一个社交账号弄好，那么就必须建立一个完善的定期输出机制，能够让商家的用户养成习惯，犹如生物钟那般。无论是做自媒体的，还是做网红的，都是如此。当商家能够做到这两点的时候，就已经离成功不远了。现在是一个信息大爆炸的时代，在这个时代当中，人们每天接触到的信息是非常多的。与古人相比，现代人一天接触到的信息可能比他们一辈子接触到的信息都多。在这种情况下，人们很容易出现疲劳，过滤掉许多无用的信息，那么商家就必须让自己的信息能够有价值，能够吸引用户，只有这样才能够让用户产生依赖性。在现今这个时代，无用的信息很多，但是有价值的信息却很少。如果商家能够做出有价值的内容，很容易就会被人们关注到。

绝大多数取得了成功的自媒体都会有固定的时间用来输出内容，大部分用户受到商家定期的、持续的内容输出的影响，不知不觉间就养成了习惯，进而产生依赖性，就像生物钟一样，到了相应的时间用户就会自动来看商家发布的内容，在这种情况下，商家是不是就能够轻而易举地提高粉丝活跃度以及影响力了呢？

第二，多举办互动活动，让用户能够产生参与感

在信息大爆炸的时代，人们每天接受的信息实在是太多了，最终导致一个人前一秒刚看到的信息，后一秒可能就忘记了。有些人可能认为这是自己的记忆力下降了，但其实并不是这样，主要是因为信息量过多，从而导致大家忽略掉一部分信息，并且我们的注意力被大量的信息分散了，没有办法集中注意力去关注单一信息，从而导致无法形成记忆。从这个角度来看，在现今这个时代当中，全部社交账号都必须能够维持这种活跃度，从内容输出方面来看，如果想要你的账号能够获取到大量的粉丝，并且让这些粉丝活跃起来，商家就一定要做好内容。

但是仅仅将内容做好就可以了吗？当然不。试想一下，通过大量信息去吸引用户的人可能只有你一个吗？当然不可能，商家还有很多的竞争对手，他们和你使用的是一样的方式，在这种情况下，必然会爆发出相当激烈的竞争。大家都通过信息轰炸来吸引用户，在这种情况下必须另辟蹊径，这条"蹊径"是什么呢？就是多举办互动活动，让用户能够产生参与感，例如网红们每次直播都与用户聊天、打招呼，通过各种各样的方式鼓励用户。罗辑思维推出的霸王餐活动，就值得我们学习，我们应该不断地去做这些事情。

因此，我们不仅仅要做到能够定期输出内容，还要能够让用户在我们推荐的内容当中获得有价值的信息，并在此基础上让用户感受到存在感、参与感、归属感以及成就感。

第三，搭建一座"桥梁"，让商家能够与用户进行深入互动

从本质上来讲，现今这个时代的社交媒体基本上都属于社群，一个由价值观相同、价值取向相同、审美取向相同、价值判断相同的人组成的群体。

因此我们不仅仅是要对他们进行价值输出就可以了，还一定要多举办具有互动性的活动，与用户进行互动，例如粉丝墙之类的，可以让每一位用户在粉丝墙当中上传他们的照片，每一位用户都能够在粉丝墙上看到他们的照片以及别人的照片，从而产生存在感。

而参与感究竟是什么呢？我们常常说的参与感不单单指的是内容层面的参与感，更重要的是产品层面以及机制层面的参与感。现今这个时代当中有那么多的社群化产品能够火爆，最主要的一个原因就是定制化。而这也正是同道大叔的公仔能够火爆的原因，因为用户在购买公仔的过程当中能够将其喜爱的图片或是LOGO印在上面，确确实实参与其中，从而产生参与感以及成就感。这也是为什么那么多的网红每天都要直播的原因，如果他们无法做到定期直播，就无法定期与用户进行互动，进而无法保持社交账号的活跃度，最终可能导致粉丝无法感受其存在的价值选择"脱粉"。

除此之外，我们还需要尽可能不断创新，推出更多的新花样、新内容。因为现今这个时代的竞争实在是太过激励，你今天刚推出的玩法，第二天别人就拿去用了，逐渐趋于同质化，无法吸引用户的兴趣。因此我们必须一直进行创新，持续创造出新的玩法、打破旧规则。所有的社交媒体都必须搭建一个桥梁，通过这个桥梁连接粉丝，能够与他们进行深入互动。

第四，尽可能使用多个渠道，覆盖更多的粉丝群体

如果商家认为做到了前面所说的内容，就能够保持粉丝活跃度，那么就错了。在现今这个时代当中，用户所处的年龄段不同、生活习惯不同、阶层不同、群体不同，他们的喜好以及习惯也是不同的。比如年龄较大的用户可能更喜欢使用论坛的方式来进行交流，"90后"用户可能喜欢使用微信来进行交流，"00后"用户可能更习惯于通过QQ来进行交流。除此之外还有一些海归用户，他们可能更倾向于使用Facebook以及Twitter平台来进行交流。在这种情况下，自媒体千万不能只通过一个渠道推送内容，不能在一棵树上吊死，要尽可能地使用多个平台来分发内容。

假如这个时代大多数人在日常生活当中都刷抖音，那么你就应该注册一个抖音账号，并通过该平台输出内容，通过这样的方式尽可能多地覆盖粉丝群体，有利于粉丝更好地阅读你所制作的内容。类似的平台还有搜狐、网易、百度百家、UC订阅等。

这样做的目的是什么呢？主要是因为粉丝数量实在是太多了，他们的使用习惯各不相同，喜欢使用的平台也不一样。例如有部分用户较为喜欢YY、有部分用户较为喜欢美拍，或是映客、花椒等。在现今时代，绝大多数活跃的自媒体都不会在一棵树上吊死，他们为了能够更好地兼顾他们的粉丝群体，覆盖到更多的用户，会通过几十个不同的平台去分发他们的内容，进而使得他们的活跃度得到提高。任何一个做自媒体的都希望得到大量的活跃用户，那么就必须去扩大内容输出渠道，还需要尽可能使内容输出面更广、内容输出的平台更多。在这种情况下，多渠道分发的重要性不言而喻。

因此，无论是经营品牌，还是经营社交账号，都应该通过更多的渠道去分发内容。一些做得非常不错的品牌，他们除了会开设微博账号以及微信公众号之外，还会有豆瓣、贴吧等平台账号。我们可以看到，在互联网技术高度发达的今天，能够使用手机上网的人数越来越多了，也有越来越多的品牌以及自媒体开始打造自己的微信公众号、微博账号，并通过这些平台渐渐地积累粉丝，建立起粉丝群体，借助这样的方式逐步扩大自己的粉丝数量，提高粉丝的活跃度。如果你想要将你的粉丝活跃度维持在一定的水平，就必须拥有数量众多的粉丝数量。因此，通过多渠道分发内容的重要性就不言而喻了。

在此，我们再提出3个小建议供大家参考。不管你是想要做一个网红，或是做自媒体，还是想要做一个活跃度较高的社交账号，只要不想让用户老化，你都必须记住这3点，如图9-5所示。

引流自媒体活跃状态避免老化的3点建议	① 一定要建立起周期性的内容输出机制，并且要通过各种各样的方式让用户产生依赖性
	② 多多举办互动性活动，仅仅是通过内容输出的方式不足以提高用户的活跃度，这只不过是我们的单项行为罢了，而互动活动不同，它是双向的，能够让我们与用户之间进行接触，让用户获得参与感。因此，互动性活动的必要性不言而喻
	③ 必须建立起一个"桥梁"能够与用户进行深入的互动；除此之外，如果你想要使得粉丝基数能够提高、想要将不同平台的粉丝聚拢起来，那么就必须做好多渠道内容分发

图9-5 引流自媒体活跃状态避免老化的3点建议

但需要注意的是，前提是内容必须有一定数量的粉丝，否则建立社群完全没有任何作用。这是一个从0到1的过程。

9.5 案例｜私域流量运营企业如何将员工离职损失降到最低

人才流失对于私域流量企业而言具有比较大的负面影响，补充一个岗位需要经过1~2个月的招聘期，3个月左右的培训适应期，半年以上的融入期，需要投入不少的金钱和时间成本。如果是合理的员工流动，可以使企业吸收新的血液，增强公司的活力，避免管理和思维僵化。但如果员工能够独当一面以后便选择离开，过于频繁的人员流动则会带来离职重置成本，侵蚀营业利润，影响组织的稳定性，从短期及长期来看对企业持续发展都没有益处。不仅如此，骨干业务员的跳槽往往还会带走一些核心客户资源，也很可能打击到已经建立好的团队的士气，甚至由于重要人员的离开破坏整个团队的建设，这样对公司来说是双重打击，员工离职便不简简单单只是一个付出额外成本的问题了。跳槽与离职在职场不可避免，除了留住优秀的业务骨干，如何降低员工离职后对于本公司的负面影响也是一个非常值得研究的问题。采取措施应对可能的员工跳槽带来的问题是企业管理中必须进行的。

想要处理好员工离职带来的问题，首先应该知道员工为何会离职。离职无非出于两大因素。一方面是对于公司提供的条件不够满意，可能是由于不满工作环境，包括公司管理、工作条件、人际关系和工作稳定性等，也许是待遇要求没有得到满足，认为自己付出的比得到的更多，还有可能是觉得自己的能力没有完全得到发挥，埋没了才华所以心生委屈。另一方面是通过在公司工作的一段时间，员工所积累的工作经验及客户资源让其具有了独当一面的实力，有能力另寻一家更为满意的新公司。

这两类离职原因，第一个方面更多的是来自企业的原因，处理好了可以帮助企业更好地留住优秀员工；而第二个方面则是员工自身选择，对此进行更加深入的思考与分析并采取适当的措施则可帮助企业减少员工离开后对企业自身的伤害。既然员工具备的实力都是在原公司工作的过程中逐步培养出来的，企业管理者就需要让公司不仅仅培养员工自身的能力和资源，还要在此过程中将员工个人掌握的核心资料、客户资源以及工作经验等不断转化成为公司的集体资源，这样即使有重要员工离职或跳槽，公司的业务也不会受到过大的负面影响，可以持续稳定地开展下去。首先，企业领导者需要了解员工所具备的资源与技能，包括外部的与内部的，具体如图9-6、图9-7所示。

除此之外，一些核心员工由于工作时间长，对于私域流量运营企业的各方面都比较了解，能够在一定程度上带好团队少走弯路，少犯常规性的错误，甚至对于一些很微妙的机会、情况都能及时嗅到，帮助老板省很多力气。

图 9-6　员工手中的外部资源

图 9-7　员工手中的内部资源

根据以上对于员工所掌握的资源的分析，管理者需要想办法将有可能转化的部分相应地向公司集体资源进行转化。

第一，内部技能：培训、交流

定期组织公司内部的员工培训和经验交流会等，充分发挥骨干力量业务技能的培训价值，合理安排他们培训普通员工及新员工专业技能，提高其业务流程熟练度，甚至可以鼓励优秀员工传授一定的个人特定技术。定期安排员工之间进行工作总结和经验交流，将工作中的成果及教训共享，共同更快地增长经验。

第二，外部资源

（1）将客户资料进行共享

可以将登记客户资料、客户沟通经验分享、问题分析等加进业务流程中，变成内部学习资料，将员工个人的资源制度化地形成公司的客户资源库。

（2）将人脉关系、社会资源等进行转接

建立客户档案、联系平台等，管理者需要制定公司与合作方定期联络沟通机制，老板亲自拜访，定期组织活动，节日送出福利、礼品等，避免员工个人与合作方形成单线关系，向各方传递出是与公司及品牌进行长期合作的信息，将员工的人脉关系、各种机构组织的社会资源尽量转接到公司。

第 10 章

终极案例：线上线下大规模掘金私域流量案例剖析

前面介绍的私域流量内容大多与微信相关，殊不知这个概念最早是由淘宝提出来的，基于此，本章着重介绍淘系私域流量的相关内容。与此同时，私域流量并不是只能在线上发挥作用，在线下利用得好，一样能够收到相应的效果。

10.1 淘系私域：淘系私域流量的3大主要载体

为了能够使获取私域流量的方法的真实可操作性以及针对性更高，在此以与用户距离最近的淘系平台为主，向大家介绍私域流量在淘系平台当中主要有哪些载体，帮助大家建立私域流量池。

品牌在建立私域流量池的时候，最先要考虑的问题就是选择什么作为载体，简单来说就是将私域流量放在什么地方。一般情况下，在选择私域流量载体的时候，必须满足两个条件，一个是免费触达，另一个是可以直接触达。例如微信号、微信圈、微信公众号等私域载体。

不过，我们需要注意一点，那就是阿里与腾讯之间是"死对头"的关系，无论你想出多少种方法，将淘系流量转移到微信私域载体当中，都是白费力气，起不到作用。为什么？因为你每想出一种方式，淘系平台就能够迅速想出对应的方式来阻止你这么做。

比如先前有很大一部分商家通过阿里旺旺的方式对客户进行引导，让客户直接添加商家的微信，淘系平台很快就做出了反应：将所有与微信有关的词汇都设置成为违禁词，一经发现，严惩不贷。

既然这条路走不通，那么我们可以换一条路走，实际上，淘系平台内部也存在着能够成为品牌私域流量池载体的，比如，微淘、品牌号和会员通。可能有些人对微淘、品牌号和会员通并不是很了解，在此向大家做一简单介绍。

第一，微淘

相信大家都知道微博，实际上微淘就是淘系平台当中的微博。所有的淘宝商家手里都有一个微淘账号，我们可以像平时使用微博一样分享动态，将店铺的各种动态内容发布到微淘当中，如图10-1所示。例如，店铺的促销信息、新上线的SKU、店铺举办的盖楼活动、征集买家秀等。对于品牌私域来说哪种形式更加有利，我们会在后面的内容当中为大家分享。

第 10 章 终极案例：线上线下大规模掘金私域流量案例剖析

图 10-1 微淘的体现形式

第二，品牌号

所谓的品牌号我们可以将其视作微信公众号，但是相对于微信公众号来说，淘系平台的品牌号并不是很容易就能够开通的，比微淘还要严格，只有天猫旗舰店才可以开通，通常情况下都是那些品牌层级的商家才会去开通品牌号。

相较于微淘来说，品牌号更有利于吸引私域流量，主要是因为品牌号能够主动推送给用户，用户可以在淘宝底部的"消息"栏当中查看这些信息，如图10-2所示。如果品牌号的用户体量达到一定程度，还能够为每一位用户打上标签，和微信公众号后台相同，那么就能帮助品牌更好地进行精细化运营。

第三，会员通

会员通其实很好理解，就是淘系平台的会员体系。在前面所说的微淘、品牌号这两个板块当中，用户与店铺的关系仅仅是粉丝关系而已，但是会员通就不一样了，用户在注册的时候，需要填写手机号，而这也正是会员通的一大优势，如图10-3所示。在品牌大促的时候，不仅仅可以通过淘系平台当中的手段去触达用户，还可以直接通过手机号向用户发送短信，让他们知道这个信息。

图 10-2 品牌号的体现形式

说到这里，有人可能会感到疑惑。

第一个疑惑：这些推送的信息有多少用户会去看呢？对于这个问题，会员通能够借助手机号这个资源直接触达用户，无须多虑，然而微淘以及品牌号就需要考虑了，如果他们推送的信息根本就没有用户点开来看，就不会起到任何作用。

第二个疑惑：就算有用户会点开这些信息，但是我们应该通过什么样的方式才能够为这些账号吸引流量，增加粉丝数，让品牌在淘系平台当中吸引到更多的私域流量呢？

对于第一个疑惑来说，实际上我们可以换一个说法来表达：在淘系平台当中，搭建私域流量池是否合理呢？

对于这个疑惑，官方的行为已经为我们解惑了。在2019年6月，天猫发布了旗舰店2.0计划。在先前的旗舰店1.0时代，运营是以货品作为中心，而在2.0时代，运营的中心转变成为消费者。在这个时代当中，品牌要更加重视私域流量，加快建设的速度，对此，天猫会做出相应的行动帮助品牌，开发出更多的模组化工具帮助旗舰店与用户进行互动，主要就是为了能够帮助店铺吸引消费者，让其成为店铺的会员以及粉丝。

图 10-3　会员通的体现形式

通过实战积累的经验，在这里列出一组参考数据供大家参考：

某品牌在淘宝平台当中，通过品牌号的方式向用户推送消息的时候，有 3%~5% 的用户会点开这一消息，在淘宝举办大促销活动的时候，这个数据可以上升到 10%；该品牌通过微淘账号的方式分享店铺动态，用户的进店率为 20%。

我们在这里以微信公众号推文作对比，绝大多数品牌的微信公众号推文的点击率都在 5% 以下，并且假如推送的时候是通推，没有分组推送，也无法达到 10% 的点击率。

通过这个数据我们可以看出，淘系平台的微淘以及品牌号等内容，并不是想象当中的无人问津，确确实实有用户观看，并且还能够将用户引流进入店铺当中。这让淘系平台名正言顺地成为品牌私域流量聚集地。

10.2 流量沉淀：淘宝系内沉淀私域流量的人货场逻辑与方法

在这里先为大家介绍一个基础知识，前面我们提到的3个板块当中，品牌在淘系平台的微淘、品牌号、天猫旗舰店的粉丝数量是互通的，简单来说就是只要你对品牌旗舰店进行了关注，你就会成为该品牌微淘以及品牌号的粉丝。

因此，我们可以这样理解：品牌旗舰店的粉丝数量以及会员数量其实就等于该品牌在淘系平台当中的私域流量，而这些私域流量的承载以及运维则是通过微淘、品牌号以及会员通等工具。

从本质上来讲，店铺在淘系平台当中吸引粉丝以及会员的这个过程其实就是获取私域流量的过程，那么我们应该怎样做呢？

操作方式主要有两种，一种是短线，另一种是长线。所谓短线，其实就是通过一些十分火爆的市场营销活动，将从公域当中获取到的流量转变成为品牌的私域流量，使得品牌的粉丝数量以及会员数量得到提高；而所谓长线，就是通过日积月累的方式来吸引流量，主要是通过前面所说的微淘、品牌号以及会员通的方式，不断产出内容。短线能够在短时间内为我们吸引来大量的私域流量，而长线则需要经过长时间的运营才能够获取到私域流量，这个内容我们在下面的部分详细说明。

因此，我们吸引私域流量主要就是通过短线来进行的，在这里，笔者为大家介绍几个案例，帮助大家更好地进行短线操作。能够实现"人、货、场"一体化。

第一，人

每一个饭圈女孩都有自己喜欢的"爱豆"，并且愿意为他们应援。对于那些具有流量明星代言的品牌来说，这种营销活动能够为他们带来巨大的流量，想必大家都对饭圈女孩有所耳闻，她们为了"爱豆"能够爆发出难以想象的力量，只要品牌方能够给予她们的"爱豆"一定的利益，或是帮助她们接近她们喜欢的"爱豆"，那么品牌就可以轻而易举地将这些饭圈女孩转变成为他们的私域流量。

这种方式最关键的地方就是，为各个明星制定一定难度的任务，想要完成这些任务，就需要用户通过各种各样的方式，从而获取到应援值，帮助"爱豆"完成任务。常见的方式有收藏加购、关注店铺甚至注册会员等，如图10-4所示。

图 10-4 明星应援

通过一系列的活动，店铺的粉丝数量可以得到不少提升，从而获取到不少私域流量，然后我们就可以借助微淘、品牌号以及会员通等板块来运维这些流量了。

第二，货

用户为了能够买到尖货，会通过各种各样的方式去呼喊亲朋好友共同参与，所谓的"尖货"指的就是那些稀缺的、用户在日常当中买不到或是难以购买的商品以及权益。例如跨界合作款、礼盒以及限量销售的产品等。假如你是商家，并且你手里有尖货，那么你可以通过这些尖货来吸引大量的用户，提高他们的购买欲。

在天猫互动吧组件当中，有一系列的工具能够帮助你。例如新品排队工具，在新品开售之前，用户需要先关注店铺，或是成为该店铺的会员，才有购买资格，犹如传统的线下拿号一样，但并不是说你有购买资格就一定能够买到这个商品，还需要拼手速抢购才可以，对于那些限量潮流新品来说，这种方式最适合不过了，如图10-5所示。

除此之外，还有一个工具叫传奇大乐透，星巴克就曾经用过这个工具。星巴克的做法是通过稀缺的权益来吸引用户，这个稀缺权益就是30杯拿铁。用户仅仅需要呼朋唤友，共同构建一个团，就有可能得到这个稀缺权益，这样的方式能够从公域当中获取到私域流量，还可以借助已有的私域流量，通过社交的方式吸引更多的用户，得到更多的私域流量。

图 10-5 新品排队

第三，场

在线下商场当中，我们常常可以看到这样的活动：免费领取样品，免费试用。以天猫U先为例，在商场当中，我们经常可以看到天猫U先免费发放一些产品供用户试用，尤其是日化用品以及美妆产品，用户对此排起了长龙，如图10-6所示。

用户仅仅需要掏出手机，点击淘宝或是天猫当中的扫描功能，对着屏幕上面的二维码扫一扫，在对店铺进行关注之后，即可免费领取试用产品。通过这种方式，能够吸引到大量的线下流量，并将其转化为品牌的私域流量。

图 10-6 天猫 U 先

经过以上认知，商家还需要了解一下在淘系，品牌应该怎样通过内容对私域流量进行运营。

在前面的内容当中我们提到过，从淘系平台当中获取私域流量主要有两种方式，一种是短线，主要依靠的是营销活动。另一种则是长线，主要依靠内容的方式日积月累。如果私域内容做得十分突出、十分优秀，那么是有可能进入到公域当中进行展示的。例如淘宝的必买清单、猜你喜欢、有好货之类的，如果能够登上这些板块，就犹如登上了微博热搜，能够为品牌带来巨大的流量，但是这种机会并不是时时刻刻都有的。

内容最关键的地方就是，它能够长时间地进行操作，对私域流量进行运营。因此，品牌在做私域内容的时候，最先要考虑的问题就是内容赛道。

在这方面，我们可以将品牌在social平台当中的做法作为参考，在电商环境当中，发布的内容并不一定都是与购物有关的信息，我们还需要发布一些让用户看了之后感到"有趣"的信息。在内容赛道当中，隔离开竞争对手的产品，"独占"一条赛道。

抛开新氧在最近一段时间推出的TVC广告不谈，它们的内容赛道就选择得相当好，它们公众号推送的内容每一次最少都有8篇，头条的阅读量能够达到十万多，次条的阅读量至少也有五万多。

新氧在内容赛道方面，涉及"谈整容色变""医美潮流"的内容，绝大多数内容都是将各个高颜值的明星当成范本，并以此展开，发布一些与整容有关的知识。新氧并没有选择固定的模式，没有通过专业、严肃的方式来强行推广自己的整容服务，因为与众不同，从而为自己吸引到一大批粉丝。

而新氧的这种做法也为我们带来了启发：某个行业的微淘内容或是品牌号内容并不需要都是一致的，比如服装行业就不一定要做服装搭配、潮流穿搭，还可以做一些其他内容，如生活方式等；像奥利奥之类的品牌还可以选择做一个"食验室"，专门探讨各种新奇吃法。

10.3 私域运营：淘系私域流量运营的4种技巧

在选择了一条明确的内容赛道之后，我们就需要确定我们的内容形式了。

就目前的情况来看，大部分品牌号以及会员通都使用一种十分刻板的内容形式，绝大多数推送内容都是单纯的文字或是图片配上文字。但是微淘就不一样了，它具有丰富的内容形式，能够给大家提供更多的选择。下面就为大家分享4种微淘常见的内容形式。

第一，评论盖楼

由品牌方主导，可以举办一个投票活动或是发起一个话题，像用户发出邀请，让其在评论区当中进行留言，可以是短短一句话，也可以是自己对品牌的各种意见或建议等，由品牌确定某一楼的幸运用户能够获取奖品，如图10-7所示。通过这种方式，能够很好地对现有的私域流量进行激活。

图10-7 评论盖楼形式

第二，产品清单

相关数据表明，引导用户进店、加购、成交最好的方式就是产品清单。从用户的视觉感受方面来看，九宫格或是六宫格的图片形式能够给用户造成巨大的视觉冲击，如图10-8所示。当用户对某个宫格当中的产品产生了兴趣时，只需要点击该宫格当中的图片即可链接到店铺当中。通常情况下，产品清单上面都是明星同款产品、促销活动主推产品。

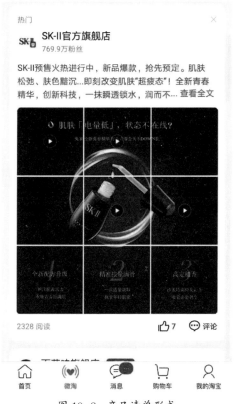

图10-8　产品清单形式

第三，买家秀征集

向用户发出邀请，让用户晒出买家秀，并从中挑选出优秀的买家秀，将其同步到店铺买家秀当中，如图10-9所示。这样的方式对于现有用户拥有极大的吸引力，他们会主动、积极地参与其中，并且其他用户还可以通过买家秀深刻了解该产品，这种方式被称为淘系KOC，最近十分火热，大部分人已经开始不相信明星晒图了，他们认为自己不具备明星的颜值以及气质，他们开始选择相信与他们的日常生活更为接近的素人。

第四，试用申请

所谓试用申请，顾名思义，就是品牌可以拿出一定数量的样品发布在微淘当中，用户可以提出试用申请，店铺审核通过后，用户就可以免费得到这个样品，如图10-10所示。这种方式不仅能够吸引到新用户参与进来，还能够激活品牌私域流量。

图 10-9 买家秀征集形式

图 10-10 试用申请形式

以上4种方式可以帮助大家在淘系平台当中建立起自己的私域流量之后，了解品牌应该怎样通过内容对私域流量进行运营，希望大家能够从中有所收获。

10.4 案例｜美妆品牌阿芙打通淘系私域和微信私域案例分析

阿芙是一个美妆品牌，在2006年的时候成立，正式入驻淘宝的时间是在2009年，可以说它是淘系平台当中最早的商家了。在2013年的"双十一"以及2014年的"双十一"时，阿芙的天猫官方旗舰店都获得了美妆品类销售冠军。2018年，阿芙打算扩大它们的电商业务，着手布局微信生态。我们在此介绍对于淘系电商以及微信生态电商，阿芙是以怎样的眼光来看待两者之间的区别的，又是通过怎样的方式将两者打通，从而能够得到更多的私域流量。

在2019年举办的亿邦电商大会当中，夏正（阿芙微信生态负责人）透露了阿芙是通过怎样的方式来拓展私域流量的，核心的法则是什么。他认为，淘系平台对外宣称有6亿名用户，而微信对外宣称拥有11亿用户，两者相比较之下，微信的用户数量比淘系平台差不多高出了一倍！所以微信这个平台是所有商家竭尽全力想要占下来的。对于中小商家来说，微信更适合他们生存，因为微信是一个相对来说比较封闭的平台，在他们早期进行品牌孵化的时候更具有优势，而淘系平台的竞争实在是太过于激烈了，几乎就是"神仙"打架，他们这些中小商家只是"凡人"罢了，根本插不上手。

夏正认为，如果想要将电商业务拓展到微信生态当中，应该注意两方面问题：一方面是自营（会员服务以及销售能够落地），另一方面是渠道（也可以说是分销）。只有做好了这两个方面，才能够在微信生态当中做好电商业务。就现在的情况来看，微信生态当中的电商业务主要有4种不同的模式，如图10-11所示，商家可以根据自身的实际情况来选择最适合自己的模式。

"如果这个客户在天猫成交了，也可以认为天猫就是可以发力的点。所以我们应该更多地把微信的生态、天猫的生态和用户在微信、天猫以及其他生态的流转当作一个整体来看待。"夏正认为，商家千万不能只局限于微信，而是要多渠道并行。

就现在的情况来看，如果想要获取到更多的商业机会，商家就需要将淘系生态以及微信生态成功打通，但是这件事情说起来很容易做起来难。不管是微信商家还是淘系商家，他们想要将两个渠道打通都面临各种各样的问题，比如微信商家如果想要进入淘系生态，由于他们在微信当中受到规则限制不多，而淘系平台当中是有很多规则的，这会让他们产生不适。而对于淘系商家来说，他们如果想要进入微信生态当中，就会遇到平台运营的难题，以及产品分销的困难。

图10-11 微信生态中电商业务的4种模式

因此，夏正表示，阿芙必须注意两个方面，如此才能够很好地将淘宝生态与微信生态打通，从而获取到更多的商业机会。这两个方面分别是：在淘系生态当中重点关注电商的运营；在微信生态当中重点关注社交以及内容这两大核心。下面我们围绕两个问题向大家介绍品牌可以通过怎样的方式来积累私域流量，核心法则是什么。

既想要在微信生态当中获利，又想要在淘系生态当中获利，两边通吃的想法确实是很不错的。但是我们应该通过怎样的方式才能够在淘宝以及微信当中周旋，两边都拿到好处呢？这是一件非常棘手的事情，大量的淘系商家在微信生态当中都没能够存活下来，基本上是"谁来谁死"的情况。但是微信商家在进入淘系生态的时候却没有遇到太大的困难，主要原因是淘系平台已经出现很多年了，它的运营方式早就已经被人们熟知，就算是自己没有掌握淘系平台的运营法则，也可以选择雇佣一名专业的运营者服务。大家都是想要进入另一个生态当中，为何微信商家就如此容易，而淘宝商家却如此困难呢？主要就是因为微信生态形成的时间不久，绝大多数淘系商家都没能够熟悉微信的运营方式，在刚刚进入一个新的环境时，毫无头绪不知如何下手，而且也无法雇佣专业的运营者来为自己服务。下面是夏正总结的几个"坑"，大家一定要尽量避开。

第一个坑：产品方面的问题

在淘系平台当中，如果商家的规模达到一定程度，那么它肯定就会想要参加优惠活动，但是这些优惠活动又不稳定，比如，参与聚划算打折之类的。但是商家如果通过微信来进行这样的优惠活动，那么就会发现客户会拿你的产品到天猫当中进行对比，看看价格是否有差距。如果你的产品在天猫当中参与了打折活动，卖85元，但是你报给用户的价格是89元，那么就完了。

前面我们说过，在微信生态当中销售产品主要靠两种方式，一是内容，二是社交。内容与社交最少要占其中一样，但是单单依靠朋友圈发布的内容是不足以支撑起产品销售的，最好是能够将内容与社交结合起来。但是大部分商家在淘系平台当中的成本与微信平台当中的成本是不一致的，这主要是因为两者的分销层级是不同的，最终导致同一件产品，不同的价格。

第二个坑：自主运营能力方面的问题

前面我们也说过，现在的微信是处于一种中心化状态的。对于品牌自营来说，他们所需要扮演的角色不仅仅是先前的角色，还需要扮演一个新的角色——平台。假如在整个体系当中，他们所需要做的最主要的事情是运营服务号，那么就需要布置很多个坑位。举个例子，假设该服务号有5个菜单，而每一个菜单又有10个子菜单，每一个子菜单当中又有20个菜单栏。试想一下，这需要多少个坑位呢？在先前的时候，平台会替我们想办法解决这个问题，但是现在我们只能够依靠自己的力量来解决这些问题，而这也正是微信对品牌商所提出的要求。

在微信生态当中，营收的计算方式仍然为流量×转化率×客单价×复购率，这依旧是盈利的核心。但是微信生态当中的流量指的并不是应该通过怎样的方式才能够得到官方流量以及平台的搜索流量，而是应该通过怎样的方式将微信生态当中的流量转化为自己的私域流量，通过怎样的方式才能够成功地沉淀流量。举个例子，大家都是拥有50万粉丝的号，但是为什么其他人发布一条内容，能够吸引到10万的流量，你发布一条内容只能够吸引到5万的流量呢？这主要是因为内容的问题，不同的内容能够带来的转化率也是不同的。

在淘系生态当中，主要是由平台负责策划活动，举办活动，身为商家只需要参与即可。但微信生态不同，平台根本就不会管你，你需要自己策划活动、举办活动，你是否能够通过这些活动提高订单的数量与微信无关。因此，我们必须思考几个问题：我们应该通过怎样的方式才能够让用户留在你的微信当中？你的微信当中是否有用户必需的功能，需要经常使用呢？你是否给了用户一个继续关注你的理由呢？我们必须考虑好这些问题，而不是像淘系生态一样，只需要参与活动、举办买二送一、×件×折之类的活动就能够让我们的订单数量上涨。

对于微信商家来说也是一样的情况，他们想要进入淘系生态当中也有很多困难，比如对平台的规则不熟悉、不适用等。他们在微信当中销售产品的方式主要就是通过内容来进行驱动的，但是当他们进入到淘系平台的时候，就会发现根本没有一个舞台能够将他们的内容展现给用户，从而导致他们只能是通过价格战的方式来吸引客户。在微信当中销售产品最主要的就是通过多级分销的方式，然而在进入到淘宝之后他们就会渐渐发现他们的产品竞争力根本不足，并且还需要承受许多职业打假人所带来的风险，在微信当中如果你的产品质量不符合要求，最多退货退钱就解决了，但是淘系平台对于假货或质量不合格的产品要求更为严格，轻则扣分降权，重则直接关闭你的店铺。

如上所述，对于中小商家来说，微信是最合适他们的，微信当中并没有太过于激烈的竞争，他们很容易在这里孵化他们的品牌。但是，就算你的产品在微信当中做得再好，你不进入到淘系平台当中与其他商家进行直接竞争，你的产品几乎是不可能做大的，只有在竞争的压力下才能够驱使我们将产品做得更好、卖得更好。如果想在全网形成影响，那么肯定会涉及成交额，就现在的情况来看，成交额的数据对于商家来说是相当重要的。如果不想要做全网营销，只是通过微信这个平台来销售自己的产品，那么你也要尽可能地通过微信推送等方式，将你的流量导入到天猫当中，在天猫平台下单、成交。因为微信是没有成交额统计功能的，而天猫平台有成交额数据，并且是一个真实的数据，能够帮助我们进行反思，反映产品的真实情况。

那么，商家应该通过怎样的方式，才能够充分发挥微信生态以及淘系生态各自的优势呢？先看个例子：一位商家曾经花费了很大一笔钱购买了大号的广告头条，原先只是想要推广自己的产品，但结果出乎意料，他的微信闭环当中获得了2万多笔成交订单，并且还溢出到天猫旗舰店当中。但是同样的一件产品，由于成本原因，天猫旗舰店的价格要比微信贵上一些，用户仍然倾向于在微信当中购买。这就意味着我们如果想要将微信生态和淘系生态打通，那么就一定要弄明白两者的区别，清晰地知道两者各自应该发挥出的作用是什么，具有的优势是什么。

首先来分析一下微信生态。社交以及内容就是微信生态的核心，品牌如果想要在微信生态当中做大，就一定要能够深入掌握做内容、做社交的方法。很大一部分人认为在如今，微信的流量红利时期已经过去了。是否如此呢？的确如此，不过虽然微信流量红利期已经过去了，也并不表示我们就要放弃这个平台，转战其他平台。即使流量已经停止了增长，但经过了长时间的积累，我们手头上或多或少都掌握着自己的"私域流量"。在这种情况下，我们必须转变思维，原先我们思考的是如何吸引流量，而现在我们需要思考的是如何将流量变现。

消费品闭环是微信最大的优势，这是因为所有的平台当中，只有微信平台实现了单个App的闭环，这就是它的核心优势，其他平台都不具备。消费品的闭环是什么？简单来说，主要分为4个步骤。

第一步，要能够将影响力充分发挥出来，就是我们常说的"种草阶段"，在国内的App当中，微信在这个阶段的影响力至少排在前三名。除了微信外，小红书以及抖音同样也是种草平台，但不同的地方在于，微信能够实现交易闭环，并且能够维护用户生命周期，而小红书以及抖音则不能。

第二步，流量。通过什么样的方式才能够将流量吸引过来，将产品的热度炒热呢？举个例子，某女星代言了某款面膜，应该如何将这款面膜炒热呢？可能大家第一个想到的方式就是利用微信以及抖音等平台做推广、购买点击量，告诉用户某女星代言了这款面膜，借助平台的流量将大明星的推荐无限放大，让用户在明星的影响下去购买这一产品，这的确是个不错的方式。虽然说微信的流量红利期已经过去了，但是在中国，几乎每个人的手机上都有微信，我们的日常生活已经离不开它了，微信仍然是华人最大的流量入口。而小红书以及抖音虽然还有红利，但是它们的流量却是无论如何也无法与微信比拟的。

第三步，实现交易闭环。淘系平台之所以是国内最大的电商平台，最主要的一个原因就是它完成了交易闭环，微信也开始逐步打造交易闭环。很多年前，想在微信中完成交易，唯一的方式就是互加好友，然后进行转账，相当麻烦。随着微信的不断发展，就现在的情况来看，无论是微盟还是有赞，抑或是其他交易，都能够在微信中轻松完成。微信正在慢慢地完善交易基础设施，虽说目前的交易闭环并不是那么好，但也算不上差。

第四步，维护客户。我们只能够在微信当中实现用户的全生命周期维护，别的任何平台都是无法实现的。而这也正是为什么那么多的淘系商家都在寄过来的包裹当中晒上各种各样的"小卡片"，诱导用户加他们个人微信的原因。在微信当中完成种草阶段，在淘宝当中完成交易阶段，最后再到微信当中维护用户的全生命周期。不过在这一过程中，会出现很多的用户流失。这四个步骤连在一起，就形成了微信生态。

相对来说，微信这个平台是一个较为封闭的社交环境，这也是导致微信封闭产生最主要的一个原因。微信不像微博，微博这个大平台当中的流量是"公域流量"，想要将微博当中的流量导入到其他环境当中是很容易的，但微信较为封闭，想要导出它的流量难度较大，因此微信当中的流量是以流量池的形式存在的。

简而言之，无论流量存放在企业号还是服务号，抑或是个人号当中，都是在微信这个流量池内，其他品牌想要从这个流量池当中"取水"是相当困难的，但是微信想要从其他平台的流量池"取水"也是很困难的，双方井水不犯河水。与其他开放性的电商平台相比，微信更适合中小商家生存的原因主要在于，开放性的电商平台举办大促活动时，需要几个品牌竞争一个位置，获胜者才能够得到促销的位置。对于微信来说，这既是它的优点同时也是它的缺点，亦是微信的"特点"。

在开放性电商平台当中，淘宝是最强大的。就现在的情况来看，只有淘系平台成功地获取了快手以及抖音的红利，从而使得淘系平台与其他竞争对手的差距被进一步拉大。为什么会产生这样的情况呢？试想一下，当你在某个平台当中被种草了某一产品的时候，你的第一反应是上淘宝搜索这一产品，还是到微信当中搜索该产品的官方微信呢？当然是淘宝啊！这就是中国消费者的习惯。

另外，淘系平台具有很强大的开放性，也就是说，你在淘系平台当中很容易地就能够对产品进行货比三家。我们不得不承认一个事实，淘系平台在电商这个领域当中是具有雄厚的实力的，这是他们多年累积的结果，在这种情况下，消费者更相信淘系平台，因为淘系平台有7天无理由退货、退货险等保障，并且同样的产品，淘系平台能够做到比微信更便宜。因为淘系平台与微信之间存在势能差，这就意味着如果我们想要在微信当中做生意，就必须做好渠道保护，否则大概率会失败。

就目前的情况来看，淘系平台的生态建设也做得相当不错，比如李佳琦和薇娅，在淘宝直播当中取得了非常大的成绩。如果想要将我们的品牌打造成为一个大品牌，还是需要通过全网营销天猫成交这一方式，微信营销也包括在全网营销内。

据观察，部分品牌已经开始付诸行动，想要打通微信生态和淘系生态，即便这只不过是冰山一角。微信生态是具有很多个商业板块的，现在这些尝试打通两者的品牌大多数只是打通了淘系生态当中的某一个板块或是微信当中的某一个板块。就目前来说，我们还没发现有哪一个品牌能够做到打通微信所有板块，还需要慢慢地探索。

从商业逻辑方面来讲，阿里系平台与腾讯系平台各有优势，如果商家能够成功地借助这两个平台的不同优势，并且能够将隐藏的优势发掘出来，那么最后肯定能够取得巨大的回报。

10.5 门店私域：基于私域流量视角的门店精细化运营策略

有赞讲师、私域大学创始人尹基跃，在2019年9月17日于深圳举办了一场有赞门店经营增长公开课，他列举下列5组数据。

① 客户离开你的因素主要有：因为某些员工的态度令顾客感到不悦的概率是68%，因为不满意你的产品而离开的概率是14%，被竞争对手抢走的概率是9%，受到朋友影响而离开的概率是5%，因为搬家而离开你的概率是3%，因为死亡而离开你的概率为1%。

② 如果出现一位顾客投诉你的产品，就表明有26名其他用户感到不满，但是并没有投诉。

③如果你的产品让一位客户感到不满,他会告诉8~16个人你的产品质量不行。

④在感到不满意的这部分客户当中,有将近91%的人不会复购你的产品。

⑤吸引一名新客户的成本是保留现客户的5倍。

尹基跃说:"列举这些数据,是为了提醒大家:要重视用户的终身价值,重视20%超级客户,这20%的客户会创造80%以上的营业额。"在公开课当中,他着重强调了私域流量的价值,并强调一定要重视私域流量,并对实体门店商家的流量结构进行了系统的分析。他以西贝莜面村为例,向我们介绍了其实战经验:门店是通过怎样的方式对个人微信号进行运营,从而获取了500万粉丝的。

西贝莜面村是一个餐饮连锁品牌,发家于东北。他们通过店长+总部的模式,成功地圈了500万的粉丝。他们开始使用这个模式的时间是在2017年,经过短短的两年时间,他们的微信就已经拥有了500万名好友数量。我们都知道,5000人是微信的好友上限,而西贝莜面村拥有500万名粉丝,这需要1000个微信号才能实现。

西贝莜面村最特殊的地方在于:他们的每一个微信个人号都是统一形象,都是门店的店长。那么这能够为品牌带来怎样的价值以及影响呢?一方面,商家已经添加上了顾客的微信,也就是说商家的手里已经掌握顾客了,商家可以在任何时间任何地点触达这些顾客,并且商家想要举办活动的时候,就不需要印那么多的单页,可以节省大量的人力物力。

另一方面,在经营传统门店的时候主要是销售产品,但是现在竞争门店主要是对人进行经营,产品以及品牌是其次的。换句话说,在现今时代,门店更看重的是人对门店能够产生的影响。从前门店做生意通常都是顾客来到店里买了东西就走,然后与门店就没有任何关系了,最多也就是在产品的质保期内还有一定的关系。

接下来,让我们首先认清两个概念。

第一,门店流量是什么

门店的流量不仅仅包括进入到你店铺里的人,它还包括:门店周围的人,路过门店的人，知道门店的人，相信门店的人。从本质上来讲，无论做什么生意，流量都是最重要的，想要能够完成交易，就一定要有流量。我们可以从什么地方获取流量呢？在这里主要以餐饮门店为例，流量分为线上线下两种，前者主要可以通过大众点评、美团、百度、58同城等平台获得，而后者主要可以通过写字楼、周边小区、凭借着口碑吸引过来的人、到点消费的人群获得。

当我们对一家店铺进行经营的时候，最关键的地方在于思考如何让人们知道这家店铺，如何让人们购买产品或服务、如何信任商家、通过什么样的方式来完成交易，如果你的流量只能够通过一两个渠道来获得，那么你的门店随时都有可能倒闭。为什么这么说呢？举个例子，假如你都是从美团这个平台当中获取流量的，那么如果有一天平台断绝了你的流量来源，你就完了。

你是否在任何时间都能触达你的潜在用户呢？对于这个问题，绝大多数人的回答都是：不能。在开门店的时候，我们会受到一个很大的限制，那就是空间限制，你的门店再大也只能够覆盖到一定的区域范围，能够获取到的流量也是有限的，比如，A在广东开了一家门店，但这家店总不可能覆盖到上海吧？

第二，一个微信号如果能够拥有5000名好友，那么这个微信号就相当于一个商业综合体

相关数据显示：人们自然打开短信的概率是0.3%，打开公众号的概率是0.8%，但是自然打开朋友圈的概率却高达85%。虽然说绝大多数人在日常生活当中很少发朋友圈，但我们是否每天都会忍不住打开朋友圈，看看朋友的动态呢？对于这个问题，有人统计过，得出了这样一个数据：平均每人每天刷朋友圈的次数达到7次，需要耗费将近2个小时的时间。这个数据给了大家什么启发呢？既然人们每天刷朋友圈的次数那么多，门店是否能够利用朋友圈的方式去触达用户呢？如果一个微信号的好友数量达到5000名，这个微信号具有多大的价值呢？

粗略计算一下，我们假设一个人发一条朋友圈能够有70%的好友可以看到，那么他发布的内容就能够获得3500的曝光量。但是我们换一种方式，比如地推，要发多少个单页才能够达到这样的影响力呢？

有人曾经做过计算，想要触达10%的用户，至少需要发4万张单页，而商家只需要每天发一条朋友圈就可以了，根本不需要发那么多单页，节省了不少的人力物力。另外，中型商业体的人日流量在5000~8000这个范围内。换句话说，拥有5000名好友在我们的微信当中，就意味着这个微信号已经能够媲美一个中型商业体了。

那么，商家如何才能设计出高转化率、高黏性的微信号？首先明确单人微信IP的4大要素，分别是背景页、头像、昵称以及个性签名。接下来，再来了解利用微信朋友圈发送动态的十大误区，如图10-12所示。

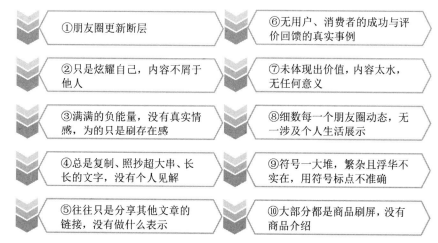

图10-12 利用微信朋友圈发送动态的十大误区

当然，现实中不止以上几点，生活当中的很多人发布朋友圈出现的误区很多，大家也心知肚明。从上面的十大误区，我们可以得出一些通过发布朋友圈动态，让内容出现高黏性，吸引到别人的方法，具体如图10-13所示。

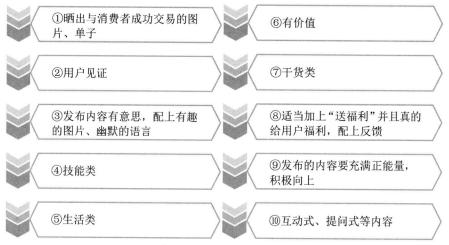

图10-13 利用微信朋友圈发送动态的十大技巧

要是能够做到其中任何两三点，相信商家的微信朋友圈相比之前会更有黏性、更好地吸引消费者。

每天投资创始人兼首席执行官彭海涛对于门店个人微信IP的塑造，有自己的一套方法、经验多多。他专业从事红酒零售、进口贸易十多年，并且在中国有直营门店，有四十多家大型每天红酒超市。彭海涛跟大家分享3点他在创立四十三家红酒直营门店过程中的私域流量经营的方法、经历：

① 要求运营门店员工不要以粗暴式的内容发布朋友圈，要讲究细节，把自己的朋友圈尽力做到细致化。

② 合作方模式，提供给门店店长充分的利润鼓励，适当满足店长的需求。

③ 设计培训体系，营造进修氛围，不管本企业的门店店长是什么层级，都必须予以他们能够复制的方法论以及充分的工具来塑造素养。

对于直营门店的消费者、用户流量呈断崖式不断跌落，怎样做才可以翻盘？任何一个品牌都有它的代理商，而美妆品牌佰草集的最大代理商是有机客全球购。有机客全球购是一家美妆行业新零售形式的探寻、践行的企业，是因某个上市企业有限公司投资创立的，线下有直营实体店五十多家，加盟门店有两百多家，重要的中枢运营品牌有德国天露芬、佰草集……有机护肤品牌。有机客全球购运营总监朱敏瑞在有机客全球购网站做了关于提升门店运营的公开课，她说到自身经历过的门店运营痛点，还针对痛点做了详细、具体的解决策划案。

① 门店客流少：由2007年开始，到2016年，佰草集的运营一直都很顺利，没有任何困难或者阻碍，这7年来业绩都是高额、大幅度上升，7年来，佰草集代理商的销量名列前茅，佰草集代理商的销量要是第二，没人敢称第一。可是万事不可能总是顺风顺水，总会有意外发生，在2018年，佰草集遭遇消费者流量大幅度下跌，10余平方米的店铺平均每天仅有四到五个用户流量，可以说得上是腰斩了。

② 员工把老顾客吸引走，能够吸引新的顾客和消费者流量极少。这是一个十分严重的问题，由于员工流动性太高，并且消费者都在员工手里，企业方面无系统化的渠道与消费者承接，最终的后果就是消费者跟着员工跑了。同时有机客全球购老用户所占比例十分高，有数据显示突破了80%的比例，消费者的客单价超过了1000元，要是离职员工把老用户都带走，那对于有机客全球购将是非常严重

的损失。

对于以上两个大的问题以及其他小问题，有机客全球购做了4件事：

① 借助社交工具实现裂变，促进老带新。

② 借助互联网管理系统，对会员进行数字化。其实有机客全球购也研发过管理系统，研究的费用为每年400多万元，但是在经过了长时间的研究后，并没有取得任何成功，2018年8月16日，有机客全球购决定使用有赞的管理系统，对他们积累了12年的会员进行数字化。

③ 借助互联网管理系统，使得员工的销售积极性得到极大的提高。在使用了有赞管理系统后，有机客全球购能够更好地对门店导购进行精细化管理，进而使得门店导购的销售积极性得到极大的提高，并且也使得员工的收入得到提高。相关负责人说："以前我们所有的门店成交了之后都要给商场16%的佣金，这个钱我们可以给员工。"

④ 构建大内容部，打造出一套自己专属的内容体现。有机客全球购提出了内容运营这一公司战略。在这样的策略下，店铺和店长行为发生了极大的转变。从前他们在日常工作过程当中，除了进行日常管理外，最多也就是通过电话或短信的方式对客户进行回访，并建立客户信息。在新的策略下，他们的日常工作还需要增加一个任务：运营短视频账号、输出朋友圈内容。考核的方式也发生了很大的改变，就是看他们能够获得多少流量以及转化率如何。

10.6 案例｜美甲品牌Lily Nails如何通过私域流量提升门店利润

品牌Lily Nails的总经理何磊在接受采访时，对于线下店铺怎样才能精益化运营做出回应。

何磊在经营品牌LiLy Nails的时候，经历了由开业仅有5家店直至如今经营20多家连锁店的历程。2005年到2008年，这3年时间里滋生出很多高端品牌美甲连锁实体店，这短短的时间就是它们崛起的时段，是由于在2008年以前我国高端美甲连锁品牌少之又少，2001年到2008年这个时间段，可以活下来的美甲店几乎都享受到很多甜头，因此美甲品牌顽强生长，诸多美甲店由于有着新型技术、拥有一定的自身特色服务，再利用实体店所选择的位置优势等因素获得了店铺的第一桶金。自从获得了甜头后，2015年开始，实体品牌融入顾客、用户对品牌的认知周期，自此Lily Nails开始在乎规模效应所带来的反响，攻克城池、争先恐后地争夺地盘，诸多美甲品牌连锁店也随之而生。

2019年过后，大部分美甲品牌的现状就是大家都感觉到这个生意越来越难做了，进入了由散放式发展转化为精细化运营，再进入到企业需仔细考虑怎样去精细化运营实体店的过程。

以前，从事美甲行业的员工的教育水平大部分呈现偏低的状况，现在变成了许许多多品牌创始人要么是拥有硕士学历，要么就是拥有海归学历的情况，从全局来看，从事美甲行业的人员也都出现了有初级教育、中级教育、高级教育的学习历程的人员，这说明我国的国民整体素质都有提升。当然，这便是为何目前的竞争愈来愈热烈的一个原因，聪明人也愈来愈多，每个人的思想维度、玩法有所差异的，想事情以及处理事情的层面也是不同的。

LiLy Nails美甲品牌于2015年年末便准备对店铺进行更进一步的打理以及调整，企业团队针对上海、北京的诸多美甲行业的店铺进行了数据收集、整理、分析，为了能够把全国门店的店铺形象重新设计好，LiLy Nails团队诚挚邀约国内著名建筑师韩文强、国外有名的设计师青山周平进行打造，在内容上、形式感上探索变革。

从北京三里屯三点三大厦的旗舰店拓展至一千多平方米的店铺，这一店铺由日本知名设计师青山周平设计和打造，针对美甲空间授予其"街"的概念，把一个原先的店铺打造项目转换为城市空间打造项目。大家经过门店体现出品牌的调性，许许多多顾客为此埋单，这时候顾客所消费的早就不单单是原来基本的美甲服务了，所享受到的更多的是一个闲情逸致的空间、一种态度、一种格调、一段舒适的时光……

对于美甲店铺而言，能够吸引消费者成本的多少十分关键，LiLy Nails团队也对这方面开展了一定的探求。由于LiLy Nails主要把美甲店铺开设于购物中心，他们自身早就拥有了一定的用户内部流量基础。不过即使这样，大家也想在外部流量的取得上不断奋斗，尽力把客量做到极致。

要想从互联网上将品牌宣传做到位，就需要在每一个平台上都进行拓展，LiLy Nails团队于2016年就已经着手激励顾客、消费者在小红书App上进行品牌宣传，最后仅仅是有数量却无质量，顾客、消费者宣传、推广的也不专业，因此效果并不是很好。

2017年，大家准备从品牌公关上下扎实功夫，精细化运营顾客、消费者的评价同时在小红书上将品牌进行宣传与推广，把新用户群定位为三十岁以下的人群，经组合的方式实行推广、营销，取得了非常好的效果。除这样两种途径以外，LiLy Nails还十分重视个人的私域流量运营，经微信公众平台这一渠道，LiLy Nails不定期地开展沙龙活动，这两年举办了不低于20场线下活动，经各种媒体的相关报道，LiLy Nails取得了越来越多的外部流量。

相对于其他行业人员来说，从事美甲的人员流动性相对较高，LiLy Nails团队针对店铺经营层面打造了与之相关的诸多实质性的管理制度并计划落到实处，使店铺利益和美甲师、前台、店长的收入相系、捆绑在一起，团队一起发展，LiLy Nails的所有店铺人员有着非常强的归属感，如此一来，就大大减少了美甲店铺的员工流失率，消费者也更加满意，越来越满足他们的需求。

以宏观的视野去看待我国的美甲店，也许还有许许多多未能达成精细化运营的标准，甚至数字化店铺一系列的管理体系都没有，大家要做的便是将那些未能达成精细化运营的标准，甚至数字化店铺一系列的管理体系都没有的、不精细的生意竭尽全力做到细致，最后实现将所有的环节都激活。

"细节决定成败。"细节便是针对消费者的画像心里有数，要有对用户的一套方法和头脑，知道消费者喜欢什么、想要什么、需求是什么，对他们了如指掌。举个例子，比如美甲员工会细心地掌握消费者美甲方面的消费状况，还有用户的兴趣喜好、性格特征、职业……经过对用户的这些细节情况的了解，商家就可以清楚地分析用户、顾客背后的消费动机，接着对他们展开调研，最后根据所调查搜集的数据和信息向他们准确推销别的服务，围绕诸多细节以致最后增加单店的业绩。

在运营店铺过程中，大家将一个大的目标细分为多个不一样的小项目，一个小项目就与一部分营业额目标相挂钩。根据消费者的画像有区分地向他们推销服务的内容，使得消费者不会感到反感，相反还自然接受LiLy Nails推销的服务内容。这方面，大家大多是经过对原来的消费者的兴趣喜好、性格特征等细节习惯来开展细致的分析，最后将消费者进行分类并根据区分出来的不同类别去销售。

对于店员而言，在明确了目标过后也要定好向他们提供的分配机制，如此一来所有的店员都会心存极其强烈的方向感，店员会努力达成和提升店铺业绩。建立在已经将内容精细化运营的基础上，方可把握住顾客、用户金字塔终端的用户群体，尽管消费者金字塔终端的用户群体非常挑剔，但是他们的消费能力十分强，把握住此部分用户群体方可带给店铺越来越高的收益。

10.7 未来展望：私域流量模式未来数年的3大发展趋势

无论是私域电商还是私域流量，他们的发展趋势都是相当不错的，但就目前的情况来预估，未来能够达到怎样的程度，主要体现在以下3大方面，如图10-14所示。

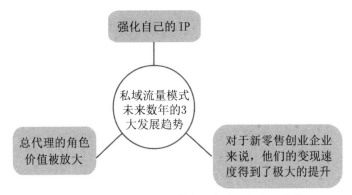

图10-14 私域流量模式未来数年的3大发展趋势

第一，强化自己的IP

对于绝大多数私域电商来说，都存在着IP属性。举个例子，某私域电商将护肤品作为主打产品，深入研究了人们的皮肤特点，致力于打造一款完美的护肤产品。而正是因为具有这样的IP，让用户轻而易举就能够找到这个私域电商，只需要搜索"护肤品"即可，并且这样的IP特点能够让用户充分地信任该产品。总而言之，对于私域电商来说，最重要的事情有两件，其一是对自己具有的IP特点进行强化，更为突出；其二是建立起一个私有客户池。

第二，总代理的角色价值被放大

在私域电商当中，总代理或是一级代理往往具备强大的人脉以及资源，并且这样的代理团队拥有一个很大的特点：人数众多。正是因为这个特点，让其成为代理商的最佳人选，无论是创业企业还是传统品牌，在拓展私域电商渠道的时候，第一个想到的就是他们。在现今这个时代里，私域渠道竞争十分激烈，总代理如果具备强大的IP属性、强大的代理链条、货物销售十分稳定，那么它的价值将被无限放大，甚至有可能导致泡沫的出现。

第三，对于新零售创业企业来说，他们的变现速度得到极大的提升

在整条供应链当中，大部分创业企业处在供应端位置，对他们来说，私域电商的出现，为他们带来了一个新的渠道，让他们能够更快速销售产品。在现今这个时代当中，如果新零售创业企业研发出的产品足够优秀，并且能够寻找到一个优秀的合作伙伴，通过私域电商渠道能够帮助他们更高效、更快速地销售产品，中心化电商平台与传统商铺已经无法满足新零售创业企业的需求。